제주의 프라이드와
미래가치경영
Your Pride JEJU

제주는 무엇인가?
자연이며 문화이며 사람이다.
제주인은 누구인가?
자연과 문화를 적극적으로 사랑하는 사람이다.

제주의 프라이드와
미래가치경영

Your Pride JEJU

고성규 지음

추천사

고성규의『제주의 프라이드(Pride)와 미래가치경영』이라는 원고를 저자의 권유로 얼마 전 읽게 되었습니다. 저와는 고등학교·대학교 동창이자 오랜 친구이기 때문에 저자의 세월을 되돌아본다는 의미와 더불어 깊은 경륜을 음미한다는 기대감으로 봤습니다.

제주 출신인 저자는 대학 졸업 후 대우그룹에서 출발하여, OCI그룹의 프랑스 합작회사 등을 경영한 바 있는 국제비즈니스 전문가였고, 제주국제자유도시개발센터(JDC)의 투자사업 본부장으로 재직하면서 Berjaya Resort Complex의 투자유치를 매듭지었으며, 영어교육도시 마스터 플랜 수립 및 NLCS 영국학교의 제주 유치 초기 실무를 총괄한 장본인입니다. 그런 그가 '제주'를 주제로 쓴 것이기에 더욱 집중하게 되었습니다.

저 역시 초등학교 친구의 초청으로 1980년대 처음 제주를 방문한 이래, 2010~11년 제주도의 세계7대자연경관선정 범국민추진위원장으로 활동하면서 수십 차례 제주도를 찾았고, 2012년부터는 제주영어교육도시 명예시장까지 겸하게 되면서 제주에 대한 사랑과 제주 발전에 대한 관심이 남다를 수밖에 없었습니다.

이런 시기에 저자의 원고가 한눈에 들어왔기에 단숨에 읽어 내려갔습니다. 한 마디로 이 책은 '훌륭한(Good) 제주를 넘어 위대한(Great) 제주'로 가는 필요조건을 충족시킬 수 있는 제주 발전의 경제와 정책의 완결판이었습니다. 해박한 식견과 경륜을 거침없이 펼쳐가며, 제주가 안고 있는 문제에 대한 근원을 철학, 경제, 정책 등을 통해서 살펴보고, 분야별 대안과 '자존과 자긍의 섬, 제주상'을 제시하고 있습니다.

특히 지방화와 세계화, 글로컬라이제이션(Glocalization), IBM의 제주 발전을 위한 전략적 권고안, 제주특별법, 동북아 3국의 전략지로서의 제주, 젊은 창조인력 육성 및 유치, 자연자본주의(Natural Capitalism), 블루이코노미(Blue Economy), 창조경제(Creative Economy), 제주의 선순환 가치경영 등등을 통한 제주의 미래경영가치를 찾는 노정은 미지의 세계를 발견하고자 노력한 탐험가와도 비견할 수 있을 정도입니다.

무엇보다 저자의 책이 돋보이는 것은, 선택의 오류에 따른 낭비와 미래 비용의 부담을 최소화하기 위해 외형이나 형식이 아닌 제주의 본질인 내재가치(Intrinsic Value)의 파악을 우선으로 한 점이었습니다. 그 이유로는 제주의 내재가치와 제주 비전의 핵심가치(Core Value)를 공동체 전체가 공유함으로써, 첫째 제주 비전으로 국제자유도시가 적합한 설정인지, 둘째 제주 전역을 파헤치고 있는 다수의 개발 프로젝트들이 과연 제주의 미래가치를 훼손하고 있지는 않은지 또 이 시점에 필요한 것들인지, 셋째 제주도정이 올인하고 있는 국내외 투자유치정책은 올바른 것인지, 넷째 국내외 관광객과 제주 정주인구의 증대를 위한 제반 유치정책들은 바른 방향으로 가고 있는 것인지 등에 대한 판단을 위해 간명한 기준과 잣대, 비전과 미션을 제시한 것입니다.

따라서 이 책은 제목에 비록 '제주'가 들어가 있지만 기업의 경영과 국내외 투자의 집행 과정에서 체득한 저자의 현장 경험과 어느 지방에나 응용할 수 있는 여러 학자들의 귀한 지식까지 소개하고 있어 제주도내 공직자, 경제인, 학자, 대학생뿐만 아니라 중앙정부 및 다른 지방정부 공직자들도 일독을 하신다면, 새로운 아이디어를 얻고 갖가지 정책 구상을 하는 데 도움이 될 것이라 생각합니다.

훌륭한 저서의 출간을 축하하면서 저자의 바람대로 이제 제주에 살고 싶어 하는 육지의 친구들과 함께 제주도로 귀촌하여 바다처럼 넓은 고향에 대한 사랑을 실천할 수 있게 되기를 기원합니다.

2014년 10월
동반성장연구소 이사장
전 국무총리 정운찬

정운찬

삶이 성숙해지고 주름이 늘어감에 따라
심각한 문제들을 인식할 연륜은 쌓여갔다.
그럼에도 불구하고 미래에 대한 걱정만 하고
모든 실수에 대해 그저 유감스러워하는
시민들 중 한 사람으로만 남아 있을 수는 없지 않은가.

『블루이코노미(The Blue Economy)』의
머리글 중에서

_군터 파울리(Gunter Pauli)

책머리에

서울에서 하숙하며 중학교를 다니던 시절, 여름방학과 겨울방학 때면 어김없이 밤 기차를 타고 목포를 거쳐 배에 몸을 싣고 부모님과 할머님이 계시는 고향 제주를 찾았다. 새벽 동녘이 밝아올 즈음 600톤급 작은 목선인 황룡호의 갑판에 서서, 저 멀리 안갯속으로 어슴푸레 천천히 다가오는 제주도와 한라산을 바라보며 마치 긴 여행에서 돌아오는 아들을 맞이하는 어머니의 포근한 마음을 느끼던 것이 엊그제 같은데, 이제는 제주도가 남은 여생을 보내고 육신을 눕혀야 할 최종 목적지가 되었다.

경영학자도 행정학자도 아니며, 단지 기업 경영의 현장에서 얻은 약간의 경험과 지식이 있을 뿐인 필자가 제주 현안 문제의 인식과 정리에서 출발하여, 어줍잖게 '제주의 가치경영'을 화두로 이 책을 쓰는 데는 큰 용기가 필요하였다.

필자는 제주국제자유도시개발센터(JDC)에서 신사업 개발과 투자유치 업무를 맡아 약 2년여를 일하였다. 필자에게 그 시간은 제주의 미래 가치에 대한 절대적인 확신을 심어준 매우 귀중한 기회였다. 아울러 개인적으로는 50년 만의 귀향에 대한 미안함을 조금이나마 덜 수 있는 계기가 되기도 했다. 그렇지만 그것만으로는 여전히 미진했던 차에 제주의 가치를 조명하고자 한 이 책으로 제주에 대한 마음의 빚을 조금이나마 덜어낼 수 있으면 하는 바람을 갖게 되었다.

제주의 제일 큰 자산은 제주의 젊은이들이다. 제주의 지속성장이라는 장거리 레이스에서 우리의 바통을 이어받아야 할 이들이기 때문이다. 이들은 제주의 미래를 견인할 제주의 최대 주주이다. 그리고 자신의 일생을 투자하고 제주 자연 생태계를 지키며 공동체를 가꾸어 나가야 할 책임도 짊어지고 있다. 그러나 제주의 미래가치에 대해 의구심을 품고 있는 젊은이 또한 적지 않을 것이다.

필자는 그런 그들에게 제주가 바로 '그대들의 영원한 목적지'가 될 수 있다는 제주 자긍의 가치를 알리고 싶었다. 선택의 갈림길에 외로이 서 있을 때 이 책의 한 구절이 그들에게 힘이 되고 용기가 되기를 소망한다. 그래서 제주의 젊은이들이 제주 제1의 귀중한 자원이자 자산이 될 수 있도록 도움을 줄 수 있는 자습서가 되었으면 하는 바람이다.

또한 이 책은 제주 발전에 대해 많은 기대를 하고 있는 국내외 투자자들에게 제주의 가치와 발전 방향을 보여주는 자료가 되었으면 하는 의도도 담겨 있다. 자본시장에서 IR(Investor Relation) 자료는 기업의 미래 전망에 대해 포괄적인 정보를 주주 및 투자가들에게 제공하여 기업의 미래가치를 홍보한다. 이 책도 그처럼 제주의 IR 자료로서 제주의 우호자본 및 우호적인 세력들에게 읽히기를 원한다.

물론 우려가 전혀 없는 것은 아니다. 이 책에서 다룬 내용이나 제안들이 현실적인 설득력이 떨어져 마치 무책임한 가외 훈수꾼의 목소리로 끝나는 것이 아닌지 심히 염려가 되기도 한다. 아울러 많은 자료들을 참고로 했다는 점에서 이 책의 표지에 '고성규 지음'이라고 표기한 것은 어쩌면 적절치 않을 수도 있다고 고백하고 싶다. 필자에게 교훈과 영감을 준 국내외 학자들이 통찰적 시각으로 쓴 수많은 훌륭한 저서와 논문 및 칼럼 등이 없었다면 이 책을 쓴다는 일은 애초에 엄두도 못 낼 작업이었다. 또한 자료 수집과 분석을 모두 홀로 직접 해야 했던 필자로서는 위키피디아(Wikipedia), 네이버(Naver), 구글(Google) 등 지식 포털 또는 검색 사이트가 없었다면 집필에 필요한 각종 정보와 자료의 수집에 큰 애를 먹었을 것이다. 덧붙여 그동안 몇 차례 제주 발전 관련 세미나 및 포럼 등에서 필자가 발표했던 자료도 이 책을 쓰는 데 도움이 되었다는 점을 밝혀둔다.

특히 출간에 관해 여러모로 격려해 준, 아우라기보다는 오랜 친구나 동료에 더 가까운 고성준 교수와 집필 내용에 관한 귀한 조언을 주신 장원석, 장성수 제주대학교 교수께 깊은 감사를 표한다.

함경도 함흥 태생이지만 제주어가 어색하지 않고, 제주를 마음속의 첫 번째 고향이자 최종 목적지로 생각하며, 좋은 날 궂은 날을 나와 함께 40년을 살아온 아내 혜경에게 사랑과 감사의 마음을 전하며 출간의 기쁨을 함께 한다.

2014년 10월
고성규

제주의 프라이드와 미래가치경영

차 례

제1부 문제의 인식

제주의 프라이드와 미래가치경영

제4부 제주 가치경영의 마침표, Global Leading City

제주의 프라이드와 미래가치경영

프롤로그

오늘은 남은 날 중 가장 이른 날이다. 제주는 지금 매우 중요
한 변곡점에 와 있다. 지금 올바른 트랙 위에 올라서지 않으면 또
다시 잃어버린 10년을 반복할 가능성을 배제할 수 없다.

외부의 상황을 변화시키기 어렵다면 내가 변하면 되는 것이다. 생
명력 있는 병아리는 스스로 두꺼운 껍질을 깨고 나온다. 중앙정부의
지원이나 외부 자본에 과도하게 의존하는 제주의 발전전략이 제주의
미래가치 잠식이라는 뼈아픈 대가를 치르기 전에 바로잡을 필요가
있다. 제주 발전계획과 제주 경영방식을 제주의 핵심가치에 맞게 재

정렬하여야 할 엄중한 시점이 바로 지금이다.

제주의 스펙(spec, specification)은 '국제자유도시', '유네스코 3관왕', '세계7대자연경관', '세계평화의 섬' 등 매우 화려하기 그지없다. 그러나 대학생이 면허와 스펙만으로 좋은 직장을 찾을 수 없듯이, 제주의 여러 가지 스펙이 세계시장 진입의 티켓이 아니며, 제주의 브랜드가치를 높이는 것이 아님을 깨달아야 한다. 스펙은 제주의 내재가치를 타인이 인정함으로써 어느 정도 객관적 타당성을 인증한 것이기는 하지만, 스펙을 쌓기 위한 과정에서 구축된 시스템을 유지하고 관리해 나갈 수 있는 내부 역량 강화에 더 큰 관심을 가져야 한다. 더 나아가서는 제주의 내재가치와 핵심가치의 확고한 정립하에서 적절한 마케팅 전략을 수립하고 또 그것을 실행할 수 있는 추진력이 중요하다.

이 책의 저술 동기 중 하나는 10여 년 이상을 제자리에서 맴도는 제주 발전에 관한 이슈와 담론들을 정리하면서 그 중심을 관통하는 메시지와 해법을 찾아보려 한 것이다. 가장 훌륭한 토론회의 좌장은 정답을 가르치려 하기보다 적절한 질문을 던지는 데 초점을 맞추어야 한다. 그럼에도 불구하고 필자의 미숙함은 제주사회 여기 저기 묻혀서 보이지 않는 지뢰밭의 지도를 그리는 데는 충분하지 않았음을 인정한다. 다만, 제주 발전 정책의 입안과 가장 좋은 길을 선택하는 합의의 과정에서 성장률이나 외형적인 수치보다 자칫하면 소홀히 다룰 수 있는 제주의 가치관(핵심가치)과 제주의 가치를 높이는 기준점과 대안이 무엇인지를 고민하여 이를 한정된 지면에 제시하고자 하였다.

훌륭한 기업 경영자는 그의 팀과 함께 경제적·환경적·사회적 가치를 창조하는 전략으로 기업이 지속가능한 성장을 가능하도록 만들어야 한다. 그럴 때 그 회사의 직원들은 자신들이 은퇴할 때까지 다

제주의 프라이드와 미래가치경영

니고 싶어 하는 회사, 자신들의 자녀에게 입사를 권유할 수 있는 회사, 그리고 그 회사가 이룬 업적을 자랑스러워할 수 있는 회사를 만드는 데 열과 성과 혼을 바치게 된다. 제주의 경영도 이와 다르지 않을 것이라고 생각한다. 삶의 질이 높은 제주를 만들 때, 제주 주민들도 기꺼이 일생을 투자하며 살고 싶어 하고, 후손들까지도 조상의 궤적을 따라 지역을 성장시키며 보존하는 노력을 아끼지 않는 제주를 창조하게 될 것이다.

이러한 가치 창조자가 되기 위한 제주 가치경영의 우선순위를 독자에게 설명함에 있어 제1부 '문제의 인식'에서 제주의 현안과 장기 발전전략, 그리고 비전의 혼재에 대하여 고찰하였고, 제2부 '제주 경영의 거시적 접근: 경제운용 모델의 선택'에서는 조금 지루할 수 있지만 우리가 절대 포기해서는 안 되는 자연자본주의가 제주 경제운용 전반의 근간이 되어야 함을 강조하였다.

제3부 '제주 경영의 미시적 접근: 가치경영' 편에서는 제주 경영의 업(業)을 정의하고, 가치관경영, 고객가치경영, 가치창조경영이 선순환(善循環)되는 제주의 가치경영을 논의하였다.

선순환 가치경영의 시발점은 가치관경영으로 제주가 가진 내재적 가치를 명확히 정의하고, 전략 충돌의 조정자인 핵심가치(core value)를 모태로, 실현 가능성이 있는 미래 비전을 정립하여 구성원 모두가 공유하여야 하는 주체적 정체성을 가진 '제주의' 필요조건이다.

기업형 지방정부가 행정서비스의 창조적 공급자로서 채택하여야 하는 고객의 가치를 높일 수 있는 마케팅과 브랜딩 전략을 언급하였다. 또한 교육, 투자와 기업유치, 과학기술의 혁신적 주체로서의 역할을 수행함으로써 고객가치를 높일 수 있는 고객가치경영을 '제주인에 의한' 충분조건으로 파악하였다.

가치경영의 세 번째 단계인 가치창조경영을 '제주와 제주인에 의한' 가치경영의 필요충분조건으로 논의하였다. 제주와 제주인의 미래 가치를 증대시킬 수 있는 제주 선도산업으로 제주의 1차 산업의 미래 가치 중요성을 강조하였으며, 제주형 가치경영의 일꾼으로 '제주 마케팅회사'의 설립을 제안하였다.

마지막으로 제4부에서는 제주 가치경영의 마침표로 세계일류도시 (Global Leading City)를 제시하고 제주의 리더십과 통합비전에 대하여 독자들의 의견을 구하였다.

제주가 세계일류도시의 하나로 우뚝 서는 작업은 오랜 시간과 리더를 포함한 많은 이들의 직업적 의지와 피땀 어린 노력을 필요로 한다. 특히 제주는 경영의 제1 핵심 요소인 리더십의 변화를 갈망해 왔다. 리더십의 부실과 부재로 인한 제주 디스카운트를 더 이상 제주 주민이 용인할 수는 없을 것이다.

또한 제주의 장기 통합비전으로 최종 목적지인 '자긍의 섬(Island of Pride)'을 제시하였다. 공동체 구성원의 자긍심, 자부심이 공동체의 통합을 촉진하고 사회적 가치를 창출하는 세계일류기업의 첫 번째 조건이 된다는 당위성에서 제주의 자긍심이 자존(自存)을 넘어 자존(自尊)으로 승화되기를 염원하였기 때문이다. 제주의 최대 주주이며 제주공동체의 주 고객으로서 제주도민이 살면서 자부심(pride)을 느끼는 도시, 제주 발전의 파트너로서 제주의 투자자가 기업을 하면서 자긍심(pride)을 느끼는 도시, 그리고 관광객이 제주를 여행하며 자랑스러워(pride)하는 도시를 조성하자는 것이다. 세계인이 부러워하는 친기업 글로벌 시티(business-friendly global city)인 동시에 친환경 생태도시(eco-friendly global city)를 조성하여 '자긍의 섬, 제주(Island of Pride)'를 후세에 물려주자는 의미를 담고 있다.

제주의 프라이드와 미래가치경영

제주의 자조자립이라는 핵심가치와 잘 어울리는 제주형 협동조합 운동에 관심이 많으면서도 이에 관해 자세히 다루지 못하였다. 또 때로는 일부 논지에 대하여 과다하게 많은 지면을 할애한 것도 이 책의 부족한 점이며, 기회가 있으면 보완하고 싶은 생각이다.

제1부   문제의 인식

제1장

지방화, 세계화 문턱 앞의 제주

1. 반복되는 이슈와 담론

> 지금 대다수의 시민들이 다 아는 것은 문제가 아니다.
> 그러나 적절하게 대응하지 않는다면,
> 미래의 숨겨진 비용이
> 우리를 파산의 길로 인도하게 될 것이다.

앞으로 나아가기 위해서는 내가 지금 어디에 어떤 모습으로 서 있는지(what it is)를 먼저 파악하고, 어디로 가서 무엇이 되려 하는지(what it should be)를 명확히 하는 것이 중요하다. 그리고 두 모습 사이의 간격(gap)을 메우는 먼 길을 떠나기 위해서는 정확한 지도와 나침반으로 무장해야 한다.

근래 2~3년 사이에 제주 가치(value)의 재발견에 따라 제주의 가격(price)이 시장에서 부쩍 상승하는 듯하다. 물론 그동안 제주의 내재가치(intrinsic value) 또는 본원적 가치(fundamental value)가 사라졌다가 홀연히 나타난 것은 아니다. 오로지 10여 년간 열심히 밭에서 돌을 골라내어 돌담을 쌓는 제주인들의 노력 덕으로 하나 둘 그 결실이 맺어진 결과이다. 그 덕분에 이제 제주는 그동안의 저 평가의 늪에서 빠져 나오기 위한 기지개를 펴기 시작했다.

- 유네스코 3관왕
- 세계환경수도 인증 추진
- 관광객 1,000만 돌파
- 제주 올레의 성공적 안착
- 중국 자본의 복합리조트 건설 관련 투자 증대
- 16개 지자체 중 인구유입 증가율 1위, 경제성장률 1위
- 용암해수 특화단지 지정
- 말산업 육성 특구
- 전기차의 메카 육성 계획
- 영어교육도시 성과의 구체화
- 부동산 투자 이민제의 효과
- 부동산 가격 상승

어느 것 하나 가벼이 볼 수 없는 이슈이자 어젠다이고 담론이다. 한국의 여느 지자체와 비교해도, 그리고 과거 어느 때보다도 더 지금의 제주가 스포트라이트를 받고 있는 듯하다.

제주의 프라이드와 미래가치경영

이렇게 화려한 제주의 외적인 양적 성장은 과연 어디서 기인하는가? 제주의 발전을 견인하는 탁월한 리더십과 제1차 제주국제자유도시 종합계획의 성공적인 실행의 결과인 것일까? 아니면 누적되어 감춰졌던 제주의 가치와 역량이 드디어 힘을 내기 시작한 것일까? 과연 제주는 지금 어디까지 와 있는 것일까?

제주를 둘러싼 이슈·어젠다·담론들이 어지럽다. 10여 년 전이나 지금이나 비슷한 논쟁의 키워드가 언론의 지면이나 인터넷 매체를 장식하고 있다. 제주가 지금 어디에 서 있고 어디로 가고 있는지를 분명하게 파악하는 것은 어렵지 않다. 제주 지역 신문이나 인터넷 언론매체 하루치만 읽어 봐도 제주가 얼마만큼 우왕좌왕하고 있는지는 확연히 드러난다. 아래 나열하는 제주 현안에 대한 키워드들로부터 이를 읽을 수 있다.[1]

- 제주의 미래 비전
- 국제자유도시 완성
- 중산간 개발과 자연 훼손
- 산 남북 발전 불균형
- 투자진흥지구 운영 관리 방안
- 관광객 부가가치세 사후 환급
- 제주시 원도심 활성화
- FTA와 1차 산업 보호 육성
- 풍력단지 조성과 주민 갈등
- 해외자본의 대규모 카지노 건설
- 복합리조트 단지 유치 경쟁
- 신공항 건설 vs 제주공항 확충

- 해군기지 갈등

이뿐만이 아니다. 하루가 멀다 하고 열리는 토론회, 포럼, 세미나 등에서 발표된 발제문과 끊임없이 쏟아져 나오는 학자들의 논문, 서적과 정책 제안서 등에서도 다음과 같은 이슈, 어젠다, 담론이 단골 메뉴로 등장하고 있다.

- 국제자유도시 선점효과의 망실
- 총체적 위기 원인 중 하나인 비전의 부재 내지 현실성 없는 비전
- 너무나 다양한 제주의 브랜드 전략
- 중앙정부 의존형 대규모 사업 계획 및 정부 지원 부족
- 나열과 분산형 제2차 제주종합계획
- 도민의 역량 부족
- 제주도민 자본과 제주 우호자본의 부족
- 도민 이익 우선이 아닌 자본가 위주의 개발 논리
  (외지 거대 자본의 제주 식민지화 우려)
  (위락 관광시설 개발 위주의 투자유치)
  (제주도민이 체감하지 못하는 성장 효과)
  (주민참여 개발 방식 미흡)
- 산업구조의 관광산업 편향성과 다양화 부족
- 제왕적 도지사의 권력 집중에 따른 폐해
- 재정자립도 하위
- 궨당 (_편집자주: 제주에서 '친인척'을 의미) 선거와 지역주의

이러한 다종다양한 제주 관련 이슈·어젠다·담론들을 통해서 보면, 결국 현금의 제주도를 둘러싼 문제는 아래와 같은 몇 가지로 요약이 가능할 것이다.

- 개발과 정체성의 경계 확정에 대한 도민의 의구심
- 제주 성장 동력의 나열과 분산
- 중앙정부와 외부 자본에 대한 과도한 의존
- 성장 과실에 대한 도민 귀속의 부족
- 핵심가치 부정합(不整合)에 따른 제주 미래 비전의 혼재
- 존경받지 못하는 제주의 리더십

한편, 제주의 새로운 리더가 된 원희룡 도지사의 아래와 같은 출마 메시지(새누리당 후보 선출 합동 연설회 2014.4.9)도 상세하지는 않지만 제주의 당면 문제를 비교적 정확하게 인식하고 있음을 보여준다.

- 제주의 자연, 문화, 사람의 가치 증대
- 성장과 분배, 환경과 개발, 외래 자본과 도내 자본의 상생
- 자본유치에 따른 경제적 효과의 도민 귀속

여기에서 오랫동안 필자의 관심을 끄는 것은 이렇게 백가쟁명식의 제주의 이슈와 담론들 대부분이 제주의 대표적인 오피니언 리더들(학자, 시민단체 등)에 의해 이미 10여 년 전 또는 그 전부터 지금 이 순간까지 정책제안을 위한 논문이나 칼럼들에서도 반복적으로 지적되어 오고 있었다는 점이다.

물론, 보통시민의 한 가정에도 경제적인 삶과 가족 관계에서 수많은 이슈가 있을진대, 제주도라는 한 지역공동체의 발전과 관련되어 수많은 이슈와 다양한 목소리가 존재함은 또한 민주사회의 건강함을 나타내는 것일 수도 있다. 제주를 열렬히 사랑하며, 치열하게 사고하는 지성들에 의해 어느 정도의 해답도 충분히 제시되고 있는 것도 사실이지만, 혹시 제주의 미래를 염려하는 수많은 제주의 지식인과 리더들이 상상력과 창의력을 요구만 하는 제안 그 자체에 만족하려 하지는 않았는지 또는 내편과 저편을 가르며 적당한 갈등 속에서 치열함과 절박함이 없이 답을 내려 하지 않은 것은 아닐까 하는 아쉬움이 크다.

좋은 정치와 경영이란 이렇게 수많은 이슈와 어젠다에 대한 가치들 간의 간극과 방법론의 차이를 극복하여 공동체의 갈등을 해소하고 한 마음으로 하나의 트랙 위를 달릴 수 있게 하는 것이다. 그리고 이를 주도할 수 있는 것이 지역 주민들의 신임을 바탕으로 선출된 정치적 리더십의 핵심 기능이라고 할 수 있을 것이다.

사실 문제와 정답은 이미 모두 나와 있다고 해도 과언이 아닐 것이다. 그럼에도 이 글을 쓰게 된 주요한 동인(動因) 중의 하나는 제주 발전이 이루어지지 못하는 이유가 무엇인지를 속 시원하게 드러내 보이고자 하는 것이다. 제주의 수많은 정책적 이슈가 한 방향으로 통합되지 못하는 원인이 이슈들을 통섭적으로 담을 그릇이 없어서인지, 다양하고 복잡한 이슈들을 하나의 그릇에 담는 시스템과 프로세스 (combining thinking process)가 부실한 것은 아닌지, 그리고 제주 리더 군(群)의 글로벌 리더십 부재와 구성원의 역량 및 가치관 문제인지 등도 검토하고 분석해 보고자 한다.

고증과 상상력으로 탐라의 역사를 들여다보는 학자들의 노고 덕에,

제주의 프라이드와 미래가치경영

탐라 천 년(기원 후 1세기부터 1105년)과 제주 천 년(고려에 편입된 1105년 이후 현재까지)을 합하여 2천 년의 역사[2]를 제주가 가지고 있다는 것은 매우 자랑스러운 일이다. 그렇지만 지금은 다시 새로운 미래의 천 년을 준비하며 일상의 삶을 영위해야 하는 상황에 처해 있다. 그런 일상의 번잡함의 한 가운데에서 우리 모두가 길을 잃고 헤매는 듯하여 왠지 갑갑하고 마음이 무거운 것이 비단 필자만의 생각은 아닐 것이다.

1998년 9월 고 김대중 대통령이 제주국제자유도시 개발 방침을 표명한 이후, 2002년 '제주국제자유도시특별법'의 전면 시행과 2006년 7월 '제주특별자치도 설치 및 국제자유도시 조성을 위한 특별법'의 시행을 통하여 제주의 성장을 위하여 부지런히 달려왔다. 그렇지만 어느새 약 15년이라는 긴 세월이 지나온 지금까지 세계화를 상징하는 제주국제자유도시와 지방화를 상징하는 제주특별자치도의 문턱에서 머뭇거리고만 있다면, 신탐라(新耽羅) 천 년(new millennium)의 미래 초석은 어찌 쌓아야 하는 것일까?

2. 지방화와 세계화, 선택인가 필수인가?

제주의 지방화와 세계화의 프레임을 알기 위해서는 제주의 발전전략을 규정하고 있는 '제주특별자치도의 설치 및 국제자유도시 조성을 위한 특별법(이하 '제주특별법'으로 칭한다)'을 살펴보는 것이 의미가 있을 것이다.

대부분의 법조문은 제1조에서 법의 제정 목적을 규정하고 있으며, 해당 법의 조문 간 해석이 다르거나 불분명할 경우, 제1조(목적)를 그 법의 핵심가치관으로 삼아 상이한 해석을 조정한다. '제주특별법' 도 마찬가지이다.

제주특별법의 목적과 정의

제1조 (목적) 이 법은 종전의 제주도의 지역적·역사적·인문적 특성을 살리고 자율과 책임, 창의성과 다양성을 바탕으로 고도의 자치권이 보장되는 제주특별자치도를 설치하여 지방분권을 보장하고, 행정규제의 폭 넓은 완화 및 국제적 기준의 적용 등을 통하여 국제자유도시를 조성함으로써 국가발전에 이바지함을 목적으로 한다.

제2조 (정의) 이 법에서 국제자유도시라 함은 사람·상품·자본의 국제적 이동과 기업 활동의 편의가 최대한 보장되도록 규제의 완화 및 국제적 기준이 적용되는 지역적 단위를 말한다.

'제주특별법' 제1, 2조에 명확하게 규정한 바와 같이, 이 법의 성격은 제주 발전전략으로 제주특별자치도의 설치라는 '지방화'와 국제적 기준(global standard)이 적용되는 국제자유도시를 조성하는 '세계화'를 명문화하고 있다. 그리고 아울러 국제자유도시 설치 및 국제자유도시 조성을 통해 국가발전에 이바지해야 한다는 것도 명시하고 있다. 종합적으로 볼 때 '제주특별법'은 제주발전의 거시적 미래전략으로서 세계화와 지방화를 제주도에게 요구하고 있는 법으로 해석할 수 있다.

제주의 프라이드와 미래가치경영

1) 지방화와 세계화

'제주특별법'도 친절하게 명시하고 있듯이, 지방화(地方化, localization) 또는 지역화는 중앙정부의 권한과 기능을 지방에 분산, 이양함으로 지방에 폭 넓은 자치권을 보장하는 지방분권화를 실현하는 전략이다. 아울러 시혜적인 중앙집권적 지방 발전전략에서 벗어나 지방의 자율성과 독립성을 높이고 지방의 다양성과 창의성에 입각한 발전전략을 수립, 집행하기 위한 지방경영전략으로 이해할 수 있다.

지방화의 성공을 위해서는 지역주민의 주인 의식, 역량, 성숙도 및 주민의 참여도가 중요한 조건이 된다. 그러나 행정학자도 법학자도 아닌 필자로서는 지방분권화를 위한 중앙정부의 권한이양과 관련된 제도개선, 기초 지자체의 거버넌스 이슈 등 지방화에 관한 모든 것을 다루기에는 한계가 있다. 기업 경영만을 경험했던 필자에게 제주의 지방화는 전문영역이 아니기 때문에 최소한의 범위 내에서 제한적으로만 다룰 것이다.

지방화가 필자의 전문 영역이 아님에도 지방행정의 혜택과 폐해를 받아들여야 하는 정치·행정 서비스의 대상인 시민으로서 제주 지방화의 역기능에 대해서는 염려하는 바가 적지 않다. 예를 들면, 지역주민 친화적인 또는 밀착된 행정서비스를 한다는 명분하에 방대한 권한을 한 곳으로 집중시킴으로써 오히려 지방공무원의 권한 강화와 연결되어 제왕적 도정이라는 부작용을 낳은 것은 아닌지 의구심이 든다. 일선 공무원의 자의적 법규 해석으로 정부의 규제완화정책[3]과 역행하는 것 역시 걱정하지 않을 수 없다. 또한 공동체 구성원의 참여와 소통이 결여되거나 유권자의 표를 의식한 무리한 이벤트성 사업

추진과 환경 파괴가 우려되는 사업의 인허가 남발 등이 염려된다.

필자는 이러한 부작용과 폐해가 도정을 책임지는 리더와 공무원들의 제주에 대한 내재가치와 핵심가치의 미 정립에서 기인하는 것이라고 판단하며, 그에 대해서는 다음 장에서 좀 더 논의할 것이다.

국제화(國際化, internalization)는 경제, 정치, 사회 문화적 여러 분야에서 국가 간의 교류가 양적으로 증대되는 현상을 말하고, 세계화(世界化, globalization)는 국제화가 진전되면서 세계가 실질적인 울타리 없이 글로벌 스탠더드라는 세계 규범을 중심으로 지구촌화하는 과정이다. 세계화는 인터넷의 발달 등으로 이루어지고 있는 세계적인 교통, 통신 인프라가 발전하면서, 세계적인 사고와 관점(world views), 제품(products), 금융(capital), 아이디어(idea) 및 다양한 문화(other aspects of culture)의 교류를 통한 상호 의존적인 세계적 통합과정으로 볼 수 있다. 이러한 세계화의 한 단면으로, 전 세계 시민사회가 수많은 시민단체들의 네트워크로 빠르게 조직되어 소비자 압력이나 유권자의 압력을 행사하기도 한다.

IGM(세계경영연구원)의 대표인 전성철 회장은 세계화는 국경을 없애면 시장이 커지기 때문에 경제에 있어 국경을 없애자는 것이고, 시장이 먹을 떡(파이)을 키우기 때문에 시장을 키우자는 것으로 정의한다. 또한 세계화란 한 마디로 세계의 베스트가 우리 안방에 와서 경쟁하고, 우리 것이 나가서 세계의 베스트와 경쟁하는 것으로도 설명한다.[4] 국제화나 세계화를 이끄는 주된 동력은 두 말 할 것도 없이 경제의 세계화이다. 국가 간 경계의 구분이 없어지고 경제활동이 국내처럼 자유화되는 지구촌 경제화(global economy)이며, 세계 무역 자유화의 첨병인 세계무역기구(WTO)와 다국적 기업으로 대표되는 글로벌 컴퍼니(global company) 및 국제적 기준(global standard)

등이 경제의 세계화를 보여주는 대표적인 사례들이다.

일부 학자들은 세계화를 자유시장과 노동시장의 유연성까지 포함하는 국제적 규제완화를 제1의 가치로 표방하는 신자유주의(Neo-liberalism)의 산물이라고 평가한다. 그리고 그런 세계화는 윈윈(win-win)이라는 명분하에 강대국의 이익을 도모하는 시장개방, 다국적 초거대 자본의 시장지배에 따른 국가 간 경제발전 격차에 의한 갈등, 국민 간의 빈부격차에 따른 양극화의 심화 등을 야기한다는 점에서 비판의 대상이 되기도 한다. 이러한 문제점으로 인해 세계화는 무자비한 시장 경쟁을 추구하여 국가 간 또는 국민 계층 간 불평등을 야기하는 위기를 가져올 수도 있다.

그러나 세계화에 대한 평가는 반드시 이처럼 부정적으로만 보기는 어렵다. 제한 없는 시장 경쟁을 통해 세계인의 보편적 삶의 질 수준을 한층 향상시킬 수 있는 새로운 기회로 작용하기도 하기 때문이다. 세계화의 부정적 영향에는 많은 이들이 귀를 기울여 왔다. 그렇다고 그 부정적 영향이 사라지는 것은 아니다. 그렇다면 세계화의 영향을 발전과 삶의 질 향상의 긍정적 기회로 적극 활용하려는 마인드가 필요할 것이다.

제주에게도 세계화는 재앙이 아니라 기회가 될 수 있다. 세계시장(global market)에서 제주의 가치가 정당한 평가를 받을 수 있는 절호의 기회가 세계화를 통해 다가오고 있는 것이라고 볼 수 있기 때문이다. 물론 자유무역협정(FTA)의 파고 속에서 깊어지는 제주 농민의 시름과 외부 자본에 의한 무질서한 개발에 따른 제주 미래가치의 훼손도 우려하지 않을 수는 없을 것이다. 그런데 그것이 두렵다고 제주도민 모두가 궨당 정신으로 무장한 채 손을 맞잡고 한라산만 쳐다보며 강강수월래의 원만을 고수할 수는 없지 않은가.

세계화는 개방과 정체성의 충돌에 제주를 불가피하게 노출시키는 동시에 사회적 통합을 어렵게 만들고 있는 것이 사실이다. 그렇지만 제주인과 제주다움이라는 핵심가치로 개방과 정체성의 경계를 확정하고 이를 공동체 리더와 구성원 모두가 공유함으로써 세계화가 제기하는 문제점들을 슬기롭게 헤쳐나갈 수 있을 것이다.

2) 두 개의 트랙(two track) 달리기

대한민국 중앙정부와 제주도는 약 4년간의 지지부진한 시행착오를 겪은 후 2006년에 제주국제자유도시특별법을 폐지하고, 중장기 제주발전의 로드맵이며 나침반일 수 있는 '제주특별자치도의 설치 및 국제자유도시 조성을 위한 특별법(제주특별법)'을 새로이 정비 제정하면서, 제주의 지방화와 세계화를 동시에 추진하는 투 트랙(two track) 전략에 합의한 것으로 보인다.

중앙정부는 제주의 지속성장을 위하여 세계화와 지방화라는 투 트랙 전략을 제안하면서, 이것이 낙후된 지방의 균형발전을 위한 지방발전전략이 아닌 국가발전전략임을 분명히 했다. 이러한 관점이 지금 현재도 유효하다 하더라도, 국가의 발등에 떨어져 있는 지역균형발전이라는 대명제와 집권세력의 표심을 의식한 지역주의의 벽을 넘어서기에는 역부족인 것이 자명하다.

제주는 중앙정부의 약속 미이행과 지원 부족을 원망하고, 중앙정부는 '제주는 스스로 해결하는 역량과 노력을 보이지 않으면서 중앙정부에 자꾸 달라고 요구하기만 한다'는 인식이 그것이다. 제주특별법 제4조는 다음과 같이 국가의 책무를 분명하게 규정하고 있다.

② 국가는 …… 제주특별자치도의 선진적인 지방분권의 실현과 국제자유도시의 조성을 위한 방안 및 시책을 마련하여야 한다.

③ 국가는 …… 제주특별자치도에서 징수되는 국세를 이양하는 등 행정·재정적 우대방안을 마련하여 조속히 시행하여야 한다.

그러나 중앙정부의 지원 약속이 당초 약속대로 충분히 이행되지 않는다고 중앙정부를 법 위반이나 직무유기로 헌법소원을 낼 수는 없는 일 아닌가? 예를 들면, 중앙정부는 평범한 16명의 자식들보다는 잘난 자식 하나가 가문의 부와 명예를 가져온다는 것을 잘 알고 있는 16개 광역단체의 어머니라고 할 수 있다. 그런 중앙정부가 제주를 세계화와 개방화의 선도지역으로 개발함으로써 한반도 전체의 개방과 발전의 촉진제(accelerator)로 삼는 전략을 채택한 바 있으나, 이제 그것의 수정과 변화를 도모하고 있는 것으로 보인다. 열 손가락 깨물어 안 아픈 손가락 없다는 속담대로 다른 자식들이 막내만을 편애한다고 울어대는 지방균형발전 논리에 떠밀려 가는 것도 한 이유가 될 것이다.

그렇지만 10여 년을 지나오는 동안 세계화의 급격한 진전으로 제주만이 아닌 우리나라 전체가 개방화의 급속한 물결을 타고 있고, 각 지자체 또한 경쟁적으로 세계화를 지향하고 있기 때문이기도 할 것이다. 이제 세계화와 지방화라는 전략적 과제는 제주만의 전유물이나 전공과목도 아니며, 우리나라 모든 지자체의 교양과목으로 간주되고 있다.

한편, 제주를 걱정하는 많은 지식인들이 특별자치도는 수단(형식)이고 국제자유도시는 목적(내용)이라고 얘기하기도 한다. 그러나 이러한 논리는 자칫 지방화(고도의 분권화를 통한 특별자치도)를 세계화(국제자유도시)에 종속시키는 예기치 않은 결과로 귀결될 수 있다. 아마도 제도 개선에만 목을 메는 도정의 잘못을 강하게 지적하는 과정에서 주객 전도를 강조한 데서 비롯된 것으로 이해된다. 그러나 지방화와 세계화는 엄연한 정치·경제·사회를 관통하는 이 시대의 트렌드이고 제주의 발전도 그 둘과 함께 동반하여 지향해야 할 목표라고 생각하며, 고충석 교수가 지방화와 세계화를 "교직(交織)"으로 표현한 것에 동감한다. 제주는 싫거나 좋거나 세계화와 지방화라는 두 개의 명제를 위하여 두 트랙 위를 동시에 달려가지 않으면 안 된다.

그러나 우리가 아무리 올바른 트랙 위에 올라서 있다고 하더라도, 머뭇거리거나 주저앉아 있어서는 안 된다. 뒤에서 달려오는 자동차에 의한 추돌사고로 치명상을 입을 수도 있을 것이므로, 어떻게 그 길을 달려갈 것인지가 매우 중요하다.[5] 필자가 보건대, 그 트랙은 제주의 가치를 바르게 이해하고, 제주인에 의하여, 또 제주와 제주인을 위하여 올곧게 지방화에 성공하고, 글로벌 스탠더드가 보편화된 경쟁력을 가진 글로벌 시티(global city)가 되는 길일 것이다. 그것이 바로 제주의 지방화와 세계화라는 두 트랙의 종착역이 될 수 있을 것으로 생각된다.

3) 글로컬라이제이션(glocalization)

기업 경영에 있어서도 세계화와 지역화는 매우 보편적인 전략이다. 세계시장의 확대를 위하여 외국 기술과 자본을 도입하며, 외국에 공장을 짓고 외국 인재를 영입하기 위하여 기업 CEO가 여러 차례 외국 방문을 하는 것이 예사이다. 지역화를 위해서는 지역의 특산물을 이용하여 지역 특성에 맞는 제품을 개발하거나 지역에 물류시설을 갖추고 유통비용을 절약하고 고객의 요구에 빠르게 대응하기 위하여 지역본부의 권한을 강화하거나 별도의 자회사(子會社)를 설립하여 본사와 경쟁하기도 한다. 즉, 기업 경영에서의 '지역화'가 구성원의 주인의식을 강조하는 전략으로 창의성과 자발적인 참여도를 높이고 제품의 원가를 절감하여 경쟁력을 높이는 전략으로 본다면, '세계화'는 선진국의 기술과 경영기법을 도입하여 신제품을 생산하여 국내외 신시장을 개척하는 것이다. 국가와 지자체의 세계화 및 지방화 전략과 크게 다르지 않다.

근래에 관심이 높아지고 있는 것이 글로컬라이제이션이다. 그런데 이를 세계화와 지방화의 투 트랙을 동시에 달리는 전략으로 이해하는 것은 문제가 있다. 글로컬라이제이션(glocalization)이란 세계화(globalization)와 지방화/지역화(localization)의 합성어로 '사고는 세계적으로, 행동은 지역적으로(Think Global, Act Local)'라는 모토 하에 세계화와 지역화(현지화)를 동시에 추구하는 기업의 경영전략이다. 일반적인 협의의 개념으로 소니(Sony)의 창업자 모리타 아키오(1921~1999)가 강조한 세계화를 지향하는 기업의 현지화 전략을 말한다. 맥도날드가 한국에서 한국인의 입맛에 맞는 불고기버거나 김치버거를 판매하는 신상품 개발전략이나 현지에 진출한 지사나 법인의 CEO를 현지 국가 사람으로 임명하는 예 등이 좋은 예라고 할 것이다.

이렇게 글로컬라이제이션이란 다국적 기업이 세계 각국에 진출할 때 해당 국가 또는 지역시장을 개척하고 안착하는 경영전략 중 기본이 되는 전략이다. 제주에 투자하는 국내외 기업들이 지역주민 고용 우선 요구나 지역산물의 우선 구매를 통하여 지역의 요구에 부응하는 것도 제한된 범위 내에서의 기업의 글로컬라이제이션 경영전략으로 이해할 수도 있다.

경제활동의 중심이 국가적 단위에서 지방과 지역으로 이전되고 있는 현 시대의 트렌드를 고려할 때, 제주는 세계화와 지방화를 동시에 추구하여야 한다. 이런 제주의 입장에서는 세계화를 추진하되, 제주의 내재적 가치와 자생적 문화를 이해하고 존중하며, 지역적인 것이 가장 세계적이며, 제주 다움이 최상의 경쟁력이라는 원칙을 가질 필요가 있다. 이런 측면에서 제주 경영전략으로 세계화와 지방화를 동시에 추구하는 글로컬라이제이션 경영전략은 충분히 의미가 있다고 생각된다.

벨기에는 유럽의 통합화(세계화)에 앞장서면서, 1993년 5월 헌법 개정을 통해 중앙집권제를 폐기하고 3개 지방 연방체제로 전환했다. 이러한 조치를 계기로 완전 지방화를 이룬 벨기에는 지방 경쟁력 강화를 바탕으로 국가 전체의 경쟁력을 높인 대표적 성공 사례 국가이다. 따라서 지방화/지역화는 세계화를 앞당기기 위해서도 더 이상 미룰 수 없는 당면 과제임이 분명하다.

3. 기로에 선 제주 경영: IBM 보고서의 시사점

우리나라의 국가브랜드위원회는 제주도가 IBM이나 매킨지같은 세계적 수준의 마케팅 전문회사의 진단이 필요하다고 권고한 바 있다. 그에 따라 IBM의 'Smarter Cities Challenge'[6] 프로젝트의 도

제주의 프라이드와 미래가치경영

〈그림 1-1〉「2013 IBM 스마터 시티 챌린지, 제주」 최종보고서의 표지

움으로 2013년 9월 제주 미래 방향에 대해 종합적으로 진단한 최종
보고서가 작성되어 제주도에 제출되었다.

IBM의 최종보고서인 「2013 IBM 스마터 시티 챌린지, 제주」는 부
록을 빼고 나면 고작 40여 쪽에 불과한 매우 축약된 제안서이다.[7]
그러나 이 보고서의 행간(行間)을 주의 깊게 음미할 필요가 있다. 제
주 경제의 잠재력을 이끌어 냄과 동시에 제주만의 독특한 문화와 자
연경관을 기반으로 제주의 성공적인 미래를 위한 비전을 고안해 달
라는 제주 도정의 요청에 따라, 제주가 도전해야 할 과제와 이에 관
한 전략적 권고안을 담고 있다.

IBM이 파악한 제주도의 미래발전에 방해가 되는 심각한 과제는
아래와 같다.

(1) 낮은 글로벌 브랜드 인지도

(2) 관광업에서 창출되는 새로운 기회에 대한 느린 대응

(3) 규모의 경제가 이루어지지 못하는 구조적 한계와 외국인
   투자의 부족으로 관광업 이외의 다른 산업 성장에 제약

(4) 제주 미래에 대한 비전의 혼재(混在)

IBM은 다양한 제주 리더들과의 심층 인터뷰 및 시장조사 등을 통한 연구결과에 따라 관광산업의 효과 증대와 균형 발전을 위한 제주 경제 기반의 확대에 중점을 두고 5가지 전략권고안을 도출하였다.

(1) 가치 중심의 대상 설정 및 인식 형성:

(2) 체험 중심의 디지털(온라인)화

(3) 도민 중심의 협업

(4) 소규모 기업 집단화를 통한 규모의 확대

(5) 개발과 보전의 균형에 대한 비전 공유

상기 권고안 중 (1)과 (2)는 제주 GRDP의 약 70%를 차지하고 있는 관광서비스 부문에 관한 것이다.

- 제주가 프리미엄 관광지이자 고부가가치 제품의 생산지라는
  인식 형성이 필요하고,

- 중국인 단체 관광객 의존에서 탈피하여 세계 관광의 글로벌
  트렌드인 개별 특수목적 관광의 개발

- 여행지의 검색, 예약, 제주 체류기간, 여행 종료 후 즐거움을
  홍보하고 추천하는 일련의 전 과정에 중점을 두는 통합적인
  디지털 서비스 환경 구축

그리고 (3)과 (4)는 도민 중심의 서비스 전환 방안과 관광업에 과도하게 편중된 제주 경제구조를 1차, 2차 산업으로 다각화해야 하는 제주 중소기업의 활성화 방향을 제시한 것이다.

- 도민의 참여유도와 지원, 지방 정부 내 기관 간 및 비영리 단체들 간의 협업을 적극적으로 추진 필요
- 도민의 외국어, 글로벌 역량 강화 등을 위한 교육기관과의 협업 중시
- 농업 포함, 소규모 기업의 집단화를 통하여 수출 마케팅, 협상 계약 및 기술 역량 강화를 위해 지원
- 외국인 투자유치 전략 고민의 필요성

끝으로 (5)는 제주의 가장 핵심 이슈라고도 할 수 있는 개발과 보존이냐의 문제에 대하여 도정이 지역 사회의 각계 리더들과 주민과의 열린 대화를 통하여 균형을 위한 비전의 공유 필요성을 강조하고 있다.

필자는 IBM의 보고서가 주는 제주 현안에 대한 인식과 그에 대응하는 권고안의 내용들은 상당 부분 제주 현실의 정곡을 찌르고 있으며, 제주 장기발전 계획은 물론 제주 경영 전략에도 적절히 반영되어야 한다고 생각한다. 이 책의 다음 장에서 풀어 나갈 가치경영 전략과도 맥을 같이 하는 부분이 많을 것이다.

제2장

제주 발전을 위한 전략·계획·비전,
무엇이 문제인가?

1. 제주의 세계화 전략, 국제자유도시

1) 국제자유도시 개념의 재검토

'제주' 하면 따라다니는 국제자유도시라는 명칭을 빼놓고 제주를 생각할 수 없다. 제주 발전전략의 두 기둥인 '제주특별자치도 설치 및 국제자유도시 조성을 위한 특별법'과 제1, 2차 '제주국제자유도시 종합계획' 모두 '제주국제자유도시'라는 그럴듯한 명찰을 달고 있기 때문이다. 이것이 제주 비전의 현주소이다.

고 김대중 대통령이 제주국제자유도시 개발 방침을 천명한 1998년 9월은 세계적인 금융위기로 한국도 세계화의 동력을 적극적으로 찾아야 하는 시점이었다. 제주를 먼저 세계화하고 개방 거점으로 발전시켜 우리나라 전체로 개방화와 세계화의 동력을 확산시켜야 할 상황이었다. 이는 덩샤오핑의 중국 서부 내륙을 발전시키기 위하여 상하이 푸동을 개방의 거점으로 활용한 전략과도 유사점이 있다.[8]

주지하듯이, 제주는 예로부터 3무(無)의 섬으로 알려져 있었는데, 그중에 대문이 없다는 것은 개방성을 뜻한다. 탐라국은 폐쇄적이 아닌 개방화된 섬으로서 해양 교통·교역의 요충지였다. 이런 해상왕국 탐라의 역사성을 감안하면 제주의 국제자유도시화는 이미 숙명이었다는 생각이 든다.

제주를 국제자유도시로 조성하자는 제주발전을 위한 세계화 전략은 〈표 2-1〉과 같은 일정으로 추진되어 왔다. 법률적 보완을 거치며 지금까지 어언 약 15년 동안 진행되고 있다.

제주특별법은 국제자유도시를 "사람·상품·자본의 국제적 이동과 기업활동의 편의가 최대한 보장되도록 규제의 완화 및 국제적 기준이 적용되는 지역적 단위"(제2조)로 규정하고 있다. 이에 따라 우리나라의 대다수 사전도 이와 동일하게 설명하고 있다. 그러나 국제자

〈표 2-1〉 제주국제자유도시 추진 일정

1998. 9.	고 김대중 대통령, 제주국제자유도시 개발 방침 천명
2002. 4.	제주국제자유도시특별법의 전면 시행(2006년 2월 폐지)
2002. 5.	제주국제자유도시개발센터(JDC) 창립
2003.	제1차 제주국제자유도시 종합계획(2002~2011) 확정
2006. 2.	제주특별자치도 설치 및 국제자유도시 조성을 위한 특별법 제정
2011. 12.	제2차 제주국제자유도시종합계획(2012~2021) 확정

제주의 프라이드와 미래가치경영

유도시(Free International City)라는 용어는 학술적인 용어도 아니며, 외국에서도 그 용례를 찾아볼 수 없는 독특한 정책적 용어인 것으로 보인다.[9]

제주특별법 제2조가 정의하는 국제자유도시의 내용을 잘 들여다보면 '국제화(=사람·상품·자본의 국제적 이동)'와 '세계화(=기업활동의 편의가 최대한 보장되도록 규제의 완화 및 국제적 기준이 적용)' 두 개념을 중심축으로 하고 있다. 제주국제자유도시의 성격은 국제화라는 교류의 양적 증대와 글로벌 스탠더드가 보편적으로 일상화되어 가는 질적인 세계화까지 포괄하고 있는 것으로 이해된다. 그리고 영문 표기 Free International City에서 'Free'는 economic free zone (경제자유구역) 개념에서, 그리고 'International'은 국제화된 세계적 도시의 개념에서 유래된 것으로 보인다. 그리고 이 개념들을 차용하여 합성함으로 국제적인 경제자유도시를 나타내고자 한 것으로 보인다. 그런데 만약 국제자유도시라는 영어 표기를 새롭게 고칠 수 있다면 글로벌 경제자유도시, 즉 'Global Economic Free City'가 조금 더 적합하지 않을까 필자는 생각해 본다.

김여선(金汝善) 교수는 제주국제자유도시의 개념을 ① 경제적·사회적·문화적인 이동에 대하여 문호를 개방하고 있는 지역, ② 경제적 규제가 완화되는 '경제규제자유지역,' ③ 제주라는 한정적 지역, ④ 친환경적 복합형 국제도시를 지향하는 종합적 경제특구, ⑤ 국가적인 지원과 특례가 인정되는 지역(국가의 의무규정) 등의 요소로 규정하고 있다.[10]

2) 세계화 전략의 핵심, '글로벌 스탠더드'

　　국제자유도시 조성은 경제·사회·정치 일상과 규범 속에서 글로벌 스탠더드(global standard)가 일반적으로 통용되는 글로벌 도시를 만드는 것이다. 글로벌 스탠더드가 제주의 경제·사회 시스템 내에 제대로 착근하지 못한다면 국제자유도시 조성사업은 실패한 것으로 보아도 무방할 것이다.

　　제주특별법도 제주를 규제의 완화와 국제적 기준이 보편화되는 지역으로 조성하여 기업활동의 편의가 최대한 보장되는 기업친화적인(business-friendly) 도시를 조성함을 목적으로 하고 있다. 여기에서 국제적 기준이란 국가 간 교역을 촉진시키기 위해 각종 규격·기술·용어 등에 대해 일정한 기준과 표준 형태를 국제적 합의를 통해 규정해 놓은 국제적 표준(international standard)과는 다른 개념이다. 그보다 세계화의 핵심 규범인 글로벌 스탠더드(global standard)를 의미하는 것으로 이해하고 싶다.

　　그동안 제주의 국제자유도시 조성은 여러 면에서 부진하다는 평가를 받고 있다. 그런데 그중에서도 중앙정부의 지원 부족이나 제주도민의 역량 부족에서 그 원인을 찾는 경우가 많았다. 그러나 필자가 보건대, 문제는 제주의 리더를 포함한 제주 공동체의 구성원 모두가 '글로벌 스탠더드'에 대한 이해와 공유의 부족에 있지 않았나 생각한다.

　　세계가 지구촌으로 단일화되어 가는 시장화의 과정에서는 통일성의 기준이 필요하게 된다. 글로벌 스탠더드는 지구촌 단일 시장을 촉진하기 위한 기준으로서 세계시장의 질서와 원칙을 규정한다. 즉 제품의 규격이나 기술에서부터 금융·회계·법률·문화에 이르기까지,

개인이나 기업은 물론이고 국가의 법이나 제도까지 모두 글로벌 스탠더드에 포함되어야 한다. 글로벌 스탠더드는 사실상 시장을 장악한 강자의 논리가 반영된 결과에 다름 아니다. 그렇기 때문에 세계시장에서 각축을 벌이는 국가들은 서로 글로벌 스탠더드를 선점하기 위해 첨예하게 경쟁을 한다.

글로벌 스탠더드의 전도사로 불리는 전성철 IMG 회장의 『변화의 코드를 읽어라: 시장을 지배하는 법칙 글로벌 스탠더드』라는 책에서 저자는 글로벌 스탠더드를 다음과 같이 적절하게 요약한다. 그는 글로벌 스탠더드를 떡을 가장 빨리 키우는 세계적으로 입증된 방법이라고 지적한다. 그에 의하면, 우리는 의식적·무의식적으로 끊임없이 글로벌 스탠더드를 추구하고 있다. 무슨 문제가 터지면 항상 다른 나라, 특히 선진국들은 그 문제에 어떻게 접근하고 있는가를 가장 중요한 참고자료로 삼는데, 이것이 바로 글로벌 스탠더드를 찾아가는 것이라고 지적한다. 그리고 그중에서 가장 효과적인 것으로 판명된 제도·기법·문화 등을 모아 놓은 것이 바로 글로벌 스탠더드라고 그는 이야기한다.

전성철 IMG 회장의 『변화의 코드를 읽어라』라는 책은 다양성·시장성·투명성·문화성이 이 시대의 변화를 이끌어 가는 코드인 글로벌 스탠더드의 핵심가치라고 강조한다.

▌다양성

아무리 노력해도 바뀔 수 없는 것을 차별하는 것이 바로 편견이다. 인종·언어·성별·출신지역 등의 편견은 떡을 키우는 법—글로벌 스탠더드—에서 바로 떡을 갉아 먹는 행위로 본다. 예를 들어, 미국의 경쟁력은 다양성에서 나온다. 링컨이나 케네디 같은 훌륭한 국가지도자 덕에 일찍이 미국은 여성이라고 또는 흑인이라고 이민자라고 차별받지 않는다. 미국은 이러한 나라이기 때문에 만성 무역적자를 능가하는 외국인 투자 덕에 성장과 번영의 기조를 지속적으로 유지하고 있다.

▌시장성

시장은 시스템(규칙)의 틀이며, 그 시스템의 속성은 자유이다. 시장은 끊임없이 나쁜 짓 하는 자를 솎아 내는 정화작용을 필요로 한다. 자유를 바탕으로 정해진 규칙은 공평하기 때문에 시장이 평가하는 것에 대한 불평이 없다. 자유를 위해 규제를 완화해야 하지만, 나쁜 것 불공평한 것에 대해서는 합리적 규칙을 만들고 그것을 어길 경우 추상같이 징벌한다는 확실한 규제가 있어야 한다. 이것이 시장의 원리이다.

▌투명성

투명하면 당연히 정직할 수밖에 없다. 정직은 투명을 낳고 투명은 신뢰에 기반한 예측가능성을 준다. GE는 투명성 부문에 'no second chance'라는 모토를 가지고 있다고 한다. 업무성과가 미흡하면 두 번째의 기회가 주어질 수 있지만, 정직성에 문제가 있다면 두 번째의 기회는 없다는 것이다. 이러한 투명성의 실천을 위하여 무엇보다 중요한 것은 리더의 솔선수범과 도덕성이다. 예를 들어 미국의 경쟁자인 인텔이나 싱가포르 통신회사에 비해 삼성전자나 KT 같은 한국 기업의 주가가 낮은 이유는 한국 기업의 투명성에 대한 국제사회의 신뢰가 부족하기 때문이다. 이것이 바로 코리아 디스카운트(Korea discount)이다. 한국 기업의 주가가 유사한 업종의 세계 회사 수준으로 평가를 받는다면 주식가치는 크게 오르게 될 것이다. 그리고 이것은 그 주식을 보유한 주주의 이익으로 돌아가게 된다. 이것이 바로 투명성－글로벌 스탠더드－이 떡을 직접 키우게 되는 원리이다.

▍문화성

공급이 수요를 쫓아가던 대량생산과 대량소비의 시대를 지나, 이제는 디자인을 중시하는 까다로운 소비자가 중심이 되는 소량 다품종 시대이다. 문화는 떡을 키우기도 하지만, 바로 그 문화가 떡이 되는 문화산업의 시대이다.[11] 그런데 문화는 다양성이라는 토양에서 잘 자란다. 서로 다른 다양한 사람들(인종, 성별, 내외국인, 젊은 사람, 늙은 사람, 안에서 자란 사람, 밖에서 자란 사람)이 모여 있을 때 잘 자란다. 즉 사람을 '껍데기'로 판단하는 편견이 없을 때, 즉 다양성을 인정하고 존중할 때 문화의 꽃이 활짝 필 수 있다는 것이다.

글로벌 스탠더드를 다시 한 번 요약하면, 물이 높은 곳에서 낮은 곳으로 흐르듯이 떡을 키우는 요소들은 바로 이 글로벌 스탠더드가 있는 곳으로 몰리는 것이다. 자원도, 자본도, 기술도, 인력도 없었던 아일랜드나 싱가포르 같은 나라가 세계에서 경쟁력 있는 나라가 될 수 있었던 것은 지도자들이 이러한 글로벌 스탠더드를 이해하고 발전정책에 반영하므로 나라 성장에 필요한 많은 것들이 스스로 몰려왔기 때문이다.

우리가 조성하고자 하는 제주국제자유도시가 떡을 키우는 요소들이 스스로 모여들게 하기 위한 기업친화형(business-friendly) 도시 조성이라고 볼 때, 제주는 제주특별법이 말하는 국제적 기준, 즉 글로벌 스탠더드가 보편적 상식과 기준이 되는 지역이 되어야 한다. 즉 외국인과 외국 자본에 대한 편견과 차별이 없으며(다양성), 상품과 자본의 이동에 대한 정부의 규제가 최소화되는 자유로운 경제(시장성), 정직하고 신뢰할 수 있는 예측가능성이 증대하는 사회(투명성), 각양각색의 다양한 문화가 잘 어우러지는 사회적 토양(문화성)을 존중하는 지역이 되어야 한다. 다시 말하면, 제주는 이러한 글로벌 스탠더드라는 핵심가치가 사회의 각 분야에 확립될 수 있는 곳이어야 한다. 그렇게 된다면 제주의 고객인 주민, 투자자, 여행객들은 그들 나름의 평가 기준인 글로벌 스탠더드로 제주를 평가하여 투자, 방문 및 거주 여부를 선택하게 되는 것이다.

3) 싱가포르의 국제도시 경쟁력과 제주의 우월성

　　제주국제자유도시 조성을 위하여 글로벌 도시의 대명사인 뉴욕이나 런던을 벤치마킹해야 한다는 이는 많지 않았다. 그러나 그 태동 시부터 지금까지 홍콩과 싱가포르, 오키나와 등이 제주국제자유도시의 벤치마킹 대상으로 자주 거론되어 왔다. 오키나와는 1997년 다나카위원회가 자유무역지대로 조성하자는 제안이 나온 지 벌써 17년이 지났다. 그렇지만 국제자유도시로서 성공했다고 말하기는 어렵다. 홍콩은 여행을 자주 다녀 보아도 항시 느끼지만, 빈부의 격차가 심하고 품격 있는 도시로 느껴지지 않는다.

　그에 비해 싱가포르는 국제자유도시의 모델이며 원조로서 배울 점이 많은 도시국가로, 그 경쟁력은 타 국가나 도시를 초월한다. 그러나 출장 시마다 느끼는 것이지만 그렇게 살가운 정(情)이 느껴지는 우리가 잘 아는 싱가포르는 50여 개의 섬으로 이루어진 도시며 국가이다. 면적은 697km²로 서울 정도의 크기이고, 제주는 싱가포르 면적의약 2.7배가 된다. 인구는 2012년 기준 약 540만 명으로, 영주권자와비거주자를 합하여 외국인이 35%를 차지한다. 1인당 국민소득(2012 GDP, IMF 기준)은 US$50,323으로 세계 11위이며, 한국은 US$23,679이다.

✤ 태생적인 국제자유도시

싱가포르는 1824년 영국과 체결한 이른바 '영란조약'으로 영국의 식민지가 되었다. 그런데 그 이전인 1819년부터 1823년 사이 싱가포르건국의 아버지라 불리는 영국의 레플즈가 주도한 싱가포르 중계무역항 만들기 전략을 통해 국제자유도시의 기틀을 갖추기 시작했다. 이때이미 국제자유도시의 중요한 두 축인 '상품'과 '사람'의 자유로운 이동을 가능케 하는 '무관세 자유무역'과 '자유이민정책' 등의 원칙을 확립하였다. 그리고 1978년 외환거래의 자유화를 실시하여 국제금융선물시장을 조성했다. 이로써 싱가포르는 30년 만에 런던·뉴욕·홍콩·동경과 함께 세계 5대 금융센터가 됨으로써 자본의 자유 이동마저 허용되었다.

✤ 싱가포르 배우기의 몇 가지 팁

- 물을 포함한 싱가포르의 부존자원 전무 내지 부족 문제: 건설에 필요한 모래, 자갈, 용수까지 수입에 의존한다. 특히 수자원의 경우는말레이시아 조호르와의 100년 장기공급계약에 의존한다. 물 부족은국가의 사활이 걸린 싱가포르의 치명적인 약점이나 빗물, 생활하수,오수, 폐수 등을 구분하여 정수하며, 세계 제1의 정수율 97%를 달성하고 있다.
- 의무적인 군대 복무 기간은 24~30개월이며, 국토 면적의 협소함을고려하여, 외국(대만, 말레이시아 등)의 기지를 임차하여 군사훈련을 실시하고 있다.
- 국가 공무원의 양성과 청렴 투명성: 국가 공무원은 고시제에 의해

채용하는 것이 아니라 우수한 학생 중에서 교사와 교수의 추천으로 선발하여 국가가 장학금으로 육성하고, 특권 계층으로 우대하되 특권의 남용은 엄벌에 처한다. 수상실 직속기관인 부패행위조사국 (CCIB, 1952년 설치)은 혐의가 있을 경우, 영장 없이 혐의자 체포가 가능하며, 모든 공직자는 부채로 인한 재정적 궁핍함이 없음을 소명하는 무부채신고(Declaration of Non-Indebtness) 제출의 의무가 있다.

- 국회의원은 반드시 생업과 겸직하여야 하며 세비가 없는 명예직으로 국가의 부름으로 기꺼이 조국을 위해 헌신하는 개념이며, 유권자는 특별한 이유 없이 투표에 참가하지 않을 경우 무거운 과태료가 부과된다.

- Clean & Green City 정책과 엄격한 페널티: 금연구역에서 흡연 시 싱가포르 달러 1,000불의 벌금과 담배꽁초 등 쓰레기 투기는 엄격히 규제하고 있다. 껌은 판매되지 않으며 관광객이 가져온 것이라 할지라도 공공장소나 거리에서는 씹을 수 없다. 용변 후 실수로 물을 내리지 않을 경우에도 우리 돈으로 약 11만 원이 벌금으로 부과되며, 고의이거나 재차 실수 시에는 싱가포르 달러 1,000불이 범칙금으로 부과된다.

- 자동차 총량제 실시로 신차를 구입하려는 자는 1대의 차를 폐차한 증명서가 있어야 하며, 조경수도 번호를 매겨 관리하며, 심지어 주차장의 조경수 숫자도 번호를 붙여 관리한다.

✛ 국가경쟁력 세계 3위의 저력을 만든 몇 가지의 맞춤형 정책

- 자유방임에 기초한 홍콩식 개방경제체제가 아닌 엘리트 관료가 주도하는 고도의 행정국가(administrative state) 운영 방식 채택 및 철저한 영어교육과 능력주의에 근거한 인재 육성을 통한 엘리트 관료주의.

- 제조업 기반이 취약한 국내기업보다는 외자기업을 통한 초기의 수출 확대 정책을 적기에 전환한 자본 기술 집약적 산업화와 산업 고부가 가치화 전략.

- 싱가포르 진출 외국기업을 관리나 통제의 대상으로 여기는 것이 아니라, 공동 이익을 추구하기 위한 비즈니스 파트너로 간주함.

- 연구개발(R&D) 투자 확대, 자국 인력 양성 및 유능한 해외인력의 적극 유치.
- 국제 비즈니스 거점 유치 전략(International Business Hub 2000)과 Pioneer 기업에 대한 우대 조치 등의 성공으로 전 세계의 50대 기업이 아시아 지역본부를 싱가포르에 설립.

_참고: 양승윤 외, 『싱가포르』(한국외국어대학교출판부, 2004)

도시는 아니다. 때론 도시와 사람들이 너무 상업적이며, 규율이 엄하여 익숙하지 않은 이방인들에겐 범칙금을 주의하여야 하는 도시이기도 하다. 한편으로는 해도 되는 것과 해서는 안 되는 일이 분명히 구분되어 있고, 능률과 효율을 중시하며, 정부와 지도자에 대한 신뢰가 높은 세계적으로 경쟁력이 높은 도시(global city)이며 국가이다. 어떻게 미주와 유럽 대륙에 속해 있지도 않은 동남아의 작은 섬나라가 세계일류의 국제자유도시국가가 될 수 있었을까? 싱가포르 경쟁력의 원천은 과연 무엇일까?

싱가포르의 경쟁력을 객관적으로 파악하기 위해서는 국제적으로 저명한 기관들이 발표한 객관적 지표를 살펴볼 필요가 있다.

▌경제자유지수

미국의 싱크탱크로 유명한 헤리티지재단(Heritage Foundation)과 월스트리트저널(Wall Street Journal)이 공동으로 매년 '경제자유지수(Index of Economic Freedom)'를 발표하고 있다. 이 지수에서 경제적 자유(economic freedom)는 근로와 재산권에 대한 인류

보편적 권리이며, 경제적으로 자유로운 사회(economic free society)에서는 개인이 자유롭게 생산과 소비 활동에 참여하고 개인이 선호하는 방식으로 투자하며 국가에 의하여 제한되거나 제약받지 않음을 말한다. 즉 정부는 경제적으로 자유로운 사회에서 노동·자본·상품의 자유로운 이동을 제한하지 말아야 한다고 한다. 이는 사실상 국제 자유도시의 정의와 동일하다.

이 지수는 다음과 같은 10개 요소를 가지고 World Bank, IMF 등의 통계 수치들을 활용하여 국가별 순위를 매긴다.

- 사업 기회의 자유(Business freedom)
- 자유 교역(Trade freedom)
- 통화의 자유(Monetary freedom)
- 정부의 규모(Government size)
- 재정의 자유(Fiscal freedom)
- 재산권(Property rights)
- 투자의 자유(Investment freedom)
- 금융의 자유(Financial freedom)
- 부패 척결(Freedom from corruption)
- 노동의 자유(Labor freedom)

2013 Index of Economic Freedom에 의하면, 싱가포르는 홍콩(89.3)에 이어 88.0으로 20여 년 동안 2위를 유지하고 있다. 참고로 유럽의 강소국인 스위스와 아일랜드는 각각 5위와 11위이며, 미국과 영국은 10위와 14위 그리고 일본은 24위(71.8)였다. 한국은 2012년에 비해 3단계가 하락한 34위로 평가되었다.

▌글로벌 도시 경쟁력 지수

싱가포르를 국가가 아니라 도시로 보아 세계적 도시와의 경쟁력을 비교 평가하는 것도 제주가 국제자유도시로 나아가는 데 있어 매우 중요한 시사점을 제공해 줄 수 있을 것이다. EIU[12]의 글로벌 도시 경쟁력 지수(GCCI: Global City Competitive Index)는 City Bank의 의뢰에 따라 작성된 글로벌 시티들의 경쟁력 평가 보고서이다. EIU는 세계의 인구 절반 이상이 도시에 살고 있고, 도시가 총생산(GDP)의 약 80% 이상을 담당하고 있으며, 이제는 세계 각국이 국가 전체의 발전전략을 추구하기보다는 도시의 경쟁력 증강을 통하여 국가 전체의 발전을 도모하는 시대로 접어들었음을 강조하고 있다. 또한 동 보고서는 도시의 크기가 도시의 경쟁력을 결정하는 주요 변수는 아니며, 뉴욕이나 런던 같은 인구 1천만 이상의 메가 시티(mega city)가 아니더라도 싱가포르, 홍콩 같은 작은 도시가 세계적인 경쟁력을 갖춘 중심지가 될 수 있음을 우리에게 재확인시켜 주고 있다.

GCCI가 사용하는 지표는 다음과 같다.

- 경제적 강점(economic strength)
- 생산을 위한 기계, 건물 등의 고정자본(physical capital)
- 사회 복지적 금융의 성숙도(financial maturity)
- 인적 자산(human capital)
- 환경과 자연 재해 위험도(environmental and natural hazards)

이상과 같은 지표들을 기본적 요소로 파악하고, 자본(capital), 사업(business), 유능한 인재와 방문자(talent & visitor)를 유치할 수 있는 능력과 호감도 등에 따라 점수를 매기고 순위를 발표하였다. 싱가포르는 뉴욕, 런던에 이어 톱 3에 랭크되었으며, 서울은 20위에 이름을 올렸다.[13]

위에서 설명한 두 개의 지수를 종합하면 글로벌 시티의 경쟁력은 경제 자유화의 성숙도, 미래 성장 산업의 선택과 집중, 인적 자산의 보유, 환경 재해에 대한 대비 등에서 비롯되는 것으로 파악된다.

제주가 지리적으로 동아시아의 중심에 위치하고는 있지만 싱가포르처럼 물류센터나 교통 및 국제금융의 요충지로서 제주의 역할은 좀 더 오랜 시간이 걸릴 것이다. 그러나 우리 제주에는 한정판의 가치(limited edition)를 가진 천혜의 자연자본(nature's gift)과 제주인의 자부심이 있다. 특히 싱가포르가 물까지 외국에 의존해야 하는 것에 비해 제주는 양질의 풍부한 수자원을 보유하고 있는 것이 한 예이다. 또한 거대한 배후 시장인 중국과 일본을 지척에 두고 환태평양 경제구역으로 나아가기 위한 경제적 허브의 가능성 또한 항상 열려 있다.

국제자유도시는 도시의 세계화를 의미한다. 세계화는 이제 보편적인 흐름으로 자리 잡고 있다. 우리의 경쟁국은 물론 국내 여러 지자체들까지 경제자유구역이나 경제자유도시를 추구하고 있다. 중앙정부도 같은 맥락으로 경제자유화를 통한 지역의 경쟁력 강화를 추진하고 있다. 따라서 국제자유도시는 이미 선점효과가 상실된 지 오래된 낡은 프로젝트이다.

"현재의 제주국제자유도시 추진 구상은 오히려 제주도가 적극적인 태도를 보이고 중앙정부가 회의적인 반응을 보이는 대조적인 전개양

상이 나타나고 있다"[14]는 해석도 제주인에게는 이제 새로운 이야깃거리가 아니다. 이제는 제주인들 스스로, 명칭이야 국제자유도시든 또 다른 무엇이든, 제주를 경쟁력 있는 세계적인 도시(global city)로 조성하여 제주인에게 높은 삶의 질을 향유하게 하는 길이 남아 있을 뿐이다.

2. 제주의 장기발전계획

1) 제주국제자유도시 종합계획의 성격

계획하는 일은 조직의 전략적 목적(strategic goals)이나
사명상 목적(mission goals)을 일련의 실행 가능한
프로그램으로 바꾸는 과정이며,
조직 안의 사람들이 그 목적을 어떻게 달성할 수 있는지
그 경로를 추적하는 과정이다.

_피터 드러커(Peter F. Drucker)

제주국제자유도시종합계획(이하 '제주종합계획'으로 표기한다)은 제주 특별법에서 도지사가 수립하도록 규정되어 있는 제주의 장기 발전계획이다. 제1차 10개년 계획이 끝나고, 현재 제2차 계획 (2012~2021)이 진행 중이다. 제2차 제주종합계획은 무려 1,552쪽에 달하는 매우 방대한 분량으로 제주의 리더들이라면 우선적으로 검토

해야 할 제주의 미래가 담겨 있는 정책서이다. 계획 수립에 참여한 여러 연구진들의 노력, 열정 및 아이디어가 엿보이는 종합계획이긴 하지만, 몇 가지 구조적인 문제점을 가지고 있어 지적하고자 한다.

기업의 중장기 경영계획은 세계 경제여건의 변화에 대응하면서 장래의 경영활동에 대한 의사 결정과 행동 예정을 구체적으로 수립한다. 매년 10월이면 기업들은 기획실을 중심으로 금년의 성과를 추정하고, 다음 해의 경영계획을 수립하느라고 매우 분주하다. 또한 기 수립되어 있는 중장기계획인 '5개년 경영계획'을 세계 경제 환경의 변화에 대응하기 위하여 수정하고 보완하는 작업을 병행한다.

경영계획은 한 번 수립하면 계획기간이 종료될 때까지 변경하지 않고 금과옥조처럼 밀고 나가는 규범적 바이블(Bible)이 아니다. 명화처럼 벽에 걸어 놓는 것도 아니며, 기업의 내외적 변화에 적응하고 위기를 극복하기 위하여 필요 시마다 덧칠하고 수정 보완하는 프로세스(process)로 이해해야 한다. 느림과 뒤처짐은 미학이 아니다. 지금과 같은 변화와 혁신의 시대에는 스피드를 중시해야 하기 때문이다.

경쟁회사의 경영계획은 상위의 기밀 사항이다. 경영계획만 들여다보면 그 기업의 장기 비전과 경영전략은 물론 신상품 출시 전략을 포함하여 마케팅 방안, 자금조달 방안 등은 물론이고, 심지어 무엇을 핵심 역량으로 육성할 것인지까지도 매우 소상하게 알 수 있다. 물론 시장에서 기업의 가치를 높이고 자본조달을 용이하게 하기 위해서는 자본 시장에서 투자가들을 상대로 하는 IR(Investor Relations) 활동을 통해 기업의 장기비전과 경영계획의 주요 내용을 공표한다. 그렇지만 세부적인 사항들은 감추는 것이 일반적이다.

그러나 정보공시제도의 덕분으로 제주의 장기 경영계획인 제주종합계획을 면밀히 검토하여 보면 제주가 현재 무엇(비전)을 지향하고

제주의 프라이드와 미래가치경영

어떻게 달성(전략)하고자 하는지를 한눈에 명확히 알 수 있다.

제주종합계획은 10개년 장기 계획으로 경제발전에 국한된 것이 아니라 사회·문화·환경 등 제주발전 전반에 관한 문자 그대로의 종합계획이다.[15] 수립권자는 도지사로서 공청회와 제주도에서 운영되고

제주특별법상의 종합계획 수립에 관한 규정

제222조(종합계획의 수립) ① 도지사는 다음 각 호의 사항을 포함하는 국제자유도시의 개발에 관한 종합계획을 수립한다.
1. 제주자치도를 국제자유도시로 개발하기 위한 기본시책에 관한 사항
2. 세계 평화의 섬 지정 등 국제교류·협력의 증진에 관한 사항
3. 관광산업 육성 및 관광자원의 이용·개발·보전에 관한 사항
4. 교육의 진흥 및 인재육성에 관한 사항
5. 의료·보건 및 사회복지에 관한 사항
6. 농업·임업·축산업·수산업의 진흥에 관한 사항
7. 첨단지식산업·물류산업·금융산업 등 지역산업의 진흥에 관한 사항
8. 토지·물, 그 밖의 천연자원의 이용·개발·보전에 관한 사항
9. 해양의 이용·개발·보전에 관한 사항
10. 자연환경의 보전 및 오염방지에 관한 사항
11. 지역사회의 개발 및 생활환경 개선에 관한 사항
12. 향토문화의 보전과 문화예술의 진흥에 관한 사항
13. 외국인의 생활편의 증진에 관한 사항
14. 도로·항만·정보통신 등 사회간접자본시설에 관한 사항
15. 수자원·전력 그 밖의 에너지 개발에 관한 사항
16. 지역정보화의 기반구축 및 진흥에 관한 사항
17. 개발사업 등에 필요한 투자재원의 조달 및 연도별 투자계획의 수립에 관한 사항
18. 그 밖에 도지사가 필요하다고 인정하는 사항

있는 제주국제자유도시 종합심의회의 심의를 거친 후 도의회의 동의를 얻어야 한다. 그리고 이러한 절차는 통상적으로 그룹에 속한 기업일 경우, 이사회 심의를 거쳐 연말에 그룹의 회장이 주재하는 사장단 회의에서 최종 확정되는 절차와 유사하다.

제주종합계획은 제주를 국제자유도시로 개발하기 위한 제주도의 중장기 개발전략이다. 이 계획은 제주가 국제자유도시로 가는 긴 여정의 로드맵이며 비전으로 올라가기 위한 계단이다. 그리고 제주의 지속성장을 위한 장기 경영계획이며, 외교·국방을 제외한 거의 전 부문을 망라하는 제주발전의 나침반이다. 그럼에도 불구하고 제주 사회 내에서는 제주종합계획이 가지는 중요성이 너무 간과되고 있는 것 같다.

2) 제주종합계획 유감

▮ 리더와 구성원의 참여도

제2차 제주종합계획서는 (주)삼성경제연구소와 (재)제주발전연구원이 공동으로 제출하는 학술용역의 최종보고서로 명시되어 있어 조금은 어색하다. 기업 경영의 경우, 경영 진단이나 핵심 역량 강화를 위한 계획 수립에 있어서 외부의 컨설턴트 내지 기업의 자체 부설 연구소의 도움을 받기는 하지만, 경영계획의 최종 작성은 어디까지나 그 기업의 내부 역량에 의존한다. 즉 CEO가 직접 계획서 작성에 참여하여 임원 및 팀장들과 함께 밤샘 토의도 마다하지 않으면서 최종 결과물 산출을 위해 노력한다. 이러한 과정에서 구성원 대다수가 기업 경영의 목표를 분명히 알게 될 뿐만 아니라 계획서 작성에까지 직접 참여함으로써 계획 달성에 대한 의지도 강화되는 것이다.

제주종합계획서의 작성 과정에서는 몇 차례의 공청회와 중간보고회 등의 절차를 거친 것으로 알려져 있다. 그런데 그 과정이 형식적인 보고 절차의 이행 차원을 넘어 치열한 토론 과정을 거쳤는지, 또 답을 내기 위하여 얼마나 고심하였는지 등에 대해 필자는 자세히 알지 못한다. 그렇지만 최고 리더의 관심사, 특히 자신의 선거공약과 어떤 연계가 이루어졌는지, 나아가 공무원과 제주도민의 참여가 과연 어느 정도나 실질적으로 이루어졌는지 매우 궁금하다.

한 가족이 사는 단독주택을 잘 지으려면 먼저 훌륭한 설계도면이 나와야 한다. 명품 설계가 되기 위해서는 설계사가 설계 착수 이전에 의뢰인의 집에서 상당 기간 함께 생활하며 그 집의 수요자인 가족 개개인의 가치관과 특성 및 선호도 등을 체험한 후 설계에 들어가야 한다. 그리고 중간 중간에 결과물을 가지고 가족들과의 협의도 거쳐야 한다.

하물며 미래의 제주라는 집을 짓기 위한 제주종합 설계도면의 작성이 서면 내지 대면조사 정도로 그쳐서는 안 될 것이다. 충분한 절차와 협의를 거쳐 제주 구성원들의 가치와 의견을 담아낼 수 있어야 할 것이다. 제주 지역에서 수차례 유사한 공청회와 보고회에 참여해 본 필자로서는 제주종합계획서 작성 과정에서 이런 요건들이 충족되었는지 의문이다.

특히 경영계획은 최고경영자(CEO)가 투자자인 주주에 대하여 계획 수립 및 시행결과의 무한 책임을 지는 것으로, 수립 과정에서 CEO의 가치관에 입각한 공동체의 목표를 분명히 제시하고 달성하는 세부 전략을 구성원과 공유하기 위한 것이다. 따라서 제주종합계획은 제주의 CEO라고 할 수 있는 도지사의 경영철학과 경영목표가 제시되어 있는 계획이어야 한다. 그리고 10년이라는 중장기 계획이기 때문에 도지사로서는 재임기간 동안 초석을 닦아야 할 일과 마쳐야 할 일, 그리고 차기 도정에 넘겨야 할 일을 구분할 줄 아는 분별력이 필요하다. 직접 계획 수립 과정에 참여하지 못한 신임 도지사의 경우는 이미 수립되어 진행 중인 종합계획을 면밀히 검토할 필요가 있다. 그에 따라 수정 보완이 필요할 경우 적합한 절차에 따라 도민의 공감을 얻어 추진해야 한다.

▌ 중간 및 최종 평가의 중요성

계획은 달성하기 위해 있는 것이다. 추진되는 계획을 평가하고 그 공과(功過)에 대하여 보상과 징벌이 뒤따라야 한다. 책임이 따르지 않는 계획은 생명이 없는 계획이나 다름이 없기 때문이다.

제주종합계획의 또 하나의 문제점은 계획대로 실행되지 않아도 책임지는 사람이 없다는 것이다. 대다수의 도민과 전문가 그룹은 제1차 제주종합계획을 사실상 실패한 계획으로 평가했다. 그런데도 이 계획의 추진을 맡았던 리더나 집행을 담당했던 누구도 부끄러워하는 것 같지 않았다. 심지어는 그 계획의 최종 수혜자이자 평가자인 도민들까지도 무관심하다.

기업은 매년 열리는 주주총회에서 경영실적이 나쁜 경영진을 교체한다. 마찬가지로 제주도도 4년마다 열리는 지방선거를 통해 평가를 하기는 한다. 그러나 평가받으려는 자나 평가하려는 자 모두 제주의 경영실적을 잣대로 엄격하게 재지는 않는다. 아니, 새로 선출된 경영진이 전임 경영진에 의해 주도된 장기계획에 관심을 갖기나 하는지조차도 의문이다.

다행히 최근에야 종합계획의 실행력 확보를 위하여 추진상황을 평

제주의 프라이드와 미래가치경영

가한다. 즉 1년 단위로는 부서별 자체 평가를 실시하고 3년 단위로는 전문기관에 의뢰하여 국제자유도시에 대한 주민만족도 조사를 비롯한 제2차 종합계획의 전반적인 사항에 대하여 평가하도록 하고 있다. 그리고 그 평가결과를 도의회에 보고하고, 종합계획의 변경 등 후속 조치를 이행할 계획이라고 한다.

이러한 평가가 계획대로 추진된다면, 이는 종합계획의 중간평가에 대한 최초의 시도로서, 늦었지만 매우 다행스럽다. 이러한 절차적 모니터링이 보여주기 위한 겉치레가 아니며 용두사미가 되지 않도록 제주의 리더가 큰 관심을 갖지 않으면 안 된다.

▌제주인의 가치관과 제주의 핵심가치에 대한 모색 노력 미흡

사람과 마찬가지로 조직이나 공동체도 살아 있는 유기체로 볼 수 있다. 그러므로 제주라는 공동체의 장기 발전계획의 수립 이전에 공동체가 추구하는 가치관과 발전 대상인 제주도의 핵심 역량과 내재가치에 대한 모색이 필요하다. 그러나 그 규명을 위한 노력의 흔적이 종합계획에서는 찾아볼 수가 없다. 개발과 보존의 경계, 자조·자립정신에 의한 개발 방식 및 도민참여를 유도하기 위한 정책, 개발성과의 공유 방안 등도 매우 미흡하다.

종합계획의 수립과 실행은 제주도의 최고 리더인 도지사의 법정의무인 만큼 선거에서의 공약과도 밀접한 관계가 있다. 도지사의 공약은 종합계획의 수행 방안과 전략에 맞춰져야 한다. 그럼에도 불구하고 통상적으로 종합계획은 잊혀지고 화려한 공약으로 새로운 종합계획의 탄생이나 기존 종합계획의 변질을 가져올 수도 있게 된다.

리더의 가치관이 선거 공약에서는 보이지만 종합계획에서는 보이지 않는다는 것은 유감이다. 컨설턴트들에 의한 계획의 작성 과정에서 필수적으로 행해져야 하는 리더와 컨설턴트 간의 논의가 얼마나 형식적이었는지 또는 정말로 진지했는지에 대해 의문이 가는 이유이다. 컨설턴트의 탁상적 착상에서 제주 도민이 공감할 수 있는 가치관이 만들어질 수 없다는 것은 자명하다.

제주의 장기 발전 및 도민의 삶의 질 제고에 대한 리더의 확고한 가치관은 계획의 수립과정에서 주어진 자원을 어떻게 효율적으로 배분할 것인지 그리고 어떤 사업을 선택해야 하는지를 판단하는 척도가 된다. 그렇기 때문에 리더와 제주도민의 가치관이 종합계획 전반에 스며들어 있어야 한다. 또한 이러한 가치관의 확립은 여건 변동 시와 위기관리 시에 기존 계획을 수정 보완하는 과정에서 올바른 길을 찾을 수 있게 해준다.

수많은 정책과 사업을 나열하는 것보다, 모든 길이 로마로 통했듯이, 경영계획 전체를 관통하는 가치관이 무엇인지를 분명히 하는 것이 더 중요하다. 기존 제주종합계획에 제주인이 현재 지향하고 있거나 지향해야 할 가치관과 연관된 일관된 메시지가 없다는 것에 아쉬움을 느낀다.

▌국토종합계획과의 연계성과 관 주도의 경영전략

우리나라 국토개발 최상위법인 국토종합계획은 현재 4차 계획이 진행 중이다. 처음 제4차 국토종합계획 기간은 2000년부터 2020년까지였으나, 이후 국토기본법에 의거하여 2006년과 2011년 두 번에 걸쳐 수정되었다.

수정 계획안(2011~2020)은 제주권역의 기본 목표로 "국제교류·문화·관광 중심의 관광휴양 지역, 국제자유도시 전략산업 및 성장동력산업 확보 지역, 청정환경, 세계자연유산 및 녹색성장의 모범지역"을 제시하고, 제주권역의 비전으로는 "대한민국의 성장동력, 국제자유도시"로 설정하고 있다.

제2차 제주종합계획은 비교적 국토종합계획의 기본목표와는 잘 연계되어 있다고 볼 수 있다. 그러나 이러한 목표를 제주종합계획에 담아 실현시키는 것은 중앙정부의 지원 문제를 떠나 온전히 우리 제주의 몫이라 할 수 있다.

우리나라 종합계획의 원조는 1960년대에 고 박정희 대통령이 주도했던 경제개발 5개년 계획으로 1962년 1차 계획(1962~1967)을 시작으로 7차 계획(1992~1996)까지 총 일곱 차례 추진되었다. 이 계획들은 한강의 기적으로 일컬어지는 우리나라 경제성장의 중심에 있었다.

이를 통해 이 계획이 처음 시작된 1962년에 비해 우리나라 1인당 국민소득은 260배 증가하였고, 수출은 1만 배 이상 늘어났다. 영국은 200년, 미국은 150년 걸려 이룩했던 성장을 우리나라는 채 50년도 안 되는 기간에 압축적으로 달성했다. 그래서 지금도 IMF 등 국제기구는 이러한 한국의 압축적 경제성장을 높게 평가하고 있으며, 후발 개도국에게는 한국의 경험을 전수하는 학습서로서의 역할도 하고 있다.

그러나 글로벌 경제 시대 및 정보와 지식이 넘쳐나는 이 시대에 관주도형의 경직된 경영전략은 실패할 가능성이 큰 만큼, 시장의 질서 원칙(mechanism)에 의해 제안받을 수 있는 프로세스를 개발하고 그 통로를 항상 열어 놓는 유연한 방식이 중요하다. 그리고 필요 시 소정 절차에 의해 어렵지 않게 수정이 가능하여야 한다. 종합계획은 바이블이 아니고 프로세스라는 점을 다시 한 번 강조한다. 제1차 종합계획의 경우는 계획 시작 후 5년 후에야 보완계획이 수립되었다.

▌대 중국 일변도의 제주 경영계획

기업 경영에 있어서 중요한 전략 중 하나가 리스크 관리를 위한 분산전략이다. 달걀 여러 개를 하나의 바구니에 전부 담지 않는다는 격언대로 리스크를 헤지(hedge)를 통하여 분산하며, 주 수익원(cash cow)도 한 곳에 치중되지 않도록 배분한다. 심지어 자금만 투입되고 당장은 투자 효과가 나지 않는 불효자 사업을 일부러 사업의 포트폴리오에 포함시키기도 한다.

10개년 계획이라는 장기계획을 세우며, 중국이라는 시장 하나에 초점을 맞추어 기조전략을 대 중국 공략이라고 천명하고, 심지어는 비전까지 제주도민이 잘 알지도 못하는 중국어로 표기하는 것은 매우 무책임하며, 리더들의 제주 가치에 대한 인식의 협소함과 한계를 보여주는 것 같아 씁쓸하다. 중국을 전략 시장의 하나로 목표화(targeting)하는 것은 필요하지만, 중국만이 살 길이라고 올인(all in)하는 정책은 시장에 잘못된 메시지를 줄 수도 있다. 특히 중국 경제가 경착륙할 경우에는 예기치 않은 직격탄을 맞을 수도 있다.

냉각된 양국 간의 정치 역학관계와 그다지 저렴하지 않은 한국의 물가 등으로 근래에 제주를 찾는 일본인 관광객 수의 증가는 답보상태에 머물러 있다. 그렇지만 우리의 노력 여하에 따라서는 일본인 고객에 중점을 둔 적절한 마케팅 전략을 통해 일본인이 제주를 재발견할 수 있도록 유도할 수 있다고 확신한다.

제주도는 중국만의 앞마당이 아니다. 동아시아의 중심 국가인 한·중·일 3국의 중심으로서 세계인 모두는 아니더라도, 최소한 한·중·일 3국이 함께 공유해야 하는 시장(market place)이며, 몸과 마음을 치유하는 최우선의 선택을 받는 목적지(prime destination)이다. 제주는 바로 이런 지리적 특성을 감안한 균형적인 전략을 세워야 한다.

JDC 시행계획과 종합계획 간의 융합 미흡

> 혼자 할 수 있는 일은 적지만,
> 여러 사람이 함께 하면 많은 일을 할 수 있다.
>
> _헬렌 켈러(Helen Keller, 1890~1968)

　　JDC의 시행계획은 제주특별법 제266조에 근거하여 수립되는 법정계획이다. 이는 종합계획 중 JDC가 추진하여야 하는 사항에 대해서 구체화한 실행계획(action plan)이며 제주종합계획의 하위계획으로 설정되어 있다. 그러나 종합계획과 시행계획은 수립 주체가 제주특별자치도와 JDC로 나뉘어져 있으며, 국토교통부 장관은 도지사의 의견을 듣고 관계 중앙행정기관과 협의를 거친 후 시행계획을 승인하게 되어 있다. 그러나 동 계획의 수립과 확정 과정에서의 협의와 합의 등의 협력체제가 충분하지 않아 추진체계의 부정합(不整合)으로 인한 실행력 약화가 문제점이라는 점을 시행계획 스스로 지적하고 있다.[16] 이러한 결과로 두 계획은 상위와 하위계획으로서의 일관성과 융합성이 떨어지게 된다.

　　제2차 종합계획은 한국 신성장 동력사업, 주요 국가별 전략사업, 글로벌 기업 미래사업, 국내외 기관의 선정사업을 종합 검토하여 12개 전략사업을 제시하고 있는 바, JDC는 시행계획에서 이 중 '랜드마크적 복합리조트', '뷰티케어 빌리지 조성', 'IBE R&BD 클러스터', 'e-스포츠 벨리 조성사업' 등 4개 사업만을 향후 10년간 JDC가 추진하기에 적합한 신규 추진 사업으로 선정하였다.

　　한 예를 들어, 제2차 종합계획상의 으뜸 전략사업으로 내놓은 매우 야심적인 '랜드마크적 복합리조트' 사업을 보면, 종합계획은 2017년까지 총 2조여 원이 소요될 것으로 추정하고, 추진 주체인 제주특별자치도가 민간사업자 공모를 수행하여 추진하는 것으로 되어 있는 반면에, 동일한 사업에 대하여 JDC의 시행계획은 총 소요자금 3천8백억 원 규모의 복합관광단지를 계획하고 있다.

카지노를 중심으로 한 복합리조트(IR: Integrated Resort)는 싱가포르의 성공 이후 황금알을 낳는 거위로 인식되어 보수적인 일본까지도 고려하고 있는 프로젝트이다. 우리나라에서도 영종도 국제도시의 복합리조트단지(사업비 약 3조 원) 조성사업이 지난해 자격문제로 한 차례 연기되었지만 지난 3월 정부로부터 사업 적합 판정을 받은 바 있다. 그리고 중국의 모 그룹에 의해 현재 진행 중인 제주도의 복합관광단지 개발사업 또한 카지노 포함 여부가 의심의 눈초리를 받고 있는 실정이다.

종합계획을 입안한 후에 여건의 변화에 따라 충분히 수정될 수는 있을 것이다. 그렇지만 계획 수립 후 6개월 이내에 국토교통부 장관에게 제출해야 하는 개발센터의 시행계획이 이미 수립단계에서 아버지와 아들 관계일 수도 있는 제2차 종합계획과 서로 엇박자를 내고 있는 것은 종합계획과 시행계획의 엄중함을 스스로 무너뜨리는 것이 아닌가 염려된다.

JDC가 추진하고 있는 핵심 및 전략사업 속에는 이미 사실상의 복합관광단지 사업이 두 개나 존재한다. 총 사업비가 1조 8천억 원이나 되는 예례휴양주거단지(Berjaya Resort)와 최근에 투자자가 확정된 총 사업비 2조 원 규모의 신화역사공원 사업이 그것이다.

그런데 그 내용을 들여다보면 카지노 포함 여부는 제외하더라도, 프리미엄 쇼핑몰, 컨벤션 시설, 테마파크, 특급 호텔과 콘도미니엄 등

제주의 프라이드와 미래가치경영

을 모두 망라하고 있다. 복합리조트 사업이 과연 제주의 자연, 환경, 토지 등의 용량을 고려하고 있는지 의아하지 않을 수 없다. 이렇게 거대한 복합관광단지를 지어야만 제주에 관광객을 유치할 수 있는 것인지에 대해서는 제주도민 모두가 납득할 수 있는 논리가 있어야 할 것이다.

또한 제2차 종합계획 12대 전략사업 중 뷰티케어빌리지 조성사업, IBE R&BD 사업 등도 개발센터의 전략사업인 헬스케어타운 사업 및 첨단과학기술단지 사업과 중복될 수도 있는 사업이다. 그런데 양 기관 간 협조체제가 잘 구축되고 협력에 대한 의지가 있었다면 종합계획 수립 과정에서 개발센터의 사업을 보강하는 방식으로 충분히 사전 조율이 가능했을 것으로 보인다. 제주의 리더들이 종합계획과 시행계획을 제주의 미래를 건설하는 장기 경영계획이라는 인식을 갖기보다, 단지 법정 요식행위로 파악하지 않았는지 하는 의구심이 드는 대목이다.

한 가지 덧붙여, 계획수립의 졸속을 염려하지 않을 수 없다. '빨리빨리'가 우리 한민족의 우수성과 신속성을 대변하기도 하지만 졸속에 의한 품질의 저하라는 폐해를 가져오는 것도 사실이다. 10여 년의 장기 발전계획의 중요성을 감안하면 충분한 시간과 경비를 투입하는 데 인색해서는 안 된다. 제2차 종합계획의 수립 용역은 우리나라 굴지의 삼성경제연구소와 제주 상황을 잘 아는 제주발전연구원의 합작품이다. 이번 용역을 위해 주어진 시간과 경비가 얼마였는지는 필자가 정확히 알지 못하지만 충분하지 않았으리라는 것은 능히 짐작이 간다. 국제자유도시 조성을 위한 하나의 사업에 불과한 영어교육도시사업의 경우, 마스터플랜과 타당성 검토를 위한 용역료가 30억 원 정도나 되었고 기간도 약 1년여였음을 감안한다면, 과연 제주종합계획이 얼마만한 비중으로 취급되었는지 되돌아볼 필요가 있다. 적절한 투자만이 명품 계획을 수립할 수 있다.

▌자체 역량을 충분히 감안한 계획인가?

제1차 종합계획의 실패 원인 중 하나로 제주 자체 역량을 감안하지 않은 무리한 계획이 손꼽히고 있는 바, 제2차 계획은 제1차 계획의 부족함을 반면교사로 충분히 고려했는지 의구심이 든다. 특히 모든 사업의 필수요소인 자본 조달에 있어서, 제2차 계획상 부문별 사업은 제외하고 12개 전략사업의 예산만을 보더라도 총 소요자금이 2021년까지 12.7조 원으로 국비 5.1조 원(신공항 4.2조 원 포함), 지방비 0.8조 원, 민자 6.8조 원으로 거의 전액을 국비와 국내외의 투자자금 유치로 조달해야 한다.

우리 제주와 유사한 발전전략을 가지고 있는 전라남도의 종합계획상 투자계획을 보면, 총사업비는 159조 3,561억 원이고, 제1단계(2012~2014) 89조 7,928억 원, 제2단계(2015~2017) 44조 9,605억 원, 제3단계(2018~2020) 24조 6,028억 원이다. 투자주체별 사업비는 국비가 79조 9,926억 원이고 지방비가 61조 8,220억 원, 민자 및 기타재원이 17조 5,415억 원이다. 국비와 지방비가 균형을 맞추고 있으며, 민자유치는 상대적으로 작아 외부자본에 과다하게 의존하지 않고 가능한 자체 역량으로 소요예산을 충당하려는 노력이 엿보인다.

다음 장에서 자본조달과 제주의 가치를 높이는 사업 등에 대해서 좀 더 이야기하겠지만, 창의와 제주다움이라는 차별화된 아이디어가 가득하고, 제주의 자존(自存)정신에 기초한 개발사업의 구상과 실행만이 의미 있는 결과를 내놓을 수 있을 것이다.

3. 제주의 비전에 대한 비판적 검토

1) 관 주도의 제주 비전, '국제자유도시'

> 인류의 미래는 인간의 상상력과 비전에 달려 있다.
>
> _나폴레옹(Napoleon)

　　제주를 국제자유도시로 개발하자는 구상은 경제적 세계화의 흐름을 직시하며 위협을 느끼기 시작하던 중앙정부로서는 매우 이상적인 안이었을 것이다. 세계화 추진을 통해 낙후된 지방 경제를 살린다고 하지만, 그 과정에서 규제의 철폐나 급격한 개방의 폐해 같은 부작용들이 불가피하게 발생할 수 있다. 제주는 이럴 때 그러한 부작용이 전국으로 확산되는 것을 차단하기에 용이한 지리적 이점을 가진 최적지였을 것이다.

　　당초부터 제주도가 국제자유도시를 지향하기에는 많은 한계가 있으므로 별도의 대안을 마련해야 한다는 비판적 견해가 일부 있기는 하였다. 그러나 2002년 4월 제주국제자유도시 특별법의 전면 시행과 2003년 제1차 제주국제자유도시종합계획(2002~2011)의 확정으로 '제주국제자유도시의 조성'이 제주의 비전으로 자리매김하였다고 볼 수 있다.

　　또한 국토기본법에 의거하여 수립되는 우리나라 국토의 이용, 개발, 보전에 관한 최상위법인 제4차 국토종합계획(2011~2020)도 '제주권 발전방향'에서 〈표 2-2〉와 같은 비전과 기본 목표하에 '대한민

〈표 2-2〉 제4차 국토종합계획(2011~2020)의 제주권 발전방향

비전	대한민국의 성장동력, 국제자유도시
기본목표	국제교류·관광·문화 중심의 관광휴양지역화
	국제자유도시 전략산업 및 성장동력 확보지역
	청정환경 세계자연유산 및 녹색성장의 모범지역

국 성장동력, 국제자유도시'를 제주의 비전으로 확실히 못 박고 있다.

한국지방행정연구원은 2011년 '제주특별자치도 5년 종합평가' 보고서에서 특별자치도 출범(2006.7) 당시부터 비전이 명확하게 규정되지 않았지만, 정부혁신 지방분권위원회의 '제주특별자치도 기본 구상 안(2005.4)' 등 몇 가지 문건을 바탕으로 제주특별자치도의 비전을 〈표 2-3〉과 같이 정리한다고 밝히고 있다.[17]

그러나 제2차 제주국제자유도시종합계획(2012~2021)은 〈그림 2-1〉과 같이 국제자유도시 비전을 한자어로 마치 제주의 관광객을 모집하는 여행사의 슬로건인양 '互通無界 好樂無限 濟州(호통무계 호락무한 제주)'로 설정하고, 거기에 덧붙여 제주의 핵심선도산업인 관광산

〈표 2-3〉 한국지방행정연구원의 제주 비전 정리(2011)

상위 비전	친환경 동북아 중심 국제자유도시
하위 비전	친환경 산업 육성
	이상적 자유시장 경제모델 구축
	제주특별자치도 도입

제주의 프라이드와 미래가치경영

비전

"互通無界 好樂無限 濟州"

교류와 비즈니스의 경계가 없고 무한한 만족과 즐거움을 얻는 곳, 제주

기조전략	대 중국 공략
	산업투자 + 관광객 유치를 위한 핵심 시장 공략

전략 1	전략 2	전략 3
국제적 경제가치 극대화	관광·휴양경쟁력 강화	지역사회 개방성 제고
• 첨단과학기술 육성 환경 조성 • 1차 산업의 가치 제고 및 수출 산업화	• 자연의 적극적 보존과 효과적 활용 • 관광, 휴양시설의 매력도 제고	• 타 문화에 대한 수용력 제고 • 문화 융복합을 통한 신문화 창조 및 상품화

자료: 제주특별자치도, 「제2차 제주국제자유도시 종합계획」(2011.12), p.22

업의 장기비전을 '제한 제로의 관광도시, 제주'로 설정하였다.[18]

경영전략은 전문가의 의견을 좇아 바뀔 수는 있다. 그러나 제주공동체의 합의 없이 중국어로 된 새로운 비전의 설정은 제주도민이 '그거 무시거라?' 하는 소리를 들을 만큼, 아무래도 어색하다. 공감을 못 얻는 비전은 공허한 메아리에 지나지 않는다. 정책소통이 충분하면 반대여론이 적어지고, 공감대를 높이기 위한 노력이 참여를 이끌어내어 정책의 성공 가능성을 높인다는 것은 이제 삼척동자도 아는 사실이다.

한편, 종합계획과 함께 법정계획으로서 JDC가 수립하고 국토해양부가 승인한 시행계획(2012~2021)은 '지식과 사람이 모여 새로운 가치가 창출되는 국가개방거점의 조성'을 시행계획(2012~2021)의 비전으로 정하고 있다.

결론적으로 비유를 들면, 제주의 '특별자치도'와 '국제자유도시'라는 비전은 마치 자식을 낳은 부모(중앙정부)가 아이가 건강하게 잘 성장하여 행복하게 되라는 뜻을 가지고 지어준 목표이며 미래의 상일 수도 있다. 그러나 태어난 지 10여 년이 흘러 아이가 중학교에 들어갈 정도로 성장하면 시대도 변하고 집안의 경제사정도 변하게 마련이다. 아이 또한 철이 들어 세상을 바라보는 눈도 생기고 스스로 '아, 나는 커서 무엇이 되야 하겠다'라는 자각을 가지며 스스로 방향을 잡을 수도 있는 것이다.

비전이란 시대 여건의 변화와 가치관의 자각 진척에 따라 변경할 수 있는 것이고 변경해야 할 당위성도 생기게 마련이다. 언제까지나 중앙정부에게 이름을 지어주었으니 책임을 지라고만 할 것인가? 중앙정부의 지원에만 매달릴 것인가? 언제까지 남이 지어준 이름으로 살아갈 것인가?

2) 제주도민의 평가와 전문가의 비판

제주비전에 대한 제주도민의 체감적 평가는 몇 차례의 조사를 통해 일반에 공개된 바 있다. 여기서는 몇몇 조사결과들을 토대로 살펴본다.

우선, 제2차 제주종합계획의 용역기관인 삼성경제연구소와 제주발전연구원이 2010년 5월 19일~9월 1일 동안에 전문가와 도민들을 대상으로 수행한 인터뷰 및 설문조사 결과[19]를 살펴볼 필요가 있다.

〈전문가 인터뷰〉

- 제주의 미래비전은 국제자유도시보다는 국제관광, 휴양도시, 생태의 섬, 평화의 섬의 방향으로 가야 하는데, 그와는 배치되는 방향으로 가고 있음. 제주가 잘 살게 되어 지방의 균형 발전을 이루는 것이 제주국제자유도시가 국가에 기여하는 것임.
- 국제자유도시가 제주발전의 미래상인가? 발전을 위한 수단인가? 등 개념적 정체성에 대한 논란이 있지만, 국제자유도시는 산업구조를 개편하고 제주의 산업기반을 튼튼하게 하는 데 기여하여야 함.

〈도민 설문조사〉

- 제주국제자유도시 사업의 일환으로 진행되고 있는 개발과 투자가 지역사회에 가져온 효과에 대해 '효과가 없다'는 부정적 의견이 상대적으로 높음.
- 제주국제자유도시에 적합한 미래상은 관광휴양도시, 환경생태도시, 세계평화도시, 첨단산업도시, 건강치유도시, 국제금융도시, 국제교육도시, 국제물류도시 등의 순으로 나타남.
- 제주가 국제자유도시로 발전하기 위해 중요한 1순위는 '선진화된 시민의식', '제주에 대한 홍보와 마케팅 강화', '사회기반시설(공항, 항만 등) 확충', '외국기업 유치' 등의 순이며, 국제화 전문 인력 양성 및 유치 등도 중요 요소로 평가함.

두 번째로, 2011년 7월 '특별자치도 5년+우근민 도정 1년'에 관한 전문가 의견조사에 관한 결과이다.[20]

✛ 특별자치도는 고도의 자치권이 보장되는 국제자유도시 조성
을 위해 설치됐습니다. 지금 제주가 이러한 비전에 맞게 가
고 있다고 생각합니까?
- 대체로 아니다(35.1%)
- 전혀 아니다(19.73%)
✛ 가장 큰 이유는 무엇입니까?
- 도지사 리더십 부족(15.4%)
- 제주도정의 역량 부족(33.1%)
- 중앙정부의 관심과 지원 부족(40.1%)
✛ 현재의 방식과 속도로 국제자유도시 실현이 가능하다고
보십니까?
- 그저 그렇다(31.5%)
- 대체로 가능하지 않다(40.6%)

세 번째로, 2011년 9월 한국지방행정연구원의 「제주특별자치도 5
년 종합평가」 보고서에서 '비전 달성도' 평가 결과이다.[21]

✛ 제주도는 총 8개 평가지표에서 완비성과 노력도를 제외한 나
머지 6개 지표(이행성, 적시성, 효율성, 모니터링, 준수성, 달
성도)에서 만족스럽지 못한 평가를 받았으며,
✛ 중앙정부는 총 10개 평가지표에서 완비성, 연계성, 효율성을
제외한 7개 지표(충분성, 실효성, 적시성, 노력도, 모니터링,
준수성, 달성도)에서 미덥지 못한 것으로 나타났다고 평가하
고 있음.

마지막으로, 제주를 사랑하는 식자들의 제주비전에 대한 견해를 살펴볼 필요가 있다.

좌승희 전 경기개발연구원 이사장은, 김황식 총리가 2011년 5월 열린 제주포럼 기조연설에서 제주국제자유도시가 단 한 차례도 언급되지 않은 점을 지적하고 중앙정부의 제주국제자유도시 추진 의지 실종을 비판하였다. 그는 국제자유도시 추진을 위한 전략과 비전 제시가 턱없이 부족하다고 지적하고, 제주국제자유도시와 경제개방이라는 패러다임을 연구할 수 있는 제주자유도시연구원의 설립을 제안한 바 있다.[22]

국제정치 변화에 대해 예리한 통찰력을 가진 연세대학교의 문정인 교수도 "제주의 꿈이 무엇인지, 제주의 비전이 무엇인지 가슴에 와 닿지 않는다"고 토로한 바 있으며, 제주발전연구원장과 제주대학교 총장을 지낸 고충석 교수는 제주국제자유도시 특별법이 시행되기 4년여 전에 이미 "국제자유도시 열린 담론 필요"라는 신문 칼럼[23]에서 "천혜의 자원을 가진 제주를 하나의 도시에 불과한 홍콩이나, 싱가포르처럼 개발하는 것은 바람직하지 않으며, 스위스와 같은 모델을 지향하여 자연환경을 적극 활용하고, 관광 및 지식산업이 골고루 발전하도록 도모해야 하며, 제주 자연자원의 순백의 생태환경과 고유성을 잃지 않는 문화적 유산을 제주의 강점으로 이러한 요인들의 브랜드 파워(상품력)를 체계적으로 높일 수 있는 제주형 국제자유도시가 모색되어야 한다"고 강조하였다.

제주국제자유도시 개발 타당성 조사 및 기본 계획 수립 용역이 세계적인 부동산 개발 컨설턴트인 존스 랑 라살(Jones Lang Lassale)에 의해 2000년 6월 최종보고서가 나오기 3년 전에 이미 이러한 어젠다를 꺼낸 고충석 교수의 학문적 예지와 문제의 인식에 관한 통찰력도 매우 놀라운 일이지만, 지금 현재도 동일한 강도로 이러한 문제들이 제주의 사회에서 논의되고 있다는 사실은 더욱 놀랍다. 무려 십수 년이 넘도록 이러한 귀한 제안들이 문제의 제기와 담론에 그치고 실천적 정책으로 구현되지 못하고 유사한 논리만 반복되는 이유는 무엇일까?

제주 발전의 축을 담당하고 있는 리더들이 답을 찾고자 하는 열정과 책임감이 부족하거나, 소통의 통로가 절단되어 의견과 담론을 걸러내는 절차와 시스템이 오작동되고 있는 원인일 것으로 추정될 뿐이다.

이러한 일련의 제주국제자유도시 추진 성과에 대한 제주도민, 전문가 의견 및 제3의 기관의 평가 결과만 보더라도, 그동안 10여 년을 추진해오고 있는 제주국제자유도시라는 비전은 총량적으로 제 몫을 다한 비전으로 보기는 어렵다. 특히 제주도민의 공감이 결여되어 있다는 점에서 자발적인 참여 또한 매우 부족했다고 볼 수 있을 것이다.

3) 제주국제자유도시 비전의 소멸?

제주국제자유도시라는 제주 비전은 국제화·세계화라는 피할 수 없는 흐름 속에서 제주의 지속성장을 견인하여 제주도민에게 행복을 안겨주는 동시에 국가발전에 기여하기 위해 탄생하였다. 그 후 제주의 국제자유도시라는 명제는 관련법 제정 등을 통해 제주의 새로운 비전으로 자리매김하여 왔다.

그러나 정부의 추진의지 박약, 제주 경영진의 방향설정 착오, 구성원의 역량 부족, 내외자 조달에 대한 과도한 의존 등에 제1차 제주종합계획의 허구성까지 더해지면서, 적어도 지금까지는 초라한 성적표를 내고 있는 것도 사실이다. 중앙정부의 확고한 추진 의지와 지원이라는 필요조건이 충족되지 않는 한 제주를 국제자유도시로 조성한다는 것은 불가능한 것처럼 보인다.

당초 국가가 제주도를 개방화의 거점 선도도시로 만들어 한반도의 개방화를 촉진하려는 의지가 있었다면 제주도에 대한 정부의 투자는 당연한 것이다. 제주도의 정부에 대한 지원 요구는 일방적인 대정부 시혜성 지원 요구라고 볼 수는 없다. 제주도는 국가가 얻게 될 수익과 가치에 상응한 대가와 보상을 요구할 당연한 권리가 있기 때문이다. 그리고 정부가 이를 이행하지 않는다면, 그것은 법규와 계약의 위반이며 직무유기로 볼 수도 있다.[24]

이런 맥락에서 제주는 자조·자립의 정신을 바탕으로 발전 역량 구축에 대한 집합적 의지가 자연스럽게 발동되어야 한다. 만약 제주도가 싱가포르와 같은 독립적인 행정체제라면, 제주도민의 의지와 자력으로 싱가포르 같은 일류도시를 만들 수는 없는 것인가?

서울에서 영남과 호남을 연결하는 고속도로나 고속철도와 마찬가지로, 제주 신공항 건설은 제주로 가는 하늘 길을 여는 기초 인프라 건설이다. 따라서 제주도민은 중앙정부에 신공항 건설을 위한 투자를 당당히 요구할 권리가 있다. 제주 신공항 건설 문제는 유권자의 표를 의식한 개발 공약의 일환으로 건설된 후 폐쇄 위기에 놓인 일부 타 지역 공항들과는 전혀 다른 사례이다. 이미 기존 제주공항의 포화가 예견된 상태임에도 불구하고, 1%라는 제주유권자 수의 한계 때문인지 신공항 건설 추진은 계속 지연되고 있다.

상대가 변하지 않으면 내가 변해야 한다. 이런 맥락에서 다행히 민간 차원의 프로젝트 파이낸싱(project financing)을 통해서라도 이 문제를 해결하고자 하는 제주의 적극적인 의지가 엿보인다는 점은 다행스러운 일이다. 필자 역시 개인적으로 가능하다고 생각한다.

신공항 건설에 따른 새로운 수요가 얼마나 될지 우려하는 시선도 없지 않다. 그러나 공급이 수요를 창출하는 극명한 사례가 있다. 두바이 건설 초기만 해도 영국 런던에서 두바이를 오가는 영국항공(British Airway)은 승객 수요가 많지 않아 일주일에 한 편씩만 운항하고 있었다. 두바이 정부는 비즈니스맨이나 관광객이 두바이를 방문하고 싶은 시간에 방문할 수 있도록 여러 차례 증편을 요구하였다. 그런데 노선 적자를 이유로 영국항공이 이를 거부하자, 두바이 정부는 노선 적자를 메꾸어 주는 조건으로 매일 1회 운항을 하도록 하였다. 결국 1년 후 이 노선은 두바이 방문자 수의 급증으로 하루 2회로 증편되었다.

국제자유도시가 되기만 하면 제주도민이 행복하고 삶의 질이 나아질 수 있느냐는 근원적인 질문은 차치하고라도, 세계화가 이미 전 세계적으로 매우 보편적이고 일상적인 현실에서 사람·상품·자본이동의 자유는 더 이상 제주국제자유도시의 매력이 아니다. 따라서 현실적으로 국제자유도시가 경쟁하는 다른 지자체나 주변 경쟁국들과 차별화가 가능한 정책적 개념이 될 수 있는지에 대한 문제가 제기되는 것이다.[25]

이에 관한 여러 의견들을 종합하여 보면, 국제자유도시 비전은 중앙정부, 제주도의 지도자 그룹, 학계, 시민단체, 도민 등 모두에게 적절하게 공유되지 못하고 있다. 또한 시대적 트렌드와 여건, 특히 제주의 내재적 본질가치에도 국제자유도시 비전은 잘 부합되지 못하고 있다. 결과적으로, 국제자유도시라는 비전은 이제 내용적으로 제주만의 특화된 발전전략으로서의 의미가 크게 퇴색되고 있다. 중앙정부 또한 지방 균형발전의 논리에 따라 국가 개방화의 선도지역으로 제주만을 집중적으로 지원, 육성하는 정책을 시행하기에는 큰 무리가 따를 수밖에 없는 상황이다.

중앙정부의 제4차 국토종합계획도 기존의 경제자유구역 및 자유무역 중심의 개방협력 거점 육성 정책에서 글로벌 개방 거점 다변화 정책으로 변경하여 새만금사업단지, 경제자유구역, 국제자유도시, 국제관광비즈니스벨트, 첨단의료복합단지 등을 우리나라의 여러 지역에 건설하는 계획으로 전환하였다. 이러한 여건 변화로 제주국제자유도시는 제주만의 발전 비전이 아니라 어떤 도시에나 붙일 수 있는 수식어 정도로 전락한 느낌이다.

국제자유도시가 사람·상품·자본과 같은 고전적 생산 요소들의 단순한 이동의 자유를 넘어, 글로벌 스탠더드가 보편화되어 있는 곳으로 생산요소가 자연히 몰려가는 글로벌 시티(Global City)의 개념으로 이해한다면, 제주에게 국제자유도시라는 비전은 더 이상 우리가 지향할 유토피아로서의 요건이 소멸되었음을 인식해야 한다. 이제 제주는 세계화의 대양 한가운데 위치한 동아시아의 중심 허브이며, 명품목적지(premium destination)로서의 새로운 비전을 고민하고, 전 도민이 제주의 리더와 함께 그러한 목표 의식과 고민을 공유하여야 할 시점이다.

제2부 제주 경영의 거시적 접근: 경제운용 모델의 선택

제3장

자연자본주의

　제주의 지속성장을 위한 미시적 접근(micro approach)인 가치경영에 들어가기 전에 먼저 거시적 접근(macro approach)으로 제주의 여건과 후술할 제주의 내재가치에 적합한 제주의 경제운용 모델을 검토하고자 한다.

　근래 들어서 제주의 식자들 사이에서도 자연자본주의(Natural Capitalism)에 대한 관심이 간혹 보인다. 『자연자본주의』란 이미 15년 전인 1999년에 미국의 사회·환경 관련 운동가이며 기업가이기도 한 폴 호큰(Paul Hawken)과 에너지 문제 전문가인 에이머리 로빈스(Amory B. Lovins)와 헌터 로빈스(L. Hunter Lovins)부부가 저술한 책이다.[26]

　미국의 42대 대통령이었던 빌 클린턴이 "오늘날 세계에서 중요한 책 가운데 하나"라고 극찬한 이 책에서 저자들은 종래의 생산요소인 실물자본(재화)과 금융자본(화폐)에 더하여 자연자본과 인적 자본을 확장적으로 포함시켰다. 그럼으로써 이러한 네 가지 형태의 자본 모두를 생산적으로 사용하고 재투자함으로써 환경과 생태계를 복원하는 동시에 경제를 번영시킬 수 있는 정책 및 비즈니스 모델을 만들 수 있다고 한다.

이 책은 생명시스템의 중요한 요소인 물은 계속 남용되고 있으며, 지구의 수산자원 또한 계속 줄어들고 있고, 농산물의 작황 또한 급격한 기후의 변화로 인해 예측이 어려운 상황이라고 작금의 지구촌 현실을 진단한다. 그러면서 저자들은 자연자본주의의 원용만이 자원의 생산성을 향상시키는 동시에 물질과 에너지 등 자원을 절반만 쓰고도 인류는 2배 이상으로 더 잘살 수 있다는 원리를 설명한다.

자연자본주의는 광물, 동식물, 토양, 물, 공기 등 모든 형태의 자연 요소를 자연자본으로 규정함으로써 환경문제와 성장의 해법을 동시에 추구하고자 하였다. 현금까지 인류의 경제발전을 견인하여 왔던

〈그림 3-1〉 '자연자본주의' 표지

제주의 프라이드와 미래가치경영

산업자본주의는 실제적으로는 가장 많이 사용하는 자연자본과 생명 시스템 및 인적 자본의 기초인 사회적 문화적 시스템들도 간과하고 있다고 지적한다. 예를 들어, 녹색식물의 산소 생산 서비스는 60억 인구를 위해 쉬지 않고 일을 하지만 그 대가는 한 푼도 받지 않는 무료서비스이다.

크고 효율적인 공장이 더 많은 생산으로 시장을 넓힘으로 경쟁우위 확보가 가능하다거나, 국민총생산(GDP)이 증가해야 복지가 극대화될 수 있다는 논리들은 기존 자본주의의 주요 원칙으로 이해되고 있다. 그러나 이러한 종래의 자본주의적 방식은 다른 보완적 내지 혁신적 방안들이 동원되지 않는다면 결과적으로 더 많은 자원을 채취하고, 운반하고, 사용하여 쓰레기로 바꿔 놓는다고 본다. 그렇기 때문에 이러한 방식은 자연자본의 재고(在庫)를 차근차근 갉아먹는 행위라는 것이다.

또한 환경보호와 친환경정책에는 큰 비용이 든다거나, 일자리 창출과 환경은 서로 배타적이라고 주장하는 것은 그릇된 사고이며, 실제적인 한 예로 미국에서 신재생에너지인 풍력 발전설비의 투자비는 새로 짓는 원자력 발전설비 투자비의 3분의 1 수준이며, 신규 석탄 화력 발전설비의 2분의 1 수준이라고 한다.

1. 핵심전략

저자들이 10여 년간 자료를 수집하여 집필하고 이 책에서 이야기하는 자연자본주의의 네 가지 핵심전략을 간단히 소개하면 다음과 같다.

첫째, 혁신적인 자원 생산성 향상이다. 사람들은 맑은 물, 깨끗한 공기, 탄화수소, 처녀림 등을 자유재(free goods)로 인식하고 무료로 사용할 수 있다는 통념이 일반화되어 있다. 그런데 이러한 사회적 통념이 지속될 경우, 단순히 원가만을 낮추기 위하여 에너지와 물질을 집약적으로 사용하는 대규모 시설에 의한 제조방식이 득세할 수밖에 없다.

그러나 물질과 에너지를 덜 쓰면서도 한 제품이나 과정으로부터 동일한 양의 효용을 얻어 내는 자원 생산성 향상(자원효율 증대)은 자원과 돈만 아껴 주는 것이 아니라 삶의 질도 높여 준다. 예를 들어, 에너지를 90% 절감하는 공조 시스템이나 아예 공조 시스템이 필요하지 않은 건물(예: passive house) 같은 경우 냉난방 설비비용을 줄임으로 초단열 건축소재나 환기열 회수장치 등에 들어가는 비용의 대체가 가능하며, 조용하고 안락한 거주환경을 만들어 주게 된다. 네덜란드, 독일, 영국 등은 사람에게 부과되는 세금을 줄이고 대신 자원 사용에 부과되는 세금을 늘림으로써 고용을 늘리는 세제개편안을 제정하기 시작했다. 다른 유럽국가들도 심각하게 그 안을 고려하고 있다고 한다.

둘째, 생물모방 생산이다. 다량의 에너지를 소모하는 고온의 압출기 등을 사용해야 하는 것과 달리, 거미는 귀뚜라미와 파리를 소화해서 방탄조끼 등에 사용되는 케블라 섬유만큼 강하고 더 질긴 실을 만들어 내며, 나무는 햇빛, 물, 공기를 써서 나일론보다 더 질기고 강한 셀룰로스를 만들어 내며, 전복의 껍데기는 인간이 만든 세라믹보다 곱절로 튼튼하기까지 하다.

영리한 과학자와 설계자들, 기업들은 이미 생물이나 생태계의 시스템과 과정을 모방하는 방향으로 변하고 있으며, 자연의 생산기법을 흉내내어 원소, 재료, 화합물 등을 제조하려 노력하고 있다.

셋째, 서비스와 흐름의 경제이다. 상품판매자가 제품이 아닌 서비스, 즉 성능과 만족을 판매하는 경제를 의미한다. 기존 경제체제에서는 고객이 세탁기, 컴퓨터, 자동차, 냉장고 등을 개별적으로 구입하고 사용한 후에는 결국 내다 버린다. 그런데 서비스 흐름의 경제에서는 고객이 사용하는 설비가 여전히 판매자(제조업자)의 자산이기 때문에 판매자는 내구성이 강하고 관리하기 용이한 제품을 생산하게 된다. 아울러 판매자에 의해 수선되고 재사용되며 사용가치가 없게 될 경우 폐기까지도 책임을 지게 된다.

지금은 한국에도 보편화되어 있는 정수기 렌탈 서비스가 사실은 내구재를 렌탈하여 준 것이 아니라 정수된 물을 공급해주는 서비스를 판매하는 것으로 이해할 수 있다. 세계적인 공조설비 회사인 캐리어사는 공조설비를 회사가 소유하고 고객에게는 찬 공기만을 판매하는 프로그램을 개발하고 있다. 다국적 기업으로 카펫, 타일 등 바닥재를 디자인하고 생산하는 인터페이스(Interface. Inc.)社는 카펫 판매만이 아니라 바닥재 관리 서비스까지도 판매한다.

이러한 서비스 순환경제(service and flow economy)의 모형에서는 생산자가 쓰레기에 대한 책임은 물론 독성, 자원 남용, 노동자 안전사고, 환경파괴 등 쓰레기에 연관된 모든 문제에 대한 책임을 지게 된다. 그럼으로써 생산자는 제품의 설계·제작 과정에서부터 순환의 마지막 과정까지를 고려하게 된다. 그렇기 때문에 생산자는 당연히 자연자본을 생산의 투입요소로 파악하게 될 수밖에 없다.

넷째, 자연자본에 대한 투자이다. 제품 생산을 위해서는 부품 업체가 제조업체에 핵심 부품을 적기에 충분한 양을 납품하여 생산라인이 멈추지 않도록 해야 한다. 이와 마찬가지로, 지구상의 모든 생태계, 즉 생명시스템들은 인류를 비롯한 지구의 모든 생명들에게 핵심 부품을 공급하고 있다. 그런데 요즘은 이런 주문을 제대로 맞추지 못하기도 한다.

산업시스템이 제공하는 서비스의 흐름이 지금의 수준 혹은 인구 증가에 맞추어 지금보다 더 늘어나려면, 생명시스템들이 제공하는 긴요한 생명유지 서비스의 흐름도 지금의 수준 또는 그 이상으로 늘어나야 한다. 그것이 바로 우리가 자연자본에 투자해야 하는 이유이다.

2. 제주의 자연자본주의의 응용

> 사회가 구성원 전체의 복지를 향상하려면 우선 공통의 목표를 세워야 한다. 하지만 그것이 특정 가치체계나 신념체계를 우선하는 목표여서는 안 된다. 자연자본주의는 딱 바람직한 목표다.
>
> _『자연자본주의』, p.79.

"전 세계 생태계 서비스들과 자연자본의 가치"[27]라는 논문은 17가지 생태계 서비스의 연간 가치를 약 36조 달러에서 최고 58조 달러로 추산하였다. 1998년 세계의 총생산이 약 39조 달러 규모인 것에 비하면 우리 인류에게 무료로 제공해주고 있는 생태계 서비스

제주의 프라이드와 미래가치경영

의 가치는 실로 막대한 수치이다.

우리나라의 총 자연자본의 가치는 얼마이며, 그중에서도 우리 제주가 제공하는 가치는 얼마일까? 제주는 1%의 섬이니, 과연 우리나라 총 자연자본의 서비스가치 중에서 1%만 제공하는 것일까? 우리가 생태계서비스를 남용한다면, 나머지 사회구성원들에게 그 비용을 떠넘기는 것이며, 무임승차를 하는 것과 다름없다.

탁월한 품질을 가진 제주 자연자본의 중요성과 가치에 대한 이해 없이 제주의 현재가치와 미래가치를 규명할 수 없다. 제주는 자연자본주의 실험과 시행의 최적지이다. 제주가 한국뿐만 아니라 동아시아에서 자연자본주의의 선도적 챔피언 도시가 된다면, 제주의 가치를 높이는 것에서 그치지 않고 그 혜택은 제주도민 전체에게 골고루 돌아갈 것으로 믿어 의심치 않는다.

제주의 장기 발전전략을 고민함에 있어 제주의 리더나 발전 주체들은 제주가 가지고 있는 자연자본의 가치를 제대로 인식하고, 그 가치를 극대화할 수 있는 방안을 적극적으로 모색해 나가는 것이 필요하다. 다행스러운 일은 제주가 이미 그와 유사한 정책들을 일부나마 시도하고 있다는 점이다.

제주가 이미 탄소 없는 섬(Carbon Free Island)을 표방하면서 신재생에너지 개발을 위한 풍력발전사업이나 전기자동차의 도입 등을 적극 추진하고 있는 점은 매우 다행스러운 일이다. 제주는 더 나아가서 물의 이용, 오폐수 처리, 에너지 절약형 주택인 패시브 하우스(passive house), 공영버스 내지 관광객을 위한 셔틀버스 도입 및 확대, 전 농토의 유기농화 등에 대해서도 깊은 관심을 가지고 있다. 문제는 적절한 로드맵과 꾸준한 실행이다.

이제는 제주도도 우후죽순처럼 늘어가는 펜션이나 콘도 등의 건축

과정에서 에너지 절감률 하한선을 정하여 건축 심의를 하거나 절감률에 따라 세제 혜택을 주는 정책을 적극 고려해야 한다. 패시브 하우스의 표준설계를 무료로 제공하고, 소요 자재를 공동으로 구매하는 방안에 대해서도 적극적인 관심을 가져야 한다. 당연히 이러한 정책 추진을 위해서는 예산 소요가 불가피하다. 이런 예산은 제주의 환경 보전을 위해 언젠가는 부담해야 할 미래의 숨은 비용보다는 훨씬 적을 것이다. 그러므로 결과적으로는 예산을 크게 절감하게 됨으로써 큰 이득을 얻게 될 것이다.

필자는 제주의 미래를 견인할 핵심 역량인 제주의 자연자본으로 천연 암반수인 물과 공해 없는 공기, 풍력, 그리고 유기 농산물을 중심으로 하는 1차 산업 생산물을 꼽는 데 주저하지 않는다. 자연자본주의는 이들 제주의 핵심 자연자본과 관련한 이슈와 다양한 사례들을 소개하고 있다. 아래에서는 그러한 사례들의 학습을 통하여 제주의 리더와 발전 주체들이 정책의 입안과 선택에서 고민해야 할 방향을 찾아낼 수 있다고 믿는다.

▎물의 순환

물은 단순한 H_2O 덩어리가 아니라 생물의 서식지이며 생명 그 자체이다. 지구 표면의 4분의 3이 물이지만, 염분수를 제외한 민물은 그중에서도 3% 정도 밖에 되지 않는다. 민물은 또 빙하와 만년설에 갇혀 있거나 너무 깊은 곳에 존재하므로 실제로 인류가 사용할 수 있는 물은 1% 미만으로 파악되고 있다.

물의 낭비와 이상기후에 따른 강수량 부족으로 전 세계가 물 부족에 시달리고 있다. 앞으로 10여 년 후에는 지구의 절반 이상이 물 부족 지역이 될 수도 있다는 보고가 있으며, 세계 곳곳에서 물 부족과 관련한 분쟁도 많이 일어나고 있다. 그러나 물을 더 많이 공급하려고 애쓰는 것은 해답이 아니며, 현재 가진 것을 더 효율적으로 마지막 한 방울까지 쓰는 방법을 연구해야 한다.

물 소비의 절반 이상을 대형 농장들이 차지한다고 알려져 있다. 이스라엘은 바다보다 220m나 낮은 곳에 위치한 갈릴리 호수에서 물을 끌어 올려 농업용수로 사용해야 하므로 일찍이 물을 절약하기 위한 관개 기술 개발에 심혈을 기울였다. 이스라엘 전체 농지의 절반과 제주도 전체 면적의 약 2배가 넘는 캘리포니아 농장에서 활용되는 점적(點滴) 관개 기술인 일명 '방울 물 주기 시스템'[28]은 획기적으로 물을 절약하고 있다.

미국의 전형적인 단독주택은 실내에서 1인당 매일 265리터씩 물을 소비한다고 알려져 있다. 그런데 효율적인 변기, 세탁기, 샤워기 등으로의 비교적 간단한 개량만으로도 그 양을 25~45%까지 낮출 수 있다고 한다.

빗물과 중수를 제대로 집수 내지 회수할 수 있는 시스템을 도시 전역으로 확대한다면, 도시가 수입하는 물을 50~60%까지 줄일 수 있을 것이고, 홍수 제어에도 도움이 되며, 바다로 빠져나가는 유수도 줄어든다. 또한 이로 인해 에너지가 절약되며, 매립지로 들어가는 정원 폐기물도 30% 줄 것이고, 동네가 아름다워지며, 직접적인 일자리들이 생겨날 것이다.[29] 이러한 다중적 편익은 물 순환을 제대로 관리함으로써 생겨나는 것으로, 물을 수입하는 상수도 쪽과 물을 치우는 (홍수 통제) 쪽이 지출하는 비용을 대폭 절감할 수 있게 해 줄 것이다.

얘기가 나온 김에, 제주의 가장 중요한 자연자본이며 대표상품이기도 한 물 이야기를 좀 더 소개한다. 에릭 오르세나(Erik Orsena)의 『물의 미래』에 의하면 갓 태어난 아기의 몸은 75%가 물인 데 반하여

나이가 들면서 일어난 고체화 과정으로 인하여 성인 남자는 55%가 물이다. 한편 식물은 90% 이상이 물로 이루어져 있어서 수증기를 만들어 공기 중에 내보냄으로 자연의 순환과정을 이룬다. 그러므로 지구상에 식물이 덮인 면적이 줄어들면 비의 양도 줄어들게 된다. 자연식물을 기후문제 해결의 동반자로 인식하여야 하는 이유가 여기 있다.

히말라야의 빙하에서 출발하는 물은 수많은 강과 지천들을 흐르면서 중국, 우즈베키스탄, 인도, 방글라데시, 베트남, 라오스, 캄보디아 등 전 세계 인구 40%가 넘는 사람들에게 물을 공급한다. 그러나 만약 기후변화로 인해 빙하가 녹고 있는 것이 사실이라면 농경지의 물 부족에 의한 기근과 갈증으로 세계 인구의 절반가량이 고통받는 날이 오게 될 것이다.[30]

물은 미래로 갈수록 점점 희귀재가 될 가능성이 높다. 물과 관련해서는 고여 있는 자원이 고갈되는 것이 아니라, 순환주기에 이상현상이 발생하는 것을 염려하여야 한다.[31] 또한 잘 알다시피 농업에 있어서의 제초제, 살충제 등의 과다 사용에 의한 오염이나, 물의 과다 채취는 지표의 함몰, 해수의 침투를 유발하여 인류 생명자원인 물을 더욱 희소하게 만들 가능성이 농후하다.

우리나라도 인구 1인당 연간 강수량이 세계 평균의 1/8 수준으로 낮은 수준에 속하며, 더구나 계절적으로 여름철에 연강수량의 2/3가 집중된다. 그렇기 때문에 우리나라는 OECD 국가 중 강수량은 많으나 관리하기는 어려운 물 스트레스가 가장 심한 국가 중의 하나로 지목되고 있다. 그런데 우리나라는 물 소비량으로 보면 세계 최고 수준이다. 국민 1인당 하루 물 소비량이 395리터로 프랑스의 280리터, 독일의 130리터에 비해서 월등히 높다.

삼다수로 대표되는 제주의 물은 신이 제주에 허락한 한정판 상품이다. 제주 자연자본의 대표선수인 삼다수는 현재 1년 매출 1,400억을 내다보는 제주의 효자상품이다. 제주의 청정 이미지를 높이는 것은 물론 제주의 내재가치인 자연자본의 우월성을 대표하며, 금전적인 현재가치로 환산할 수도 없는 자연자본의 핵심이다. 약 18년이란 장기간에 걸쳐 제주의 지하로 스며들며 자연 정화되어 집적된 물을 마구 증산하여 판매하는 것은 세심한 고려가 필요하다. 물이 제주의 미래가치에 어떤 영향을 미치는 것인지에 대한 세심한 조사와 평가는 곶자왈 보존 정책과 함께 아무리 강조해도 지나치지 않을 만큼의 중요한 문제이다.

예기치 못한 기후변화와 지진 등의 지각 변화로 인한 지하 암반 호수가 예전처럼 물을 집적하지 못하여 고갈되거나, 환경오염으로 인하여 조금이라도 오염된다면 제주의 가치는 회복 불능의 심각한 사태로 빠져들 수도 있을 것이다.

▎자연의 선물, 식량

유엔환경계획(UNEP)과 세계기상기구(WMO)가 설립한 정부간 협의체인 '기후변화에 관한 정부간 패널(IPCC: Intergovernmental Panel on Climate Change)'은 기후변화로 인한 국제적 문제에 대비하는 유엔 산하 기구이다. IPCC의 보고서는 21세기 말이 되면 기온이 지금보다 약 2도 정도 상승하고, 그 경우 기온 상승으로 강수량이 변하고 생물이 멸종되는 등 다양한 이유로 식량 생산이 줄어들게 되어 식량부족이 큰 문제가 될 전망이다. 또한 2030년이면 한국을 포함한 아시아는 홍수와 폭염, 가뭄 등으로 기후 변화에 따른 사회적 문제가 크게 대두될 것으로 전망되고 있으니, 그리 먼 장래의 이야기도 아닌듯하다.

식량문제를 해결하기 위하여 현대의 산업화된 농업은 주로 집약적 생산 방식인 전문화된 품종을 선택하여 재배하는 대량생산 방식을 선호하여 왔다. 그러나 이러한 생태계의 단순화된 단일화 방식은 수백 년간 쌓인 지역의 식물학적 지식과 교배기법을 망각하게 하고, 그 결과로 다양한 친척종 식물을 몰아내는 결과를 가져오고 있는 것으로 분석되고 있다. 단일 재배는 다양성이 특징인 자연의 선순환을 이루는 자연의 경향성을 무시한 것이고, 고대로부터 이어온 해충과의 전투력을 오히려 약화시키며 해충에게 공짜 식당이라는 농장의 열쇠를 내주는 결과를 초래하게 된다.[32]

우리가 근래에 더욱 관심을 높이는 유기 농업은 해충을 완벽하게 근절하고자 하지 않는다. 건강한 자연 생태계를 지원함으로써 통제 가능한 수준의 해충에 의존하여 작물을 키우므로 여러 종들은 서로 도움을 주고받는다. 자연자본주의 제1원칙인 자원생산성을 높이는 지역사회에 기반한 농업은 유기농장이나 협동조합 방식의 농업 경영으로 식품흐름을 소비자가 선주문하는 방식으로, 가족농장 규모일 때 가장 효율과 생산이 극대화되는 경향이 있다. 지역의 전통 지식을 인정하고 강화하는 농민 우선주의(farmer first)가 필요한 유기 농법은 제주가 절대적으로 지향하여야 할 농업 방식이다.

축산업도 이와 크게 다르지 않다. 소나 돼지를 집약적으로 생산하는 방식은 투입된 자연자본의 양보다 생산량이 극히 적게 산출되는 방목 방식보다 실제로는 비경제적인 결과를 보인다. 한때 방목 가축들은 토지를 혹사시키는 것으로 여겨졌으나, 소나 돼지를 자유롭게 풀어 키우는 관리집약적 윤환 방목법(management-intensive rotational grazing)이 실제로는 생태계의 선순환을 돕는 것으로 알려졌다. 즉 한 구역에서 자유롭게 돌아다니며 풀을 뜯고, 분뇨를 흩트려 놓은 뒤

거의 매일 다른 구역으로 이동하게 함으로써 풀에게 회복할 시간을 주고 지하수도 복원되도록 하는 결과를 가져온다는 것이다.[33]

▌친환경 개발과 건물

　　제주의 건물들을 볼 때마다 제주의 가치와 어울리지 않는 디자인과 외관의 색채에서 많은 아쉬움을 느낀다. 대형 관광단지의 콘도나 호텔 혹은 제주 이곳저곳에서 쉽게 발견하는 많은 펜션들도 예외는 아니다. 물론 건축비를 절약하고 좁은 대지 위에 분양할 상품을 가능한 한 많이 지어야 하기 때문이겠지만, 과연 그 방법 밖에 없는 것인지 의아하다. 친환경 내지 에너지 절약형 집을 건축하면서도 주위 자연과 제주의 환경에 맞는 아름다운 집을 지을 수는 없는지 항상 의문이다.

　　지중해 연안의 아름다운 집들이나 그리스 산토리니 섬의 청색과 백색이 푸른 바다와 잘 어울리는 단순한 형태의 집들만으로도 세계의 많은 관광객들을 유혹하고 있다. 지금은 성읍민속촌에서나 볼 수 있는 초가집이지만 제주를 방문하는 사람들의 눈에는 훨씬 더 아름답고 정겹고 친환경적인 집일 수도 있다. 제주에는 거의 모든 집들이 에너지 절약형 패시브 하우스(passive house)라는, 제주에는 뭔가 다른 것이 있다는 차별화는 그렇게도 어려운 것인가?

　　중유럽의 독일어권에서는 지붕에 잔디, 이끼, 꽃을 키우는 옥상 녹화(green roof)기술이 상당히 대중화되어 있다고 한다. 독일의 슈투트가르트에서는 초록 지붕을 설치하지 않으면 평면 지붕 허가를 받기가 어려울 지경이라고 한다. 정부는 이런 시스템을 장려하고 보조금을 준다. 홍수 위험과 냉방 수요를 동시에 낮춰 주기 때문이다.

　　캘리포니아 주 데이비스시의 빌리지 홈스(Village Homes)를 개발한 코빗 부부의 개발 전략은 감탄할 만하다. 그들은 아담한 거리에 복합적인 양식의 집을 짓고 주택 사이에는 농경지를 두었으며, 그린벨트에는 과실수를 심고, 태양에너지 사용을 지향했으며, 비싼 콘크리트 배수로 대신에 자연적인 배수용 습지대를 사용했다. 그들은 이렇게 해서 절감된 건축 비용으로 넓은 공원과 조경비의 대부분을 충당했다. 주민들은 얼마든지 집에서 사업을 할 수 있고, 공동으로 유기농 농원을 운영할 수 있으며, 녹지에는 식용작물을 경작하여 자신들이 필요로 하는 신선한 야채와 과일을 얻고 남은 것은 판매하여 수익을 거둘 수 있다. 이런 결과 덕분에 빌리지 홈스의 주택은 매물로 나오자마자 시장 평균가보다 더 비싼 값에 팔리고, 데이비스시에서 가장 살기 좋은 동네가 되었다.[34]

이렇게 작은 녹지들을 중심으로 집들을 가깝게 배치하면, 사생활을 지키면서 공동의 공원과 정원을 공유하게 되고 이웃 간의 교류도 자연스럽게 늘어나게 될 것이다. 공동세탁소, 탁아소, 공부방, 인터넷 카페 등의 새로운 비즈니스도 늘어날 것이다. 노인용 별채나 게스트하우스를 갖춘 공동주택 식의 설계는 여러 세대가 함께 살며 서로 돕고 정을 나누던 옛 관습을 회복할 수도 있을 것이다. 이것이야말로 개발이 자연파괴의 주범이 아니라 자연을 복원하고, 자연자본의 생산성을 높이는 동시에 공동체를 복원하는 도구가 되는 길이다.

제주의 부동산 개발, 외국인 투자자에 의해 대단위로 이루어지는 대형단지의 경우일지라도, 이러한 친환경 친주민 개발 방식을 연구하고 좋은 사례들을 국내외에서 찾아 가져와 우리 제주에 맞는 방식으로 재창조하고 이를 실제의 현장에서 유도하는 것은 그리 어렵지 않아 보인다.

답을 내려는 정열과 치열한 노력만 있다면 예산과 추진 인력은 얼

제주의 프라이드와 미래가치경영

마든지 재배치가 가능한 일이다. 불필요한 규제의 혁파를 성장동력으로 삼고자 하는 박근혜 정부의 전략은 틀리지 않다. 그러나 제주의 건물 건축에 있어 친환경 건물 관련 규제는 셀수록 좋다. 강한 규제의 엄격한 시행은 자연자본을 보존하고 가치를 높이고 궁극적으로 공동체에게 이익을 배분하므로 아무 문제가 없다.

프랑스 파리 시 당국은 맥도날드 간판의 빨간색과 노란색이 파리와 어울리지 않는다고 다른 색깔의 간판을 달도록 강제하였다. 글로벌 투자자인 다국적 기업도 규제하는 것이 아름다운 프랑스의 수도 파리 당국의 자부심인 것과 같이, 제주의 자연자본을 지키기 위한 규제는 아무리 지나쳐도 제주의 자부심이며, 제주인의 자긍심이다.

제주의 농산물은 곧 인증받은 유기 농산물이고, 제주의 축산물은 곧 유기 방목에 의한 건강한 육류라는 등식이 무리 없이 성립되어야 한다. 소비자의 인식이 생산품의 가격을 높일 뿐 아니라 궁극적으로 제주의 가치를 확인시키고 높이는 데 절대적인 영향력을 발휘하기 때문이다. 단기간에 이루어지지 않겠지만 확실한 계획과 전략으로 승부하면 비교적 쉽게 이룰 수 있는 제주 미래가치 증대 전략 중 하나이다.

2014년 4월 18일 『제민일보』의 보도에 따르면, 2013년 말 기준 도청 각 부서에서 운영하는 위원회는 161개에 달하고, 실제 지난해 회의 개최 실적이 단 한 건도 없는 위원회는 23개로 전체 위원회의 14%에 이르고 회의가 1년간 1번만 개최된 위원회도 41개 위원회로 25.4%에 달하는 등 위원회 10개 중 4개는 운영 실적이 매우 미흡한 것으로 나타났다. 이러한 유명무실한 위원회보다는 유기농 사업추진단, 윤환방목 사업추진단 같은 실제로 일하는 위원회를 만들어 예산도 투입하고 적극 활용하여(외부 전문가 영입 등) 지역주민들의 다양한 목소리를 행정에 반영하는 한편, 행정의 전문성·공공성 확보를 겨냥하는 것이 백 번 나을 것이다.

생명을 지탱하는 생태계 시스템들의 총체가 곧 자연자본이다. 세상에는 돈을 아무리 많이 줘도 살 수 없는 자연자본이 있다. 더욱이 자연의 생명서비스 시스템이 제공하는 편익을 인공적으로 완벽히 대체할 수도 없다는 자연자본주의의 가르침을 유념하면서 제주를 경영해야 한다. 특히 제주는 타 지역과 달리 특별한 자연자본의 우월성 (사실 가치 자체의 가늠이 불가능할 만큼 고가이다)으로 인해 자연자본주의의 응용은 이제 선택이 아니라 필수가 되었다.

제주의 1년 예산이 대략 3조 원인 경우, 자연자본주의 개념에 입각하여 제주의 자연자본의 가치를 높이고 생산성을 높이기 위한 예산이 얼마인지, 총 예산의 몇 %인지를 규명하고 매해 발표하는 행정이야말로 타 지자체와 스스로 차별되는 제주의 가치를 높이는 행정이 아닐까 싶다.

제4장

블루이코노미

녹색경제도 아닌 청색경제(blue economy)란 말은 우리에게 약간 생소할 수도 있다. 2009년 세계자연연맹(IUCN)과 유엔환경계획(UNET)의 후원으로 재닌 베니어스(Janine M. Benyus)와 군터 파울리(Gunter Pauli)는 생물 모방의 혁신 기술 2,100개 중에서 100가지를 선정하여 「Nature's 100 Best」라는 보고서를 발간하였다. 그 후 2010년 4월에 군터 파울리는 이 기술들을 경제적·기업가적인 측면에서 조명하여 『블루이코노미』(The Blue Economy)[35]라는 책으로 출간하였으며 로마클럽[36] 보고서로 채택되었다.

이 책은 '10년 안에 100개의 혁신 기술로 1억 개의 일자리를 창출할 수 있다(10 Years, 100 Innovations, 100 Million Jobs)'라는 부제를 달고 있다. "바보야, 일자리 창출이 문제야"라는 힐문 앞에 선 우리에게 이 얼마나 야심차고 확신에 찬 계획이며 지속 가능한 사회를 건설하기 위한 솔루션인가?

1억 개의 일자리 중 우리나라가 1%인 100만 개만 창출하고 만약 제주가 선도적인 노력을 기울여 그중의 10%만 선점하더라도 우리는 혁신 기술에 의한 제주의 지속성장을 위한 10만 개의 일자리를 확보하는 것이 된다. 후술하는 제주의 과학기술원이 제주에 적합한 혁신 기술을 개발하여 상업화할 수 있다면 제주 젊은이들의 미래 일자리 창출에도 큰 도움이 될 수 있을 것이다.

저자인 군터 파울리는 블루이코노미를 레드이코노미(red economy)

〈그림 4-1〉 '블루이코노미' 표지

와 그린이코노미(green economy)와 명확히 구분하고 있다. 현재의 주류 경제행태인 소비만능주의는 자연과 인간 그리고 모두의 공유자산으로부터 자원을 빌려와 상환을 연기하는 것은 물론 다음 세대도 영원히 상환할 생각조차 하지 않는 파산 경제모델, 즉 레드이코노미 모델이다. 그린이코노미란 환경을 보존하는 경제모델이기는 하지만 동시에 동일 수준 내지 더 적은 이익을 위해 기업과 소비자에게는 더 큰 투자와 비용을 요구하게 되므로 경제 침체기에는 더욱이 실현 가능성이 없는 경제모델이 된다.

반면에 블루이코노미는 생태계의 시스템에서 영감을 얻고 생태계를 모방하여 생태계가 자신의 진화 경로를 유지하도록 하는 동시에 부가가치를 창출하며, 그것을 다시 수익과 고용으로 전환하는 다각적 사업의 기회를 발굴하는 지속성장의 경제모델로 정의한다.[37] 블루이코노미는 생명의 자연 생태계를 조작하기보다는 자연이 물리학을 활용하는 방법에서 영감을 얻기를 선호하며, 누군가의 쓰레기가 다른 이의 양분이 되게 하는 자연스러운 생태 시스템의 성공을 모방하여 경제 시스템에 적용하는 것이다. 저자는 그의 저서에서 자연계에서 찾을 수 있는 최상의 아이디어들을 검토하고 그 기술들을 성공적으로 벤치마킹하여 성공한 많은 예를 들고 있다.

아래에서는 저자가 책에서 설명하고 있는 사례 중에서 제주의 입지적·자연환경적 여건과 비슷한 지속 가능한 경제모델의 성공사례인 스웨덴 고틀란드 섬의 이야기와 현재 진행 형인 사례를 소개함으로써 블루이코노미 경제모델의 가치와 중요성에 대한 독자들의 이해를 돕고자 한다.

1. 스웨덴 고틀란드(Gotland) 섬의 교훈[38]

　　스웨덴 발트해 중앙에 위치한 고틀란드 섬은 주민 수가 6만 5천 명이며, 면적은 제주도의 약 1.7배나 되는 큰 섬으로, 스웨덴의 수도 스톡홀름에서는 약 200km 거리에 위치하고 있으며 훼리로 3시간, 항공기로는 약 40분이 걸린다. 12~14세기에는 러시아와 유럽을 연결하는 중계지로 크게 번성하였지만 그 후 도시 경제가 크게 쇠락하였다. 그러나 지금은 섬 주민들의 노력으로 연간 관광객이 100만 명을 넘고, 매년 7일간씩 정치를 테마로 열리는 축제인 정치토론 페스티벌은 전국에 중계될 만큼 유명하다. 섬의 중심 도시인 비스뷔(Visby) 중세마을은 1995년 유네스코 세계문화유산으로 등재되기도 하였다. 이렇게 고틀란드 섬의 키워드는 대양 가운데의 섬, 관광, 유네스코 유산, 빈약한 자원, 섬의 미래가치를 높이려는 열망 등 여러 면에서 제주와 매우 흡사하다.

　　경제적 세계화의 파도 속에서 섬 주민들은 잘 살기 위한 방안을 찾기 위해 노력했다. 그런데 그 답은 관광업뿐이었고, 그것도 주로 한여름에 붐비는 관광객들이 섬의 주 수입원이었다. 고틀란드 섬의 주민들과 지도자들은 지속성장이 가능한 섬의 미래를 찾아야 했다. 그렇지 않으면 젊은 세대가 섬에 남아 있을 이유가 별로 없었기 때문이다. 섬의 가치와 어울리는 미래 프로젝트를 수립하기 위하여 스웨덴 왕립 과학회 회원인 카를-고란 헤덴 교수를 초빙하고 학생, 은행가, 정책입안가, 연구원, 사업가들이 함께 새로운 비전을 찾기 위한 활동을 시작했다.

　　그들은 섬의 알카리성 토양에서 자라는 맛이 매우 뛰어난 당근에

제주의 프라이드와 미래가치경영

주목하였다. 생산은 문제가 아니었다. 그러나 이 섬의 당근은 상인과 소비자가 좋아하는 모양새가 아니어서 시장에서 멀리 떨어져 있는 바다 건너 섬에서 생산되는 당근을 판매하는 것은 쉬운 일이 아니었다. 주민들은 자연의 방식을 따라 순환 생산하면서 동시에 가치와 고용을 창출하는 다음과 같은 혁신적인 접근법을 선택했다.

첫째, 수요에 맞는 모양별 분류와 포장 설비의 개발이다. 정교한 기계장치를 개발하여 당근을 모양별로 분류하고 가공할 수 있는 센터를 건설했다. 그래서 작은 것, 큰 것, 긴 것 등 각각 종류별로 분류 포장하여 수요자의 욕구에 맞는 공급 체계를 갖추었다. 그 결과 시장 가치가 없던 꼬마 당근은 세척 후 포장 판매 결과 일반 당근보다 약 4배가 더 판매될 수 있었다. 시장에서 외면당하던 큰 당근도 즙이 많아 부피당 40%가량 더 많은 주스를 생산할 수 있게 되었다.

둘째, 당근의 가공 판매이다. 맛 좋은 당근 케이크 요리법을 개발했다. 오븐에서 갓 구운 당근 케이크를 냉동시킨 뒤 판매를 시작하면서 스웨덴 전역은 물론 아시아에까지 시장 수요가 늘어났고, 5개에 불과했던 당근 제빵소는 5년 내에 30개로 증가하는 결과를 가져왔다. 또한 고틀란드의 양조장은 품질이 좋은 맥주를 생산하고 있는데 맥주를 생산하고 남은 보리 찌꺼기는 이 지역의 제빵소로 가서 빵으로 만들어진다. 한 과정에서 남은 폐기물이 다른 과정의 원료가 되는, 자원의 순환으로 부가가치를 생산하는 좋은 예이다.[39]

셋째, 풍력발전을 통한 에너지 생산이다. 풍력발전으로 공급된 에너지는 냉장창고 등의 냉동설비 가동을 가능케 함으로써 6주간이라는 짧은 기간에 수확된 당근을 1년 내내 저장하여 높은 가격으로 시장에 공급할 수 있게 해주며, 풍력발전에 투자한 금액도 빠르게 회수되었다. 이러한 당근의 재발견은 결과적으로 섬 주민들에게 일자리 창출은 물론 생계수단을 보장해주는 진보된 방법을 가르쳐 주었다.

　당시의 고틀란드 섬이 처했던 경제 여건은 매년 작황에 따라 온탕과 냉탕을 오가는 제주와 매우 흡사했다. 당근을 비롯하여 제주에서 생산되는 배추, 무, 마늘 등의 농산물에 대해서도 그와 유사한 방식의 성공 가능성을 시사한다. 예를 들어 제주도 동부지방에서 많이 생산되는 당근만 하더라도 철분과 비타민 A 성분이 많아 조혈, 빈혈 예방 작용이 있으며, 베타카로틴은 항산화 작용으로 항암 효과도 있는 것으로 알려져 있는 웰빙 채소 중의 하나이다. 컵케이크, 당근주스 등과 같이 제주 당근의 부가가치를 높일 수 있는 방안은 얼마든지 있을 것이다.

　또한 당근 케이크 공장은 관광객의 체험관광을 유도하는 좋은 아이템이 될 수도 있다. 무료 시식장과 판매 코너의 운영은 물론, 당근 케이크를 집에서 쉽게 만들 수 있는 다양한 레시피를 제공한다거나 직접 만들어 보게 하는 등의 방식은 매우 효과가 클 것이다.

　지역적으로 이용 가능한 것에서 가치를 찾아내어 경쟁력 있는 산업을 발굴하는 이러한 블루이코노미 식 접근 방식은 대양 한가운데 고립된 섬이라 할지라도 지속 가능한 성장을 가능하게 할 수 있다는 것을 보여준다. 우리 제주도도 1차 산업인 농업경영에 있어서 단순한 영농기술이나 자금을 융통해주는 소극적 영농조합이나 농협의 역할에 의존할 것이 아니라, 민·관 및 학계 모두가 머리를 맞대고 '고틀란드' 식의 혁신적 사고를 좇아 훌륭한 아이디어를 사업화할 때이다.

　도의원이나 공무원의 해외연수도 이러한 곳을 방문하여 제주에 맞는 방식을 배워오는 데 매년 수천만 원씩의 예산이 배정이 되어 있는 것이다. 제주의 여건과 매우 흡사한 고틀란드 섬 같은 곳을 시찰하고, 자매결연을 맺어 당근의 분류 저장 기술과 장비를 도입한다든가 당근 케이크의 레시피를 배워오는 것은 전혀 어렵지 않을 것이다.

2. 부탄과 카나리아 제도의 도전[40]

　『블루이코노미』의 저자 군터 파울리는 제리(ZERI)재단[41]을 설립하여 개인·기업·정부의 멘토로서 일하고 있다. 그는 '블루이코노미'가 자연이 이루어내는 완벽함을 깨닫게 하는 동시에, 우리가 사는 지구의 사람들과 환경에 역동적이면서도 지속 가능한 성공을 가져다 줄 수 있음을 이해시키고 있다. 그가 지역의 경제성장을 돕기 위하여 일하고 있는 2010년 현재 부탄과 카나리아 제도의 엘이에로(El Hierro) 섬의 사례를 소개한다.

　부탄은 기후온난화로 인해 히말라야 빙하를 이용한 수력발전의 한계가 20년 이내에 올 것이라 예견되고 있는 국가이다. 또한 원시의 아름다운 부탄의 자연은 소비주의와 쓰레기로 스트레스를 받고 있다. 부탄은 국가 지도자들의 현명한 결단을 바탕으로 미래의 경제적 기반을 세워줄 15가지의 혁신 기술들을 채택했다. 그런 기술들 중에는 ① 플라스틱 쓰레기의 바이오 플라스틱으로의 전환, ② 생사 재배와 수확을 통한 건강 분야 진출과 농토의 비옥성 유지, ③ 소형터빈에 의한 풍력발전, ④ 에너지 절약형 건물의 설계와 건축 지원 등이 포함되었다. 우리 제주가 주목할 점은 이러한 기회들이 확실해지자마자 이러한 사업들에 투자할 기업가들이 나타났다는 점이다.

　엘이에로 섬은 아프리카 대륙으로부터 북서쪽으로 약 300여km 떨어져 있으며, 그 크기는 제주도의 약 7분의 1 정도로 작은 섬이다. 예전에 제주가 우주항공센터 설치를 반대했듯이, 엘이에로 섬도 위성 발사대나 전파탐지소의 설치 제안을 거절했으며, 블루이코노미가 설명하고 있는 100가지 혁신 기술 중 19가지를 선택하여 아래와 같이 수행하기로 동의하였다. 즉 농부들은 7년 안에 모든 작물들을 유기농과 지속가능성의 표준에 따라 재배하고, 농업폐기물들은 버섯재배에, 재배 후 남은 세균은 동물사료로 이용하며, 10년 안에 섬 안의 모든 차를 전기차로 바꾸고, 필요한 에너지는 자이언트 켈프(giant kelp, 대형 해초의 일종)처럼 움직여 파도에서 나오는 에너지를 얻는 장치를 활용하기로 하였다. 부탄의 경우와 동일하게 이 경우도 사업 추진을 위한 주요 자금들은 이미 확보되었다.

2014년 4월 28일 자 영국의 『데일리 메일(*Daily Mail*)』 보도에 따르면, 이 섬은 2014년 하반기부터는 풍력과 수력으로 에너지가 완전 자급자족이 되는 세계 최초의 섬이 된다고 한다. 국제재생가능에너지기관(IRENA)이 약 1천백억 원을 투입하여 시범 프로젝트로 추진한 이 사업은 5개의 풍력 터빈으로 11.5Mw의 전력을 생산하며, 이는 주민 1만여 명이 생활하는 데 충분한 양의 에너지라고 한다. 이 같은 자연친화적인 발전으로 연 1만 8천여 톤의 이산화탄소 배출을 막고 4만 배럴의 원유소비도 절약하게 되었다고 한다. 엘이에로 당국은 여기에 그치지 않고 2020년까지 차량 6천 대 전체를 전기자동차로 교체할 계획이다.[42]

제5장

창조경제

　이명박 대통령은 2008년 8월 15일 광복절에 즈음한 건국 60 주년 경축사에서 '저탄소 녹색성장'을 새로운 비전의 축으로 제시한 바 있다. 그는 녹색성장(Green Growth)은 온실가스와 환경오염을 줄이는 지속 가능한 성장이며, 녹색기술과 청정에너지 신성장 동력과 일자리를 창출하는 신국가 패러다임이라고 천명하였다.

　박근혜 대통령은 2013년 2월 25일 대통령 취임사에서 "창조경제는 과학기술과 산업이 융합하고, 문화와 산업이 융합하고 산업 간의 벽을 허문 경계선에 창조의 꽃을 피우는 것이며, 경제부흥을 위해 창조경제와 경제민주화를 추진하겠다"고 하였다. 박근혜 정부의 창조경제론은 창조산업의 원류인 문화 예술뿐만이 아닌 첨단기술과 아이디어를 융합하여 신사업과 신상품을 창조함으로써, 투자조차도 일자리 창출로 연결되지 않는 현재 대한민국의 최대 고민거리인 일자리를 창출하여 국리민복을 이루겠다는 경제운용 전략이다.

대한민국은 무척 바쁘다. 변변한 성과도 내지 못한 전 정권이 제시한 녹색경제의 기조 위에다가 다시 5년 만에 창조경제라는 어려운 정책 모토를 감당하게 되었으니 말이다. 녹색경제나 창조경제 등과 같이 경제 패러다임의 변화는 정치적인 구호라 하더라도 한 정권의 짧은 임기 내에 이루어질 수도 없고, 종래의 산업화 시대와 달리 관 주도로 달성하기는 더욱 힘들다. 특히 개인의 창의력을 모태로 하는 창조산업의 육성은 칸막이를 없애야 하는 융합만이 효과를 낼 수 있는 특성을 가지고 있으므로 정부나 관료사회의 경직성과 하향성 지휘체제에 익숙한 조직의 특성과는 잘 맞지 않는다. 오히려 정부조직이나 관료는 규제의 발의자와 집행자로서 혁신과는 제일 거리가 먼, 오히려 방해자라는 비판으로부터 자유롭지 않기 때문이다.

일찍이 1990년대 말에 영국은 제조업의 한계를 극복하고 경제성장을 지속시키기 위하여 영국의 핵심 역량 중의 하나인 문화산업을 창조산업으로 재정의했다. 그리고 'Creative Britain'이라는 구호 아래 예술, 건축, 출판, 영상물, 소프트웨어에다가 관광, 의료, 스포츠 등이 포함되는 '문화산업'을 제조업과 융합하려는 노력을 시작함으로써 창조경제 실천의 선두주자가 되었다.

창조경제라는 개념은 2001년 존 호킨스(John Howkins)가 『창조경제(The Creative Economy)』라는 책에서 "창조경제의 원재료는 사람의 재능이며, 창의적인 아이디어와 지식재산으로 가치 있는 경제적 자본과 상품을 만들어 내는 경제"라고 정의하였고,[43] 이어서 리차드 플로리다(Richard Florida)의 창조계급, 창조도시론 등으로 발전하게 되었다.[44] 그 후 10년간 국제경제 및 개발 현안과 관련하여 창조경제가 주요 이슈가 되어왔으며, UN은 2008년 첫 번째 보고서에 이어 2010년 「창조경제 UN 보고서」[45]를 발간하였다. UN의 이 보고서는 형평성, 지속 가능성, 포용성에 기반한 성장전략이 필요하며, 전통적 제조업이 금융위기 등에 취약한 반면, 창조산업이 경제위기와 같은 외부 충격에 강한 회복력이 있음을 보여주고 있다.

지구의 반 바퀴를 돌아 약 10년 만에 드디어 창조경제가 한국에 도달한 것처럼 보이지만, 창조경제는 우리에게 전혀 새로운 것이 아니다. 시장의 변화를 극복하고 시장의 니즈(needs)를 선도하고자 하는 기업 경영의 영역에서 창의와 혁신을 통한 새로운 가치의 창조라는 명제는 하루에도 수십 번씩 토론되고 고민하는 테마이다. 그리고 세계시장에서 인정받는 성공적인 스마트폰이나 카카오톡같은 우리의 세계일류(world best) 상품은 바로 문화와 경쟁력 있는 우리 ICT 기술의 융합이라는 창조경제의 산물이다.

박근혜 정부에서는 현재 한국형 맞춤식 창조경제 강화 방안을 정부 주도로 추진하고 있다. 그러나 UN 보고서가 지적하고 있는 대로, 창조경제는 국가 차원의 전략에 비해 지역사회와 지방정부 차원의 정책 입안과 실천이 더욱 효과적일 수 있다. 이런 UN 보고서의 권고를 유념할 때 지방정부가 나서서 창조경제 활성화 전략을 수립하고 다양한 분야에서 창조경제가 활성화되도록 적극적인 지원에 나서야 한다.

▌ 창조경제, 달리는 말을 타자

아래에서는 UN이 2010년 작성한 『창조경제 UN 보고서: 창조경제란 무엇인가』가 주는 주요 메시지를 중심으로 제주가 왜 창조경제라는 신경제모델에 적합할 수 있는지를 검토한다.

① 창조경제는 건설과 개발이 경제운용의 중심이 되는 것이 아

니고 창의성과 창조가 핵심가치가 된다.

☞ 자본과 인력자원이라는 핵심 역량이 부족한 제주가 추구해야 할 가치경영과 잘 매칭된다.

② 창조경제는 사회적 갈등을 치유하고 사회 통합 촉진에 큰 영향을 미친다.

☞ 사회적 긴장 및 다양한 종류의 분열을 겪고 있는 제주 지역사회는 서로 공유하는 문화의식에 동참함으로써 통합의 자리를 만들고 사회적 자본을 형성할 수 있다.

③ 점점 많은 지방정부가 문화 및 창조적 활동에 초점을 두는 도시개발 전략, 즉 '창조도시 건설'을 집행하며, 지방정부는 권력과 관료주의에 발목이 잡혀 있는 중앙정부에 비해 빠르고 민첩하게 움직일 수 있다.

☞ 그러므로 중앙정부 차원보다 지방정부 내지 지역사회의 추진이 더욱 효율적이다.

④ (제주의 성장동력 중의 하나인) 관광산업은 창조재화와 서비스를 판매하는 시장이 되며, 관광객은 문화서비스의 주요 소비자이다.

☞ 자연유산이라는 상품에서 문화상품과 체험상품으로의 관광상품 업그레이드가 필요하다.

⑤ 지역에 있는 유·무형의 문화자본은 자연자본과 생태계와 마찬가지로 중요하다.

☞ 문화자본도 자연자본과 같이 제주가 미래 세대를 위해 반드시 보존해야 하는 것이다.

⑥ 창조산업의 기업은 규모가 작으며, 보통 가족단위로 이루어져 있다.

제주의 프라이드와 미래가치경영

☞ 자조자립을 기본 정신으로 하는 제주형 협동조합식 기업이 해답이 될 수 있다.

⑦ 예술과 문화활동 등은 청년층이 창조산업을 할 수 있는 성공적인 수단이 되며, 지역 기반의 창조산업 육성은 시골에 거주하는 청년층에게 소득창출의 기회를 제공한다.

☞ 제주 청년들의 도시로의 유출을 예방할 수 있다.

⑧ 재생이 불가능한 천연자본과 달리 문화, 지식, 예술적인 재능은 창조적 생산을 위한 소중한 자원이다.

☞ 제주가 역점을 두고 있는 생물종의 다양성 보호, 수자원 및 풍력 에너지자원 활용 등 녹색산업은 이미 창조산업의 리더이다.

⑨ 창조형 인재가 모이는 창조도시를 만들려면 첨단산업 기반 외에 살기 좋은 라이프 스타일, 문화 환경을 만드는 것이 중요하다.

☞ 제주는 타 도시지역보다 제주 주민이 자부심을 갖는 삶의 질이 높은 도시로서의 여건 형성에 매우 유리하다.

창조경제 모델은 향후 수년간 박근혜 정부의 주요 경제 시책의 중심에 있을 것이며, 자금 조달과 제도적 측면에서도 많은 편의성을 가질 수 있으므로 제주도 또한 달리는 말에 올라타 창조경제의 모범적 성과를 도출해야 한다.

제6장

제주 경제운용의 최적 선택

　　위에서 살펴본 자연자본주의, 블루이코노미, 창조경제의 특성은 제주의 경제운용 모델로서 매우 적합하며, 제주의 정체성을 지키고 미래가치를 높일 수 있는 전략으로 제주의 모든 정책과 전략의 근저에 주인으로 자리매김해야 한다. 자연자본주의가 지속성장을 위한 경제운용의 기본적인 원론이라면 블루이코노미는 자연자본의 가치와 순환성을 이해하여 혁신적인 신기술을 찾아내어 사업화함으로써 일자리를 창출하고 지속 가능한 지역의 자원을 이용한 사회 건설을 위한 사례를 소개함으로써 제주의 적절한 지속성장 방식을 찾는 용기를 준다.

　　제주 경영의 리더와 참여자인 구성원들은 제주 경제운용의 기본적세 기둥이 무엇인지를 분명하게 인식해야 한다. 첫째는, 재화와 자본 외에 자연자본과 인적 자본을 더하여 이 모두를 낭비 없이 생산적으로 사용하고 재투자함으로써 환경과 생태계를 복원시킴과 동시에 경제를 지속성장시킬 수 있는 해법을 찾는 원칙으로서의 '자연자본주의'이다. 둘째는, 자연의 방식을 따라 순환 생산하면서 동시에 가치와 고용을 창출할 수 있다는 것을 확인시켜 주는 사례로서의 '블루이코노미'이다. 셋째, 자본과 인력이 부족한 제주의 여건상 건설과 개발이 경제운용의 중심이 아니며, 창의성과 창조가 핵심자본으로서 사회적 긴장을 해소하며 통합의 자리를 만들고 사회적 자본을 형성할 수 있는 수단으로서의 '창조경제'이다.

제주 경영의 리더와 구성원들은 제주 경제운용에 있어서 이러한 원칙, 사례, 수단으로서의 세 기둥을 바탕으로 정책, 사업 및 자원배분의 우선순위를 결정하여야 한다. 정책이나 사업의 내용 또는 조건 등이 서로 충돌할 경우 세 경제모델의 어느 영역에 있는지를 파악한다면 의사 결정의 척도를 찾을 수 있다. 〈그림 6-1〉에서와 같이 최적 영역인 A에 있는 정책이나 사업이라면 제주의 가치를 높일 수 있는 최선의 방안으로 보아도 무방할 것이다.

〈그림 6-1〉 제주 경제운용의 최적 선택

* A: 제주 경제운용정책 및 사업선택의 최적 영역

자연자본주의, 블루이코노미, 창조경제에 대한 제주의 리더와 기타 발전 주체들의 올바른 인식하에 제주에 맞는 시책을 찾아내어 올곧게 시행하고, 혁신적이며 목표가 분명한 용기 있는 제주의 기업가들이 노력한다면 동아시아 제주의 성공사례가 로마클럽보고서나 유엔의 창조경제보고서의 한 페이지에 당당히 자리 잡을 수 있을 것으로 확신한다. 아울러 제주의 가치에 걸맞게 제주의 자긍심을 높이는 것만이 아니라 옛 탐라인들이 보여주었던 제주인의 개척정신을 보여줄 수 있을 것이다. 이렇게 함으로써 우리는 제주의 핵심가치에 잘 맞는 제주의 가치경영에 한 걸음 더 다가갈 수 있을 것이다.

제3부 제주 경영의 미시적 접근:
가치경영

제7장

왜 가치경영인가?

1. 제주의 활발한 가치창조 논의

근래 들어 부쩍 제주 가치에 대한 관심이 높다. 하드웨어 중시 전략에서 소프트 콘텐츠(soft contents)로 중심이 이전하면서 웅대한 토목 건축사업 등에 대한 선호에서 가치창조 내지 가치증대의 비전이나 슬로건이 전면에 나서는 듯하다. 제주 경영의 일선에서 각기 중요한 한 축을 담당하고 있는 제주의 주요 기관들의 비전, 미션/전략 등을 홈페이지를 통해 살펴보면 제주 가치창조에 대한 열망을 가늠할 수 있다.

✚ 제주개발공사
　- 미션: 우리는 제주의 청정자원으로 가치를 창출하여 도민

에 기여한다.

✛ 제주관광공사:
- 비전: 제주관광의 글로벌가치 창조기업(Global Tourism Value Creator)
- 핵심가치: 창의혁신, 고객지향, 미래가치창조, 소통문화
✛ 제주에너지공사:
- 미션: 바람과 신재생에너지로 제주의 미래를 이끌어 나간다.
- 비전: Carbon Free Island, 제주
✛ 제주국제자유도시개발센터(JDC):
- 미션: 제주의 특성을 살린 국제자유도시 조성을 통해 국민 행복에 기여한다.
- 비전: 제주형 국제자유도시 조성 국민 행복 창조기업
- 경영방침: 신가치 창조를 위한 생존경영(Survival Management for the creation of new business value)

제주의 다른 기관들과 달리, 제주도청의 공식 홈페이지에서는 제주도정의 비전이나 미션 등을 쉽게 찾아볼 수가 없는데, 가끔 현수막에서 발견되는 "도민이 행복한 국제자유도시"가 우근민 도정 비전의 슬로건화로 이해된다.

이상과 같이 제주발전을 견인하는 주요 기관들이 모두 미션이나 비전에서 가치창조를 표방하고 있다. 그러나 무슨 가치를 어떻게 창조할 것인지는 명확히 보여 주지 못하고 있는 것으로 보인다. 가치창조라는 말이 기관의 비전을 만들어 준 컨설턴트의 그럴 듯한 언어의 구사에 그치는 것이 아닌지 염려되는 부분이다.

최근에 도지사선거에 출마했던 한 후보도 "제주가 지닌 자연, 문

화, 사람의 가치를 키우고, 성장과 분배, 환경과 개발, 외래자본과 도민자본이 서로 충돌하는 것이 아니라 공존하고 상생하는 새로운 창조적 경제성장 모델을 만들겠다"[46]며 제주 가치 증대 얘기를 빼놓지 않았다.

이렇게 많은 기관이나 제주의 리더가 되기를 원하는 사람들이 제주 가치를 논하는 것은 제주의 가치가 저평가되어 있는 것을 높이겠다는 것인지, 숨어 있는 제주의 가치(hidden value)를 찾겠다는 것인지, 없는 가치를 새로이 창조하겠다는 것인지 불명확하다. 그렇지만 모두 다 시장에서 제 값을 받도록 하자는 데는 공통적인 것 같다. 즉 '제주 디스카운트'를 없애자는 의미로 해석하면 큰 오류는 없을 것이다.

한편, '제주는 바겐세일 중'이라는 자조적인 말도 가끔 신문지상에서 보이기도 한다. 제주에 본사를 이전시킨 결단을 내렸던 다음의 이재웅 전 대표는 2013년 10월 제주에서 열렸던 '글로벌 제상대회'에서 "제주의 미래가치를 할인하지 말라"는 매우 함축적인 메시지를 던진 바 있다. 제주의 현안 곳곳에서 마주치는 제주 디스카운트와 제주 미래가치의 훼손을 지양하는 동시에, 제주의 고객인 주민, 투자자, 관광객들의 숨은 가치까지 찾아 주면서 제주의 미래가치까지 높일 수 있는 경영방식으로서 제주의 가치경영을 고민해야 하는 이유가 여기에 있다.

2. 제주 경영의 업(業)

경영(經營, management)이란 협의의 개념으로 기업이나 사업을 관리 운영하는 것(예: 회사 운영)에서, 광의의 개념으로 기초를 닦아 계획을 세워 일을 해 나가는 것(예: 국가 경영)을 포함한다. 미국의 관리경영학에서는 경영을 조직을 구성하고 운영하는 '의사 결정(意思決定)'으로 보기도 한다. 또한 정부(government)가 의미하는 일방적이고 위계적인 통치와 달리, 협력적 통치(協治)나 공동의 통치(共治)를 의미하는 거버넌스(governance)는 기업의 협력 또는 기업과 정부의 공동 노력 등을 강조한다는 점에서 정부 운영에 대한 기업가형 접근 방법을 강조한다.[47]

피터 드러커(Peter F. Drucker)는 경영자가 사업을 잘하기 위해서는 가장 먼저 '우리의 사업은 무엇인가'라는 질문에 간단명료하게 답할 수 있어야 한다고 했다.[48] 급격히 변화하는 세계의 조류와 시장 상황에 따라 현대의 모든 공동체도 '업(業),' 즉 존재이유의 변화를 요구하고 있다. 자신의 업을 어떻게 규정하고 업의 지평(地坪)을 여하히 넓히느냐에 따라 개인은 물론 기업, 국가의 운명도 달라질 수 있다.

결혼한 여자가 단순히 주부로서 현모양처에서 한 걸음 더 나아가 가정의 해피 메이커(happy maker) 내지 가정의 경영자로 자신의 업의 지평을 넓혔을 경우에는 어진 어머니, 착한 아내라는 소극적 역할에서 벗어나 자기 가족을 위하여 건강, 교육 재테크에 이르기까지 보다 능동적으로 자신과 가족을 위하여 스스로 공부하며 고민하지 않을 수 없을 것이며, 결과적으로 가족의 행복을 창조하고 지키는 데 있어 보다 적극적인 모습을 보이게 된다.

스위스의 시계산업은 정밀기계 공업이었다. 그러나 정확한 시간을 알려주는 성능이 소형 배터리의 발명으로 문제가 되지 않음에 따라 이제는 시계를 생산하는 기업의 업은 정밀기계업이 아닌 패션업과 보석가공업으로 업의 전환이 이루어졌다.

기업의 궁극적 목적, 즉 존재이유가 이윤 창출이라는 개념이 매우 오랫동안 일반화되어 왔으며, 아직도 대다수의 기업인이나 사업주가 이익창출이라는 목적에만 매진하고 있다. 물론 기업이 이익을 내지 못하면 기업은 사회의 부채가 되고 기업의 구성원인 종업원마저도 구제하지 못하므로 존재가치를 상실하게 될 것이다. 그러나 경제활동이 제로섬(zero sum) 게임이 되지 않기 위해서는 기업은 자기 이익만을 목적으로 할 것이 아니라 고객과 사회를 위한 가치 창조자(value creator)로서, 그리고 동반성장의 견인차로서의 역할을 수행하여야 한다. 따라서 기업의 일차적인 목적은 이윤 창출이 아니라 사회 공헌을 위한 공유가치창출이라는 인식이 투자자와 경영자에게 일차적으로 필요한 덕목이 되어야 하는 시대가 되었다.

국가의 존재이유도 자국의 국민행복만을 위하는 것이 아닌 세계화의 진전에 따라 지구촌 공동체의 일원으로서 다양한 책무에 직면해 있다. 자국의 경제 보호를 위한 장벽을 해소하는 자유무역의 불가피한 수용에서부터 인권의 가치를 위해 국가 간 분쟁에 개입해야 함은 물론, 빈민국에 대한 나눔 그리고 기후 변화의 원인 제거를 위한 국제적인 노력에 동참하지 않으면 페널티를 받을 각오를 해야 한다.

일류 경영이란 이렇게 자신의 업을 명확히 정의하고 업의 지평을 넓히는 것에서 시작해야 한다. 제주 경영의 업은 고객(주민, 투자자, 방문객) 중심의 가치 창조자(customer focused Value Creator)가 되는 것이다. 이것이 제주 경영의 업이라 할 수 있다. 이렇게 볼 때 어쩌면 제주 성장을 이룩하여 종국적으로는 국가발전에 이바지한다 함은 중앙정부의 지원을 이끌어 내기 위한 구실을 만들어 내는 사치스러운 목표에 불과할 수도 있다.

제주의 경영은 제주가 가진 자산 중 현재 보유하고 있는 핵심 역량(내재가치와 자연자본 등)을 바르게 평가하고, 제주의 지속적인 성장을 위해 부족한 핵심 역량(인적 자산, 자본 등)을 어떻게 국내외 시장으로부터 적기에 적량을 확보(유인, 유치, 유입 촉진)하느냐의 문제이다. 제주의 환경과 여건에 잘 맞는 녹색·청색산업과 창조산업을 어떻게 육성하며, 세계시장에 어떤 마케팅 방식을 원용하느냐의 문제이기도 하다.

삼성의 이건희 회장은 1995년 베이징 현지 기자간담회에서 "우리 정치는 4류, 우리 관료와 행정은 3류, 우리 기업은 2류"라는 말을 함으로써 혁신 요구에 대한 우리 사회(정치와 행정)의 부족함을 꼬집은 바 있다. 신념의 지도자인 싱가포르의 리콴유 전 수상은 일찍이 국가 경영 10대 원칙 중 하나로 "정치가를 멀리하고, 유능한 행정가와 경영자를 가까이하라(정치는 입으로 하고, 행정과 경영은 머리와 몸으로 하는 것이다)"고 함으로써 공동체 구성원을 잘살게 하려면 정치보다 경영이 훨씬 효율적임을 간파하였다.

대다수의 국민들이 일상생활에서 체감적으로 느끼는 정치와 행정의 낙후성과 비효율성은 아직도 진행형이다. 하지만 벌써 20여 년 전부터 정치와 행정에서 기업가 정신과 기업 경영방식을 도입하자는 논의가 활발하였고, 이제는 국가 경영이나 지방 경영이라는 말도 더 이상 생소한 개념이 아니다.

인류가 발견한 최고의 국가운영 제도가 민주주의라고 한다면, 기

제주의 프라이드와 미래가치경영

업은 특히 주식회사 제도는 인류가 발명한 것들 중에 가장 우수한 조직형태로 볼 수 있다. 즉 가치 창출을 최우선 목적으로 하고, 소득을 분배하는 조직으로서 가장 효율적인 조직이며 기업의 경영방식과 전략도 이익 우선에서 투명, 윤리, 가치창조, 상생, 사회공헌, 공유가치창조 등으로 진화하고 있다.

싱가포르는 기업형 국가 경영으로 세계 유수의 경쟁력 있는 국가가 되었으며, 일본의 코베(新戶)시는 이미 오래전에 '주식회사 코베시'로 불릴 만큼 일본에서 가장 활발하게 기업형 경영방식을 도입하여 지자체의 공공서비스를 제공하고 있다.[49] 이제 대부분의 지방정부도 지역주민의 삶의 질을 높이는 시민서비스 개선과 주민이 주인되는 지방주식회사의 성공을 위하여 기업형 생산성 제고와 마케팅 기법 도입 등으로 주민과 지역의 가치를 창출하는 지방경영전략을 모색하고 있는 것이다.

제주 경영, 그리 어렵지 않다. 현재 한국이 처해 있는 대북 관계 및 통일 대비 정책, 동북아의 긴장 관계, 국제외교를 포함하는 국방과 외교라는 커다란 문제는 중앙정부의 몫으로 돌리고, 자연자본이 월등히 우수하고 지정학적으로 유리한 입지를 가지고 있는 작은 섬 하나를 잘살게 만드는 일이기 때문이다.

일개 시민으로서 필자의 소박한 견해는 정치는 공동체가 공유할 수 있는 가치관을 확립하여 사회통합을 이루고 목표를 향한 시스템을 만드는 일이며, 행정은 그 시스템을 잘 관리하여 공동체 구성원에게 양질의 서비스를 제공하는 것에 다름 아니다. 경영이란 기업에서 공동체에 이르기까지 계획에서 성과를 내는 일련의 행위 등이라고 이해한다면, 이러한 정치, 행정, 경영이라는 모든 행위에는 고객(수요자인 공동체의 구성원)의 비용이 수반되므로 궁극적으로는 이러한 제반 행위 자체가 가치를 창조하지 못한다면 역시 제로섬 게임에서 벗어날 수 없다는 것이다.

가치란 넓게는 '어떤 사물의 의의나 중요성'을 말하지만, 좁게는 '상품이나 서비스로부터 얻을 수 있는 편익의 크기,' 즉 경제적 가치를 의미하기도 하며, 두 개념이 혼합되어 쓰이기도 한다. 영리단체든 비영리단체든 경영의 목적이 설립목적(존재이유, mission)에 부합하도록 공동체를 조직하고 운영하여 소기의 성과(미래의 꿈, vision)를 달성하는 것이라면, 모든 의사 결정 행위가 경제적(이익)·비경제적(의의) 가치를 높이는 방식으로 운영되어야 하는 것은 너무나 자명한 일이다.

이러한 관점에서 가치경영이라는 경영방식이 큰 주목을 받고 있으며, 근래에 들어 가치경영의 스펙트럼도 매우 넓어지고 있다. 통상적으로 가치경영(value management)이란 고객만족경영을 시발점으로 하여 고객의 숨은 가치를 능동적으로 찾아내는 고객가치경영 전략을 의미한다. 그러나 근래에는 여기에서 더 나아가, 보스턴 컨설팅 그룹이 2000년에 제안한 기업의 미래가치와 주주의 가치까지 높이기 위한 가치창조경영(가치중심경영, value based management이라고도 한다)이 대세이다. 한편 최근에는 기업이 소극적 사회적 공헌 활동에 그쳐서는 안 되며, 사회적 공유가치를 창출해야 한다는 공유가치창출 경영방식 등으로 진화하고 있다.

필자는 이 책에서 제주의 가치경영이란 두 가지 가치의 개념, 즉 공동체의 핵심적 가치관에 의미를 두는 정신적 가치의 개념과 고객과 가치창조자(주체)의 경제적 가치를 총괄적으로 포함하는 경영방식을 의미한다. 제주의 가치경영 전략으로 다음 세 가지의 경영방식을 묶는 '선순환(善循環) 가치경영'을 제안한다.

① 공동체의 가치관 프레임(미션, 핵심가치, 비전)을 확고하게 정립하고 제주 공동체 전체가 공유하는 '가치관경영'
② 고객 만족을 넘어 고객의 가치를 높이는 '고객가치경영'
③ 생산량이나 도민 소득 증대 등의 양적 성과에 머무르지 않고 공동체의 미래가치와 공동체 구성원의 가치를 창출하는 '가치창조경영'

3. 제주의 선순환(善循環) 가치경영

　　기업도 세계시장에서 강자와 맞서 경쟁하며 세계에 진출하여 생산기지와 유통 네트워크를 구축하기 위해서는 세계화와 지역화라는 두 트랙(two track)을 가치경영으로 살려야 한다. 필자가 기업을 운영하며 얻은 경험을 토대로 일류기업을 만들기 위한 가치경영의 요체(要諦)를 다음과 같이 단순화하여 제시할 수 있다.

- 명확한 비전의 설정(vision)
- 비전을 달성하기 위한 전략의 모색(mission)
- 핵심가치(core value)의 정립
- 기업의 가치를 높이는 선 순환 가치경영
- 고객과의 관계 설정을 위한 브랜딩과 마케팅

　　상기 기본 요소를 핵심가치 중심으로 잘 정렬하여 공동체의 구성원들과 소통하고 배려하면서 공감을 쌓고 궁극적으로 신뢰의 수준을 높이면, 기업의 가치와 주주(투자자)의 가치를 높이게 되고, 지속적으로 선순환 성장이 가능하게 되는 것이다.

기업에서 과거의 경영방식은 고객의 가치 창출에서 시작했으나, 근래의 출발점은 조직의 구성원인 직원의 행복에서 출발한다. 즉 조직의 구성원들이 행복을 느낄 수 있도록 동기를 부여하고 교육을 통하여 성취 욕구를 높이고 회사를 모두가 행복하게 일할 수 있는 일터(GWP: Great Work Place)로 만드는 것이 우선이다.

구성원은 혁신 의욕과 창의력으로 고객의 숨은 가치를 찾아내어 고객에게 제공하게 되며, 고객은 가격보다 높은 가치를 체험하게 되므로 만족하게 되고, 결과적으로 시장에서 기업의 가치는 높아지게 된다. 기업의 투자자는 투자가치의 상승에 대한 보상의 대가로, 회사와 회사의 구성원들에게 보다 높은 보상을 허용하게 된다. 높은 보상을 받게 된 구성원은 더욱더 큰 고객가치를 창조하게 되는 '구성원의 행복 → 고객가치 창조 → 기업가치 상승 → 구성원의 행복가치 성장'으로 순환되는 가치경영의 선순환 사이클이 완성되는 것이다.

제주의 가치경영 모형도 이와 유사하다고 생각한다. 제주가 세계 일류도시(global leading city)가 되기 위한 필요 조건은 구성원의 자부심이며, 제주의 자부심은 먼저 '제주의' 현재가치와 미래가치를 충분히 이해하는 것에서 시작된다. 또한 제주 공동체와 구성원이 지향하여야 할 핵심가치(core value)를 정립하여 공동체의 정체성을 재확인하고, 전 공동체가 공유함으로써 갈등이라는 사회적 비용의 낭비를 사전에 예방하여야 한다. 이렇게 해서 가치관경영이 제주 가치경영의 시발점이 된다.

제주의 고객 없이 제주의 발전은 생각할 수 없다. 누차 얘기했듯이, 제주 경영에서 제주의 고객을 세분하여 보면 내부 고객인 제주도민(주주)과 제주도정을 공익서비스를 담당하는 공무원, 외부고객인 관광객·투자자, 그리고 제주의 산물을 소비하는 국내외의 소비자로 구분할 수 있다. 제주의 '고객가치경영'이란 결국 이러한 제주의 고객들을 만족시키는 경영, 고객과의 관계를 강화하고 소통하면서 고객의 가치를 발견하는 경영, 그리고 고객이 제공하는 가치를 상품과 서비스의 가치로 고객에게 되돌려주는 경영으로서, 결과적으로 내부 및 외부의 고객가치를 함께 높이는 경영방식이다.

고객의 만족과 감동을 넘어서는 마케팅 전략으로 고객이 지불하는 비용보다 더 큰 만족의 가치를 고객에게 제공할 수 있을 때 제주가 고객의 인식 속에 최초의 진입자가 되는 '제주인에 의한' 고객가치경영이 실현될 수 있다. 그리고 현재가치 중심에서 미래가치, 즉 공동체의 중장기적 가치에 초점을 맞추는 경영전략에 중점을 둘 경우, '제주와 제주인을 위한' 가치창조(가치 중심, 가치 중시) 경영으로의 패러다임 시프트가 가능하다. 즉 일생을 제주에 기쁜 마음으로 투자하고 있는 주주인 제주도민들의 총 주주수익(현재의 소득과 제주 미래가치 상승 차익의 합계)을 높이기 위한 고려가 제반 전략의 중심이 되는 경영이 이 책에서 강조하는 가치경영의 마지막 단계인 '제주와 제주인을 위한' 가치창조경영이다.

기후변화와 지구 온난화 현상의 심화로 인해 제주 자연자본의 가치는 미래로 갈수록 놀라울 정도로 높아질 것이 분명하다. 이러한 자연자본의 가치를 예측하고 그에 맞는 산업으로의 균형적인 포트폴리오를 구성하는 한편, 제주의 비전, 브랜드, 생산물 등을 통합적으로 마케팅할 수 있는 에이전시(agency)의 설립도 고려해야 한다.

〈그림 7-1〉의 기본 모형에서 보다시피, 제주의 가치경영은 가치관

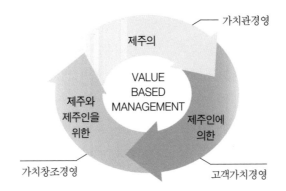

경영에서 시발하여, 가치창조경영까지의 선순환 구조를 가지면서 제주의 정체성을 확립하고, 제주와 제주도민의 현재와 미래가치를 높이는 경영전략이라 할 수 있다.

제8장

'제주의' 가치관경영

1. '주식회사 제주'와 세계일류기업의 조건

2014년 1월 제주특별자치도와 제주상공회의소가 주관하고 우근민 도지사가 직접 좌장을 맡아 '제주 경제의 도약을 위한 도민 대토론회'가 개최되었다. 제주발전연구원이 발표한 '제주 경제 변화와 미래비전' 자료에 의하면, 과거 10년(2001~2010)간은 국제자유도시 주요 프로젝트 추진에 따른 가시적 성과는 미흡하였으나, 최근 3년간의 제주의 경영실적 수치는 양호하며, 몇 개의 평가 항목에서는 전국 1위라는 성적표를 받았다.

- 경제성장률(GRDP): 2012년 5.3%, 전국 1위(전국 1.9%)
- 1인당 GRDP: 2012년 21.44백만 원(전국 평균의 84.1%)

- 순 유입인구 증가율: 2013년 7,151명(전국 1위, 세종시 제외)
- 고용률[50]: 2013년 70.8% 전국 1위(전국 60.5%)
- 수출: 2013년 650백만 불(← 2010년 348백만 불)
- 관광객: 2013년 10백만 명 돌파(외국인 2백만 명 돌파)
- 관광 조수입: 2013년 6조 5천억 원(← 2010년 3조 4천억 원)
- 재정자립도: 2013년 30.0%(← 2010년 25.7%)

최근 3년간의 제주 경제거시지표가 타 지자체보다 우수하다고는 하지만 경제성장률 5.3%에 관한 산업별 성장 기여도는 예상과는 달리 관광서비스산업(15.3%)이 농림어업(23.4%)에 한참 뒤처지고 있다.[51] 이는 두 가지 점에서 우리가 관심을 가져야 하는 내용이다. 하나는 우리 도민의 기초적 생업인 농축수산업의 중요성과 성장성, 상대적으로 높은 기여도 등을 보여주고 있으며, 다른 하나는 관광객 수의 급증이 제주 경제의 활성화에 어느 정도 기여하고 있지만 실제적인 과실이 제주도에 귀속되고 있느냐는 세간의 의문에 정확한 답을 주고 있지 못하고 있다.

그러나 도지사선거를 몇 달 앞 둔 시점이라 그런지 이 토론회에서 발표된 2018년 제주 경제의 미래 비전은 온통 장밋빛이었다.

- GRDP: 20조 원(← 2012년 12조 원)
- 1인당 GRDP: 3만 불
- 관광객: 15백만 명(외국인 5백만 명)
- 관광수입: 11조 원(← 2013년 6.5조 원)
- 1차 산업: 5조 5천억 원(← 2013년 3조 2천억 원)
- 수출: 16억 불(← 2013년 6.5억 불)

제주의 프라이드와 미래가치경영

• 인구: 70만 명(← 2013년 60만 4천 명)

대한민국 국민 모두는 물론 제주도민도 1인당 국민소득 증대가 행복의 절대적 조건이 아님을 안다. 정치지도자들만 미래의 수치로 국민을 토닥이려고 한다. 홍콩은 2012년 기준으로 1인당 GDP 3만 6천 불 수준으로 제주의 2018년 미래비전인 3만 불을 넘어서고 있지만 홍콩시민의 삶이 제주도민의 삶보다 결코 나아보이지 않는 이유는 무엇일까? 사업차 홍콩을 방문할 때마다 느끼는 것이지만 빈부의 격차는 우리보다 더욱 심해 보이고, 매일을 살아가는 직업의 스트레스나 도시환경 또한 매우 열악하다. 반복하는 이야기이지만, 이와 같이 수치상의 1인당 소득이 높다고 행복하거나 삶의 질이 좋다고 볼 수는 없다. 파이(생산과 소득)를 키우는 것도 중요하지만 행복은 조건이 아니고 선택의 문제이다.

정치와 행정, 기업 경영은 모두 공동체 및 구성원의 가치를 높이는 행위로 이해할 수 있다. 이러한 관점에서 정치와 행정을 경영으로 치환하여 제주 공동체의 발전전략을 기업 경영과 같은 맥락에서 파악하여 제주가 어떻게 변화해야 하는지를 검토해보고자 하는 것이 제주의 가치경영에 초점을 맞춘 이 책의 논점이다.

제주 경영을 위한 원칙과 전략 등을 살피기 위하여 제주를 '주식회사'로 파악한다면 어떤 구조인가를 살펴보자.

제주의 총생산 규모는 2013년 기준으로 우리에게 친숙한 이마트(약 13조 원, 2020년 60조 원 목표), 대한항공(약 12조 원)의 매출 정도의 수준이다. 그리고 각 지자체가 스스로 부채를 해결하고 살림을 꾸려나갈 능력이 있는지를 볼 수 있는 재정자립도는 30% 수준(서울 90%, 경기도 70% 수준)으로 전국 평균 50%를 하회하고 있다.

+ 사업목적
  - 정관 1조: 주주인 제주 주민(내외국인)의 헌신(whole life investment)에 대한 "행복" 배당
  - 정관 2조: 국제 경쟁력 있는 세계일류도시를 창조하여 세계화, 지방화의 선도적 거점으로 국가발전 및 세계평화에 기여
+ 주주: 제주도민 60만(2013.12 현재) → 향후 5년 이내 70만 예상
+ 경영진: 도지사, 도의원 외
  4년마다 주주총회(지방선거)를 통하여 선임
+ 직원: 공무원 5,095명(2013)
+ 연간 예산규모: 약 3조 5천억 원(2014)
+ 재무상태: 재정자립도 32% 목표(2014)
+ 고객: 주민, 내외국인 투자자, 관광객, 제주 산물의 소비자 등
+ 총생산(GRDP): 약 12조 원(2012)
+ 주요 보유 브랜드: 한라산, 올레, 삼다수, 제주감귤, 유네스코 지정 생물권보전지역, 세계자연유산, 세계지질공원, 세계7대자연경관
+ 시장 점유비: 약 1%
+ 지방정부의 거버넌스와 기업 경영구조의 유사성
  - 기업의 감사 vs 감사위원회
  - 주주의 집단소송제 vs 주민소환제 등

〈표 8-1〉 전국 1% 제주 현황

구분	한국 전체(A)	제주도(B)	전국 대비 비율 (A/B)
면적(km^2)	99,720	1,847	1.8%
인구(천 명, 2014. 4월)	51,202	598	1.1%
유권자수(천 명, 2012)	38,953	430	1.1%
국내총생산(조 원, 2013)	1,428	11.3	0.8%
년 예산(조 원, 2013)	342	3.5	1.0%

제주의 프라이드와 미래가치경영

중앙정부를 16개 지자체의 지주회사 내지 그룹의 모회사로 파악해 본다면, 제주도라는 계열회사는 자생 능력이 매우 부족하여, 매년 사업계획 추진을 위하여 모회사의 재정 지원을 받는 회사와 유사하다. 제주의 성장잠재력과 내재가치에 비하여 현재는 우량기업 수준에 미달하며, 제주가 세계일류기업(global leading company)이 되기 위한 충분조건에 무엇이 부족한지 검토하는 것도 의미가 있을 것이다.

로버트 레버링(Robert Levering)은 미국 샌프란시스코 지역의 신문기자 출신인 경영 컨설턴트였다. 미국이 대내외적으로 쌍둥이 적자(재정적자와 무역적자) 속에서 허덕이던 1980년대 초의 악조건 속에서도 경쟁력을 유지하고 있는 미국의 초일류 기업들의 특징을 관찰하고 분석했다. 그 결과, 높은 급여나 훌륭한 복리후생, 좋은 시설과 제도 등이 초일류 기업을 만든 원인이 아닌 것으로 나타났다. 중요한 것은 바로 자부심(pride), 신뢰(trust), 즐거움(fun)이었다. 첫째, 회사의 규모가 크고 작은 것에 관계없이 회사에 대한 주인 의식을 갖고 스스로 강한 프라이드를 갖고 있었으며 둘째, 종업원과 그들

〈표 8-2〉 세계일류기업의 조건과 제주 창조전략의 유사점

세계일류기업의 조건	로버트 레버링	제주 창조전략
(회사규모와 무관하게) 주인의식＋강한 자부심	Pride	Island of Pride 창조를 위한 홀로서기 노력(自助)
경영진과 구성원이 끈끈한 신뢰관계(CEO Value)	Trust	제주주민과 Leadership 간의 소통과 배려 (Leadership Value)
행복한 일터 (Grate Work Place)	Fun	행복한 삶의 터전 (Premium Destination)

의 상사와 경영진이 서로 믿고 존경하며, 공정하게 대하며, 셋째, 동료, 고객, 가족을 포함하여 모든 것에 대해 항상 흥미와 즐거움을 느끼는 것이었다.

상사와 경영진에 대한 높은 신뢰, 업무와 회사에 대한 강한 자부심, 동료들끼리 재미있게 일하는 모습이 바로 초일류 기업들에서 공통적으로 나타나는 현상이었던 것이다. 레버링은 이것을 GWP(Great Work Place)라는 개념으로 구체화하여 'GWP 신뢰경영지수'를 만들어 냈고, 이것이 바로 세계적 경영 매거진인 포춘의 '일하기 좋은 기업 베스트 100'이 만들어진 유래이다.[52]

로버트 레버링의 세계일류기업이 되기 위한 조건을 대입하여 제주가 동아시아의 일류 도시가 되기 위한 전략으로 필자는 다음 세 가지를 제안한다.

첫째, 자긍의 섬(Island of Pride)을 만들기 위한 홀로서기 노력(自助).
둘째, 제주의 훌륭한 리더와 주민 간의 소통과 배려를 통한 *끈끈한 신뢰와 통합*.
셋째, 행복한 삶의 터전(Premium Destination)을 만들기 위한 가치경영이다.

필자는 이를 제안하며 이것이 추진되는 과정에 주민이 함께 참여하여야 하고, 그 결과는 주민에게 귀속되어야 한다고 주장하고 싶다.

2. 가치관경영과 제주의 핵심가치

> 부자가 되는 것보다 풍성한 영혼을 갖는 것이 더 낫다.
> (It's better to have a rich soul than to be rich.)
>
> _Olga Korbut

     가치관경영은 제주 가치경영의 시발점으로서 가치경영의 척추(backbone)라 할 정도로 핵심적인 기준이 된다. 가치관경영은 조직의 존재이유(mission)를 정의하고, 핵심가치(core value)를 사전에 분명하게 설정함으로써 미래의 꿈인 목표(vision)를 향하여 조직과 구성원 모두를 하나의 트랙 위로 달려 나가게 하는 것이다. 특히 핵심가치의 정립을 통하여 조직의 사명과 일의 의미(value)를 일깨우게 하여 공동체의 자부심을 높이고 구성원의 충성도를 높인다.

     삼성이 전 세계의 우수인력을 모아 세계 제1의 창의적인 제품들을 생산하며 대한민국 인재의 사관학교라고 불리는 것도 '인재제일'이라는 핵심가치를 일찍이 정립하였기 때문이며, 국순당의 성공 요인도 직원들이 '우리 술에 관한 한 대한민국 공무원'이라는 자부심을 핵심가치로 정의함으로써 우리 전통주를 산업화하여 성공한 것이다.[53]

     가치관경영의 전파를 위해 동분서주하고 있는 가치관경영 전도사인 IGM 세계경영연구원의 전성철 회장은 ① 구성원 간에 분위기가 침체되었거나 마음이 흐트러져 뭉쳐 나아갈 미래의 꿈이 흐릿해져서 우왕좌왕하는 등 전반적인 혁신이 필요할 때, ② 경영환경의 중요한 변화가 일어났을 때, ③ 경영성과와 당초 목표와의 차이가 날 때를 조직의 가치관 재정립의 시기로 본다.

제주의 현 시점은 어떠한가? ① 제주공동체 구성원 전원의 마음을 하나로 모아도 부족한 제주 미래의 건설 테마 속에서 여러 가지 갈등적인 이슈가 양산되고 있고 도민의 에너지가 집중되지 못하고 불필요하게 낭비되고 있으며, ② 국제자유도시 조성이라는 비전 또한 무력화되고 있는 현실에서 ③ 제1차 종합계획 핵심 목표에 대한 초라한 성적표와 유사한 전철을 밟을 것 같은 제2차 계획의 시동 등 현재의 여건 등으로 볼 때 지금이야말로 제주의 가치관 재정립이 꼭 필요한 시점이라 생각된다.

▌ 제주의 핵심가치(Core Value)

> 기업에서 비전이나 핵심가치가 없는 것은
> 영혼이 없는 것과 같다.   _전성철

경영을 책임지는 CEO의 가치관은 미래 비전의 가치관 정립(혹은 재정립)과 실행에 있어서 절대적인 영향력을 미친다. 제주도정의 핵심가치를 도청의 공식 홈페이지에서 찾을 수 없다면 CEO의 가치관이 애매함을 나타낸다. 매일 매일 내려야 하는 수많은 단기적 결정과 중장기 정책 방향에 대한 CEO의 결심과 선택은 그 가치관의 소산이다. 그러나 때로는 명확하게 구성원과의 합의와 공유를 수반하지 않는 제주도정의 가치관은 혼란과 갈등만을 유발하게 되고 예측 불가능한 정책에 대한 피로감과 방황만을 초래하게 된다.

제주의 프라이드와 미래가치경영

기업경영에서 '핵심가치'란 공동체 전체가 지향하여야 할 핵심적인 가치관을 의미하며, 전략 및 정책 선택의 기준으로 여러 가지 길이 있을 때 중요한 기준을 제시한다. 즉 핵심가치란 선택의 기로에서 의사 결정을 내려야 할 경우의 가장 중요한 나침반 역할을 하게 된다. 쉬운 예로 크로스컨트리 경기 도중의 선수 또한 많은 결정을 내려야 한다. 속도를 그대로 유지할 것인지, 부상의 위험이 있지만 빠른 길을 택할 것인지, 느리지만 안전한 길을 택할 것인지 또는 심판의 눈을 따돌리고 잠시 아스팔트 깔린 도로를 이용해버릴 것인 것 등등. 이 경우 선수가 경기에 임하는 핵심가치가 '안전', '정직', '스피드' 중 어느 것이냐에 따라 어느 길을 택할 것인지, 즉 전략이 달라질 수 있는 것이다.

위대한 기업의 뒤에는 항상 훌륭한 핵심가치가 숨어 있다. 소니는 '개척자 정신,' 즉 남이 가지 않은 길을 간다는 정신으로 워크맨, 캠코더 같은 독창적인 제품을 생산하였고, 맥도널드는 품질, 서비스, 청결을, 월트디즈니는 창의력, 꿈, 상상력을 핵심가치로 규정하고 있다.

기업에 핵심가치가 없거나 불분명하면 하루에도 수십 번씩 내려야 하는 결정에 직면하여 구성원 간 소모적인 논쟁으로 갈등의 골이 깊어지고, CEO가 일일이 지시하여야 하므로 CEO의 생산성도 떨어져 다른 일을 할 수가 없다.[54]

공동체의 핵심가치란 공동체 구성원이 잘사는 것과 바르게 사는 것 중의 선택일 수도 있으며, 외적 성장, 스펙, 출세 금전, 부(富) 등의 가치와 안전, 도덕, 배려, 나눔, 정의, 인격 등 다른 가치가 서로 충돌할 때의 결정기준이 되기도 한다. 이렇게 핵심가치란 조직의 구성원들이 경영 이념(vision & mission)을 달성하기 위한 주요한 신념과 행동(선택과 집중)의 기준이 되는 가치관이므로 제주의 곳곳에서

표출되고 있는 제주도민의 갈등과 제주도민 본래의 정서 등을 감안하여 제주의 핵심가치를 다음과 같이 통합적으로 정리해도 큰 무리가 없을 것으로 보인다.

- 자존(自尊)의 정체성
- 자연자본의 가치 존중
- 신뢰와 통합의 리더십

이러한 제주의 핵심가치가 잘 정립되고 공동체 내에 잘 공유되고 있을 경우에는 사회적 갈등 해결과 선택에서 분명한 나침반 노릇을 한다. 예를 들어 ① 중앙정부 의존에서 자조자립의 방향으로 정책을 선택하고 전환하는 경영전략의 채택이 가능하고(예: 중앙정부만 쳐다보다 실기할 수 있는 신공항 건설 사업의 경우, 중앙정부의 국비에 의존하지 않고 국제 컨소시엄에 의한 프로젝트 파이낸싱(project financing) 방식으로 추진), ② 외국인 투자유치를 위하여 중산간에 복합리조트 건설을 허가할 것인가의 문제도 자연가치 보존이라는 핵심가치가 우선이 된다면 판단의 기준이 분명해질 수 있을 것이며, ③ 내국인 카지노가 제주의 주 수입원(cash cow)이 될 수 있는 산업이므로 적극적으로 추진해야 한다거나 또는 그러지 말아야 한다 등의 갈등도 '제주다움이 최고의 자산이며 경쟁력'이라는 '문화적·도덕적 자존(自尊)의 정체성'을 가치기준으로 삼는다면, '소통, 배려 및 신뢰'라는 핵심가치로 도민의 합의를 확인하는 것은 그리 어렵지 않을 것이다.

핵심가치는 액자에 담아 걸어 놓는다고 또는 홈페이지에 그럴듯하게 표현한다고 내재화되고 공유되는 것이 아니다. 리더의 솔선수범적 실천과 정책적 결정에서 이를 분명히 할 경우, 구성원의 변화가 일어나며 핵심가치의 공유화가 일어난다. 최고경영자를 포함한 제주의 리더들에게 제주 핵심가치를 분명히 재정립하고, 그것의 전파와 제주도민 모두의 공유를 위한 전도사가 되어달라고 하는 것은 결코 사치스러운 요구가 아니고 제주도민의 당연한 권리이다.

3. 제주의 내재가치

제주의 내재가치(內在價値, intrinsic value)[55]란 창조주가 제주에게 내려주시며 축복하신 가치이기도 하며, 우리들 인간의 평가와는 무관하게 본질적으로 내재되어 있는 가치를 의미한다. 조상들이 살아 왔고 우리가 현재 살고 있으며, 또 우리 후손들이 살아갈 삶의 터전인 우리 제주도를 바르게 이해하기 위해서는 먼저 제주도의 내재가치를 바르게 파악한 후에 제주의 미래가치를 정리해 보는 것이 필요하다.

제주의 본질가치인 내재가치의 파악이 우선인 이유는 ① 제주 비전으로 국제자유도시가 적합한 설정인지, ② 제주 전역을 파헤치고 있는 다수의 개발 프로젝트들이 과연 제주의 미래가치를 훼손하고 있지는 않은지 또 이 시점에 필요한 것들인지, ③ 제주도정이 올인하고 있는 국내외 투자유치정책은 올바른 것인지, ④ 국내외 관광객과 제주 정주인구의 증대를 위한 제반 유치정책들은 바른 방향으로 가고 있는 것인지 등에 대한 판단을 함에 있어서 간명한 기준과 잣대

(simple & clear criteria)를 제공할 수 있기 때문이다.

합리주의적 시각에서 볼 때, 소비자나 수요자는 자신이 지불하는 가격(price)보다 더 높은 가치(value)를 가진 상품이나 서비스가 아니면 구매행위를 하지 않는다. 이러한 단순한 경제논리를 근거로 타당한 가격의 책정(maketable price)과 수익의 최대화(maximum revenue)를 도모하기 위해서는 제주의 내재가치를 분명하게 이해하는 것이 우선이다. 제주의 내재가치에 대한 명확한 이해는 제값을 받기 위한 마케팅 전략 수립의 필수적 요소일 뿐만 아니라 자신이 내재가치에 대한 확신을 갖지 못하면 타인을 설득시키기 어렵다는 논리에서 비롯된다.

필자는 제주인이라면 누구나 알고 수긍하는 대표적인 세 가지, 즉 전략적 입지(strategic location), 한정판(limited edition), 최상의 삶의 질(prime quality of life)을 '제주의 내재가치'로 정리한다. 그러나 기존의 시각과 조금은 다른 관점에서 독자들의 이해를 구하고자 한다.

1) 전략적 입지

흔히 국제자유도시로서 제주의 입지는 비행시간 1시간 내에 인구 100만 이상이 거주하는 60여 개 도시 등으로 쉽게 설명한다. 그러나 그보다 훨씬 더 큰 배후시장이 있음이 지적되어야 한다. 제주는 환황해경제권(the yellow sea economic basin) 메가시티(mega-city)의 중심으로 동아시아의 허브인 동시에, 환태평양경제권(the pacific economic basin)과 맞닿는 최접점(edge)에 있다. 이러한 제주의 지정학적·지경학적 입지를 이해하지 못하고서는, 제주가 숙명적으로 어떤 전략적인 곳에 자리 잡고 있는지를 설명하기는 어렵다.

▌ 환황해경제권: 동아시아 글로벌 도시들의 허브

중국의 동해안, 한국의 서해안과 남해안 및 일본의 규슈 지방까지 포함하는 '환황해경제권(環黃海經濟圈)'에 대한 논의는 일찍이 2002년 한·중·일 지방자치단체 간의 협의로 시작하여, 지금까지 해당 지역의 발전 논리로 지속되어오고 있다. 인천 송도 신도시(국제비즈니스 중심)와 영종도 신도시(국제자유도시) 개발사업, 전북의 새만금 개발사업(서해안 발전전략의 중심축)을 비롯하여 김성순 전 의원이 제창한 '신청해진 프로젝트,' 전남 영광, 무안의 '황해항 테크노폴리스' 사업 등 모두가 국제자유도시 형태의 국제항만산업도시를 건설하여 환황해경제권의 중심도시로 육성하자는 것이다.

충남 안희정 지사의 내포 신도시(환황해경제권의 중심도시) 개발사업, 전라북도 새만금 사업(동북아 경제중심도시) 등에서 알 수 있듯이, 최근에는 글로벌화가 일반적인 추세가 됨에 따라 국가 간의 경쟁보다는 각 지자체의 환황해경제 거점지역 및 선점전략으로 일반화되고 있는 추세다.

이와 같이 지자체마다 환황해경제권의 중심도시가 되는 전략을 짜고 고심하고 있으며, 모두들 제주와 유사한 국제자유도시를 지향하고 있다. 앞 장에서 논의한 국제자유도시가 제주만의 전유물이 아닌, 즉 '국제자유도시의 무력화'가 현실화되어가는 과정의 중심에 '환황해경제권'이 있다.

인천 송도 신도시 개발을 위한 프로젝트 파이낸싱팀을 이끌었던 'Doran Capital Partners Korea'사의 〈그림 8-1〉과 같은 그림은 환황해경제권의 가치를 명료하게 설명해 주고 있다. 이 프로젝트의 책임

인구 백만 이상의 도시 60여 개 위치

경제권 안의 중국 연안은 세계 3위의 교역국인
중국 전체 교역량의 57%를 담당

그 맞은편의 한국 서해 경제권은
대 중국 교역량의 71%를 담당

일본의 규수 지방만 하더라도 인구 1,500만,
네덜란드, 호주와 같은 수준의 경제규모

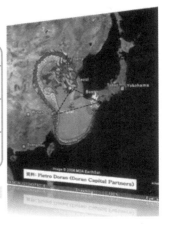

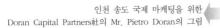

인천 송도 국제 마케팅을 위한
Doran Capital Partners社의 Mr. Pietro Doran의 그림

자인 피에트로 도란(Pietro Doran)은 "The Yellow Sea Economic Basin: The Rising Dragon of Asia(Korea's Economy 2005)"라는 글에서 하루 이내에 물류의 이동이 가능한 환황해경제권을 승천하는 용에 비유하면서 이 지역의 경제발전이 세계경제 동력의 공급자(power house)가 되어 세계 경제중심의 축이 남에서 북으로 이동하는 현상을 가속화할 것으로 예견한 바 있다.

〈그림 8-1〉은 도란(P. Doran)이 송도의 전략적 입지를 강조하기 위하여 용이 물고 있는 여의주의 위치를 인천 송도로 그려, 향후 송도가 환황해경제권의 중심도시가 될 것임을 보여주고 있다. 그러나 필자는 이 그림 위에 서울, 상하이, 오사카를 연결하는 삼각형을 덧입혀 그림으로써 제주가 바로 그 삼각형의 중심에 위치하고 있으며, 환황해경제권의 세 중심도시의 중심, 즉 허브(hub of megacities)가 제주임을 설명한다.

■ 환태평양경제권: 태평양경제권을 위한 게이트웨이(gateway)

　　세계는 글로벌화가 진행되면서 정치적 국경 이외에 경제·문화 등의 분야에서 국경 없는 세계공동체로 진화하고 있다. 특히 자국의 경제성장만을 우선시하는 보호무역에서 벗어나, 자유무역을 근간으로 하는 양자간 내지 다자간 경제협력 방식이 일반화되고 있는 추세이다.

　　이러한 무역자유화는 국가 간 또는 지역 내 개방을 통해 경쟁을 심화시킴으로써 생산성을 향상시키고 상품과 서비스의 질을 높이는 효과를 가져오고 있다. 이러한 무역 활성화에 따라 경제성장의 원동력으로 외국인 직접투자(FDI)의 증대를 촉진하는 정책도 함께 고려하고 있다.

　　우리나라는 현재 ASEAN, 미국, EU를 비롯한 10개 국가와의 FTA(Free Trade Agreement: 자유무역협정)를 체결하였거나 발효가 되었으며, 한중, 한중일, 인도네시아 등과 7개의 조약을 협상 중이며, 그 외 일본과의 협상 재개를 포함하여 약 10개의 협약을 준비 중이거나 공동연구 중으로 거의 전 세계와 자유무역협정이 진행되고 있는 현실이다.

　　한편 이와는 별도로, 우리나라는 환태평양(The Pacific Rim) 국가이며, 지난해 11월에 지구상 가장 큰 FTA라 할 수 있는 TPP(Trans-Pacific Partnership)에 한국이 참여 의사를 천명하면서 '환태평양경제권(環太平洋經濟圈)'이 우리나라에서 다시금 큰 주목을 받고 있다.

　　TPP 또한 FTA와 동일하게 국가 간 완전개방을 추구하며 빠른 속도로 자유무역을 지향하고 있다. 〈그림 8-2〉에서와 같이, 현재 TPP에 참여하고 있는 국가는 12개국이며 인구는 총 8억 명이고, 참여국 GDP 합계는 약 27조 달러로 전 세계 GDP의 약 40%에 육박하는

거대한 시장이다. 미국을 중심으로 한 TPP 참여 12개국은 2013년 말 싱가포르에서 마무리 협상을 진행한 바 있으나, 최종 합의에는 실패하였으며 한국은 뒤늦게 참여를 결정함으로써 창립 멤버로서의 프리미엄은 향유할 수 없을 것으로 보인다.

신중론도 만만치 않다. 인하대학교의 정인교 교수는 "한국의 TPP 참여는 사실상 한일 FTA의 체결로 봐야 하며, 대일 무역역조, 소재부품 산업이나 공산품 등 분야에서의 피해 등을 고려하면 전체적으로 GDP 증가효과도 0.1~0.2%로 매우 미미할 것이라고"이라고 추정했다.[56] 그러나 참여비용에 비해 이득이 큰 동 협약이 기존 FTA의 효과를 저감하지 않는다면 미국과 일본이 주도하는 동 협약을 배척할 필요는 없으며, 우리나라는 원칙적으로 TPP의 참여를 적극 추진하고 있다.

우리 제주인들은 흔히 자조적으로 1%의 변방이란 말을 자주 쓴다. 인구와 총생산이 대략 한국의 1% 수준으로, 특히 유권자의 숫자도

〈그림 8-3〉 제주가 변방인가? 중심인가?

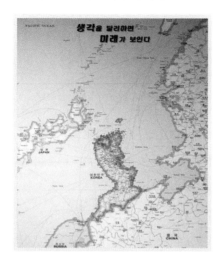

출처: 김태호 전 경남도지사의 집무실에 걸렸던 지도

그러하니 정치적 영향력도 그 수준임에는 틀림없다. 그러나 〈그림 8-3〉을 보면 제주는 결코 변방이 아니다.

아시아 대륙과 한반도의 입장에서 보면 가장자리(edge)이지만 그 'edge'는 'leading edge(최첨단, 독보적)'이며 'competitive edge(우위경쟁력)'이다. 더 더군다나 환태평양지역과 연관지으면 그곳으로 나아가는 길목의 전초기지이며 환태평양 국가들이 우리나라로 들어오는 관문(gateway)이다.

> 천하에 어디 중심이 있으랴.
> 우리가 발 딛고 선 땅이 공처럼 둥근 것이라면 누구나 어디에 서 있건 중심이 된다.
> 문제는 그 사람의 마음이다.

항상 중심에 서서 살아가면서도 변두리 의식을 버리지 못하면
그는 영원한 주변인이다.[57]

주지하듯이, 이러한 제주의 전략적 입지는 숙명적으로 환태평양경
제권과 환태평양경제권 교집합의 중심도시가 될 수 있는 매우 뛰어난
가치를 가지고 있다. 제주가 가진 내재가치 중 으뜸인 이러한 전략적
입지를 제대로 이해함으로써 제주의 발전전략과 아울러 한국과 동아
시아에서의 역할이 무엇인지에 대한 고민의 첫 걸음이 시작된다.

2) 한정판: 유한성(有限性)과 희귀성(稀貴性)의 가치

제주의 공기, 물, 바람, 토지는 제주의 자연자본의 한정판 가
치 중 으뜸이다. 공기와 물, 바람은 남에게 양도하여도 재생 가능한
순환성 자연자본이기는 하지만 낭비는 허용되지 않는 자원이며, 제주
의 토지는 남에게 소유권이 넘어가면 다시 되찾아오기 힘든 한정성
의 자원이다.
제주 자원의 대부분은 양이 제한되어 있으며, 귀한 것이 특색이다.
필자는 이것을 부족하기 때문에 불리한 것이 아니라, 흔하지 않기 때
문에 고가의 가치를 가진다고 생각한다. 즉 이러한 제주 자원의 "양의
제한성과 희귀성"을 필자는 한정판(limited edition)이라고 표현한다.
도서 출판의 경우에는 시장이 좁고 소수의 독자가 예상될 때 한정
판을 찍어 내지만, 자동차의 경우나 일부 상품의 경우에도 가끔 발견
할 수가 있다. 한정판이란 쉽게 아무 때나 구할 수 있는 것이 아니라
상품의 수가 제한되어 있다는 것을 소비자에게 알려 구매 욕구를 촉

제주의 프라이드와 미래가치경영

발하는, 주로 명품 판촉의 경우에 쓰이는 마케팅 전략 중 하나이다.

이러한 한정판의 상품을 가진 사람은 제한된 수량 중의 하나를 자기가 소유하고 있다는 것만으로도 자기가 지불한 대가보다 더 큰 만족과 자부심(pride)을 얻게 된다. 제주의 내재가치 중 하나로 이 한정판 개념을 도입하여 설명하는 것은 우리 제주인들이 이 한정판 속에서 일상을 살고 있는 주민이기 때문에 스스로 충분히 자부심을 느껴야 한다는 점이다.

우선 면적이 1,847km²로 한국에서는 제일 큰 섬이지만, 한반도의 약 1% 미만(0.8%)의 크기 밖에 안 되는 섬이니 토지가 제한되어 있다는 것이 너무나 당연하다. 더욱이 한라산 국립공원이나 생태 보전지역 등을 제외하면 개발 가능지역은 지극히 제한적이다. 그래서 제주의 토지는 한정판이며 고가 명품의 내재가치를 기본적으로 가지고 있다. 명품은 좀처럼 바겐세일을 하지 않는다. 그래서 제주의 토지는 바겐세일의 대상이 아니라 선택된 사람만이 소유할 수 있는 고가의 희귀한 명품이다.

재충전과 휴식을 위하여 서울시민들이 주로 찾는 동해안이나 서해안도 휴가철이면 4~5시간은 족히 고속도로 위에서 버릴 각오를 하여야 한다. 하지만 자동차로 약 30분이나 1시간이면 제주도 내 가고 싶은 곳을 교통혼잡에 따른 짜증 없이 편하게 갈 수 있는 아담한 크기의 이 섬은 어디든 가고 오면서 창조주의 걸작품인 유네스코 3관왕과 세계7대경관까지 감상할 수 있다. 이러한 천혜적인 제주의 자연도 제주인과 제주를 방문하는 소수의 사람들에게만 접근과 향유가 허용되는 한정판이다.

한정판인 제주의 토양과 물이 탄생시키는 제주의 농축수산물은 명실공히 한국 최고의 프리미엄급 청정산물이 될 수 있는 조건을 갖추고 있다. 제주라는 특수한 자연환경에서만 생산되므로 공장을 증설함으로 생산량을 계획대로 늘릴 수 있는 상품이 아니다. 즉 생산량이 제한되어 있으므로 이 또한 한정판이다. 선택된 자만이 고가의 가격을 지불하고 먹거나 마시며 자부심을 느낄 수 있는 명품이다. 이것이 명품들이 한정판 전략을 즐겨 사용하는 이유다.

제주생수의 증산을 통한 매출증대가 능사가 아니라, 제한된 수량을 고가에 판매하여, 선택된 소비자들에게만 한정적으로 공급하는 전략을 써도 매출이익은 더 커질 수 있으며, 소비자는 이에 더 큰 만족을 얻을 수도 있다. 이러한 여러 가지 예에서 보듯이 한마디로 제주는 한정판의 진수라 해도 지나치지 않다.

3) 제주인의 삶의 질

필자는 특히 외국의 투자자들에게 제주의 삶의 질을 아래 세 가지로 쉽게 요약하곤 한다.

① Wonderful Nature(Masterpiece of Nature)
　신이 주신 최상의 걸작품인 제주 자연
② Clean & Green Products(Born in Jeju Nature)
　제주 자연이 출생시킨 청정산물
③ Premium Quality(Low Cost & Less Stress) Living
　상위의 삶의 질

상기 세 가지 요소는 인간의 삶과 관련된 가장 기본적인 세 가지,

제주의 프라이드와 미래가치경영

즉 의식주(衣食住)에서 덜 중요한 의(衣), 곧 옷을 제외하고, 대신 총체적인 삶의 질을 설명하고 있다.

▌ 제주 자연: Wonderful nature(Masterpiece of Nature)

> 태초에 하나님이 천지를 창조하시니라.
> 하나님이 뭍을 땅이라 부르시고 모인 물을 바다라 부르시니
> 하나님이 보시기에 좋았더라.
>
> _창세기 1: 10

제주의 자연은 창조주가 지으신 걸작 중의 걸작이다. 유네스코 3관왕이나 세계7대경관이란 타이틀은 그냥 제주 자연의 수식어일 뿐이다. 그랜드캐니언 대협곡이나 나이아가라 폭포, 아마존 밀림 등 세계 도처의 자연의 걸작품과 비교하여 규모는 작으나 아담한 사이즈의 면적 내에 아기자기한 제주의 자연은 창조주에 대한 또 다른 경외심을 일으키기에 충분하다. 제주도 전체가 하나의 잘 디자인된 공원이며, 온갖 자연의 걸작품을 감상하며 마음을 치유할 수 있는 예술품의 전시 갤러리이며 문화공간이다.

지난 가을, 답답한 마음도 풀어볼 겸 단풍 구경을 하러 서울에서 내장산을 간 적이 있다. 때가 때인지라 고속도로도 속도가 나지 않았고, 국립공원의 주차장은 만원이라 멀리서 차를 세워 입구까지 한 시간을 걸어야 했다. 그리 아름답지도 않은 단풍나무 숲길과 중국산 농산물이 주 원료인 식당에도 행락객으로 붐비기만 하는 것이 육지 관광명소의 현실이었다. 자동차로 반 시간이나 한 시간이면 어느 곳에

나 가서 편안하게 머리와 마음을 식힐 수 있는 제주가 눈에 밟혔던 연유는 무엇이었을까.

어느 국립공원이든지 그 안에서 거주하며 여유롭고 편안하게 작은 가게나 식당을 운영하는 선택된 극소수의 토착민들이 있다. 아마도 이러한 특권은 프리미엄이 엄청날 것으로 생각된다. 제주도 전체를 하나의 자연공원으로 봤을 때, 이 자연 속에서 거주하며 생활하는 제주도민들 모두는 이렇게 선택된 주민으로 엄청난 프리미엄을 향유하고 있다.

▌제주 자연의 자식, 청정산물: Clean & Green Products(Born in Jeju Nature)

한때 'Made in USA'는 첨단기술제품, 'Made in Germany'는 견고성과 정밀성의 대명사, 'Made in Japan'은 새로운 기술을 응용한 작고 팬시한 디자인 등으로 명성을 떨친 적이 있었다. 세계시장에서 삼성 스마트폰과 현대 자동차의 약진 등으로 이제 'Made in Korea'도 더 이상 싸구려 제품이 아닌 것으로 인식되고 있다.

제주의 물 '삼다수'는 이미 우리나라에서는 100여 개의 생수 브랜드 중 시장점유율이 40%를 넘어서고 있으며, 제주흑돼지 또한 일반 돼지고기보다 비싸더라도 소비자들이 즐겨 찾는 제주의 명품 브랜드가 되었다. 제주의 수산물인 제주의 은갈치나 옥돔 외에도 추자의 조기 또한 명품브랜드로 자리매김하고 있다. 농산물도 제주의 감귤을 제외하더라도 당근이나 월동 무(자색 무로서 최근 위궤양 예방에 좋다는 연구결과가 발표됨) 등 청정산물로서 가치가 높다.

한·중 FTA의 영향을 직접 받게 되는 이러한 제주의 청정산물을 생산하는 1차 산업은 그 비중은 약 17%로 제주도민의 19% 정도가

이 산업에 종사하는 등 제주의 중요한 내재가치의 원천이 되고 있다. 그럼에도 아직 그 마케팅 전략에서 특별한 모습을 찾기 어려운 것이 아쉽다. 일반적으로 제조원가를 10% 낮추거나, 품질을 10% 올리는 것은 매우 어렵고 투자도 많이 소요된다. 그러나 신선하고 창의적인 마케팅으로 가격을 10% 올리는 것은 그리 어렵지 않은 법이다.

제주 농수축산물의 마케팅과 유통에 대하여는 후술하겠지만, 제주의 농수축산물은 천혜 제주의 자연이 만들어낸 청정산물이기에 'Made in Jeju' 내지 'Produced in Jeju' 정도가 아니라 'Born in Jeju Nature'라는 네이밍으로 제주 청정자연이 산출한 것임을 강조하는 한정판 마케팅 전략을 사용하여야 한다.

▌상위의 삶의 질: Premium Quality(Low Cost + Less Stress) Living

투자를 통한 경제성장이 일자리를 창출하고 소득의 증대가 곧 국민행복이라는 등식은 수정되고 있다. 총생산이나 국민소득뿐만 아니라 삶의 질, 미래에 대한 기대 등을 포괄적으로 고려해 산출하는 행복지수(GNH: Gross National Happiness)가 여러 가지 후생지표 중에서 이를 대표한다.

부탄은 이 행복지수의 원조로서 지금부터 약 40년 전인 1972년에 이미 훌륭한 리더인 지그메 싱계 왕추크(Jigme Singye Wangchuck) 전 국왕의 현명한 판단에 따라 소득의 성장(GNP)보다는 행복(GNH)을 중시하는 네 가지 국정목표를 아래와 같이 제시하고 실행하고 있다.[58] 첫째는 지속가능하고 공평한 사회경제 발전, 둘째는 생태계 보전 및 회복, 셋째는 부탄의 전통과 정체성을 실현하는 문화의 보전과 증진, 그리고 마지막으로 이 세 가지 목표를 달성할 수 있는 좋은 통치가 그것이다.

이러한 부탄의 노력으로 영국에 본부를 둔 유럽신경제재단(New Economic Foundation)이 발표한 국가별 행복지수에서 세계 1위를 차지했다. 우리나라는 조사대상국 143개국 중 68위를 차지한 반면에, 1인당 국민소득이 우리나라의 10분의 1 정도인 부탄왕국은 국민 100명 중 97명이 '나는 행복하다'라고 대답하여 1위를 차지한 것이다. 제주 경영의 제일 목표이자 마지막 목표는 제주도에 일생을 투자하고 있는 제주도민에게 행복을 배당할 수 있어야 한다. 그러므로 상기 부탄의 네 가지 국정목표는 제주의 내재가치를 고려할 때 그대로 제주에 적용하여도 전혀 부족함이 없을 만큼 훌륭한 지표라고 할 것이다.

통계청의 자료에 의하면, 2012년 16개 시·도 전체의 지역 내 총생산(명목)은 1,275조 원으로 2011년 대비 2.7% 상승에 그쳤으며, 제주의 총생산은 12조 원으로 전국의 약 0.9%로 최하위이다(경기도와 서울의 약 20~24분의 1). 1인당 개인소득도 14,414천 원으로 제주는 1인당 지역 내 총생산과 총소득 상대수준 평가에서 전국 평균보다 낮은 수준에 머물고 있는 실정이다.

그러나 제주인의 삶의 질이 타 시도보다 낮다고는 결코 얘기할 수 없다. 인간의 행복이란 각자 가치의 척도가 다를 수 있으므로 일률적으로 정의할 수는 없겠으나, 소득과 비례하지 않는다는 '이스털린의 역설'을 굳이 설명하지 않더라도 경제행복지수가 높다고 삶의 질이 높다고 말할 수는 없을 것이며, 불행을 느끼는 시발점이 타인과의 비교에 있다는 것에 공감한다.

서울대 행정대학원 서베이 조사연구센터가 2013년 1월과 10월 두 차례에 걸쳐 전국 230개 기초지방자치단체 2만 1천50명의 주민을 대

상으로 행복도 등을 조사한 결과가 있다. 조사의 표본은 지역별 거주
인구 비율을 고려하되 최소 100명 선으로 추출해 대표성을 부여하는

🌀 쉬어가기 #1_ 이스털린의 역설(Easterlin's Paradox)과 예

행복경제학의 창시자로 일컬어지는 이스털린은 1974년 "소득이 높아
져도 꼭 행복으로 연결되지 않는다."는 논문을 발표했다. 그는 1946년
부터 빈곤국과 부유한 국가, 그리고 사회주의와 자본주의 국가 등 30
개 국가의 행복도를 연구했는데, 소득의 일정 시점이 지나면 행복도가
그와 비례하지 않는다는 현상을 발견했다. 이스털린은 당시 논문을 통
해 비누아투, 방글라데시와 같은 가난한 국가에서 오히려 국민의 행복
지수가 높게 나타나고, 미국이나 프랑스 같은 선진국에서는 오히려 행
복지수가 낮다는 연구결과를 주장의 근거로 제시했다.

_출처: 시사상식사전

필자가 1980년도에 종합상사의 인도네시아 지사에서 근무할 당시에
흑백 TV가 막 시골에 보급되기 시작한 때였다. 당시 인도네시아의 시
골마을은 인간생활의 필수 3대 요소인 의식주에 있어서는 부족함이
없는 상태였다. 상하의 열대기후로 옷은 반바지와 셔츠면 충분하였고,
집도 나뭇잎으로 엮어 비를 피하면 그만이었다. 바나나와 심지어는 빵
나무라는 녹말나무까지 집 근처에 있어서 의식주 부족함을 전혀 느
낄 수 없었다. 당연히 자신들이 불행하다고 생각하는 사람은 거의 없
었다. 그러다가 개발 덕분에 마을에 전기가 들어오고 어느 한 집에 흑
백 TV가 들어오면서 TV를 갖지 못한 마을의 다른 집은 모두가 갑자기
불행을 느끼게 되었다. 그런데 그 후 컬러 TV가 보급되면서 흑백 TV
를 가진 사람들이 다시 불행하다고 느끼게 되었다.
당시 이를 지켜보면서 경제학을 전공했던 젊은 필자는 경제성장이나
경제개발은 행복과 무관하다는 매우 엄중한 교훈을 얻었다. 이와 같이
대부분의 불행은 타인과의 비교로 인하여 생기는 상대적인 박탈감과
자괴감 등이 가장 큰 원인인 것으로 보인다.
행복은 조건이 아니고 선택의 문제이다.

데 충분하다는 게 학계의 판단이며 행복도 관련 문항은 '매우 행복하다'(5점)~'전혀 행복하지 않다'(1점)로 이뤄졌다. 조사 결과, 광역자치단체의 경우 5점 만점에 제주(3.9124점), 울산(3.7566점) 전남도(3.7250점)의 순으로 제주도가 제일 높았다.[59] 또한 은퇴 후 살기 좋은 곳 '베스트(best) 10'에 제주가 선정[60]되기도 하는 등 제주의 삶의 질은 제주도민은 물론 육지의 시민들로부터도 상대적으로 높은 평가를 받고 있다.

경제성장률이나 1인당 도민 소득, 투자유치금액과 입도 관광객의 증대 등의 숫자가 정치공약의 첫 머리를 장식하는 것보다는 제주도민이 느끼는 총체적 행복지수, 즉 삶의 질이 어느 정도 향상될 수 있는지가 제주도정의 지상 목표가 되어야 한다. 제주에서도 최근에 정계, 학계 등에서 제주행복지수를 창안하여 도정 성과의 지표로 삼자는 논의가 일기 시작한 것은 매우 고무적인 일이라고 생각된다.

우리가 알든 모르든, 제주인의 삶의 질은 우리나라의 어느 지역보다 상대적으로 매우 높으며 제주인들에게는 편안함과 여유로움도 보인다. 서울시민들같이 출퇴근을 위해 한 시간 이상을 운전하거나 버스와 전철에서 시달리며 파김치가 되지도 않는다. 이것만으로도 제주인들은 서울시민에 비하여 하루에 길게는 두세 시간을 벌고 있는 셈이다.[61] 또한 일을 마친 후에는 삼삼오오 친한 동료들과 신선하고 값싼 '자리물회'나 '막회' 한 접시에 한라산 소주 한잔을 곁들이면 하루의 피로도 스트레스도 훅 날아가는 프리미엄 또한 중요한 제주 직장인의 차별화된 삶의 질이기도 하다.

제주의 직장은 서울의 대기업 같은 고연봉의 직장은 없으나, 그만큼 제주의 직장 내에서는 살벌한 경쟁도 상대적으로 적은 것처럼 보인다. 제주의 편안하고 여유로운 삶의 질은 이렇게 소득이 적은 것을

제주의 프라이드와 미래가치경영

보상하고도 기타 다양한 생활의 프리미엄을 준다. 그러므로 200여 년이 지나, 연암(燕巖) 박지원(朴趾源, 1737~1805)의 경관녹봉론[62] 이 강원도 양양에서 제주로 자리를 옮겨 업데이트된다.

4) 투자자의 눈에 비친 제주의 내재가치

제주의 내재가치를 더욱 깊게 그리고 더 멀리 이해한 사람은 유통, 금융, 리조트 등 여러 사업을 운영하는 말레이시아 그룹 서열 6위인 버자야 그룹(Berjaya Group)의 탄스리 회장이었다. 제주에 투자하겠다는 제대로 된 외국인 투자자가 한 사람도 없던 6년 전에 외국잡지에 실린 JDC의 제주 투자유치 광고를 접한 탄스리 회장은 실무진에게 1차 검토를 시킨 후에 본인이 가족들과 함께 임원진들을 이끌고 직접 전용기를 타고 제주 공항에 내린 것이다.

탄스리 회장은 현대자동차의 말레이시아 총대리점 등으로 한국과는 오래전부터 사업 인연이 있었다. 말레이시아의 마하티르 총리의 한국 국빈 방문 시에는 늘 수행하여 한국을 방문하던 그였지만 제주는 초행이었다.

필자는 당시 JDC의 투자사업본부장으로서 외국투자유치를 담당하던 터라, 그 팀을 맞아 제주의 투자기회를 설명하고 제주를 돌며 투자 입지 선정을 협의하였다. 미래 사업 기회를 내다볼 줄 아는 혜안이 있어 중국, 베트남 등에 이미 금융센터, 호텔, 쇼핑몰 등의 대형 프로젝트를 추진하던 그에게 중국과도 다르고 특히 동남아와는 더욱 다른 제주의 아름다운 풍광과 전략적 입지는 그에게 선뜻 복합리조트 건설사업 결심을 즉석에서 내리게 하였다.

그가 본 제주의 내재가치는 바로 이 책에서 이미 요약적으로 설명한 바 있는 전략적 입지와 한정판의 가치였다. 그는 특히 제주가 개발할 수 있는 유망한 입지가 극히 제한적인 것을 꿰뚫어보고 요지를 선점하는 결정을 과감히 내렸던 것이었다. 그 후 금융위기 등으로 사업 일정이 조금 늦추어지기는 했지만, 이제 본격적인 건설에 들어간 예레휴양형단지(Berjaya Resort Complex)는 총 사업규모가 16억 불에 이르는 우리나라 관광사업 역사상 최대의 외국인 투자사업이며, 제주 최초의 대규모 외국인 투자사업이다.

제주의 내재가치 중 특히 한정판이라는 가치는 작고 부족하므로 불리한 것이 아니라 명품으로서의 가치를 더욱 돋보이게 한다는 점을 잘 이해해야 하며, 그에 걸맞은 마케팅 전략 또한 필요하다. 특히 제주의 개발 가능한 토지는 이제는 거의 없다고 해도 과언이 아니다. 제주는 더 이상 부동산 50만 불 투자에 제주 영주권을 덤으로 하는 '1+1 세일' 대상이 아니다. 외국인이 50만 불짜리 콘도를 사는 것은 제주에 정주하기 위한 것도, 일 년에 몇 개월을 보내기 위한 제2의 고향(second home) 때문도 아니다. 제주의 한정판이라는 내재가치로 인한 부동산 가격의 상승에 따른 향후의 시세차익이 주 목적일 가능성이 더욱 크다. 이런 사실을 주지하면서도 이러한 정책을 고집할 필요는 없다.

제9장

'제주인에 의한' 고객가치경영

1. 고객가치경영

> 고객은 상품을 사는 것이 아니고 가치를 산다.
> The customer never buys a product. He buys value.
>
> _피터 드러커(Peter Drucker)

세계는 시시각각 변하고 있고 고객과 시장 또한 변하고 있다. 변화하는 여건에 대응하기 위하여 경영과 마케팅도 고객을 만족시키고 감동시키는 고객만족경영으로는 부족하다. 그래서 블루오션 전략, 감성 마케팅, 브랜딩 등 다양한 경영전략들이 제시되고 실제 경영에서 응용되고 있다. 이러한 다양한 현상과 전략들을 체계적으로 묶어

주는 솔루션으로 '고객만족 경영을 넘어서는 고객가치경영'의 새로운 개념 정립의 필요성이 대두되었다.

서울대학교 경영대학 이유재 교수와 삼성그룹의 에버랜드, 호텔신라, 삼성석유화학 등의 CEO를 역임한 바 있는 허태학 대표는 고객을 위해 기업만 노력하는 일방향적인 가치 창출 경영체제에서 벗어나, 기업과 고객이 의사소통을 하고 상호보완함으로써 가치 창출의 시너지를 도모하는 양방향적 경영체제를 강조한다.[63]

저자들은 이 책에서 고객가치의 의미를 다음의 세 가지 측면에서 설명한다.

- 고객을 위한 가치(value for customers): 고객을 위해 기업이 제공하는 가치
- 고객의 가치(value of customers): 고객이 지니고 있는 가치
- 고객에 의한 가치(value by customers): 고객이 기업과의 관계에서 스스로 창출하는 가치

아울러 저자들은 고객과의 관계맺기, 고객과의 관계관리 및 결별, 고객과의 관계 강화 방안을 고객가치경영의 주요 요소로 설명한다.

▌고객을 위한 가치 창출

고객을 위한 가치 창출은 고객 만족을 위한 노력으로서 고객과의 관계 맺기로 체험 마케팅, 고객과의 관계 관리를 위한 제휴마케팅, 고객과의 관계강화를 위해서는 감성 마케팅 등을 강조한다. 고객을 위한 가치 창출은 소비자가 지불하는 가격보다 소비자가 느끼는 상품과 서비스의 품질(benefit)이 높을 경우에 창출되며, 고객이 지

불하는 비용(cost)은 상품 또는 서비스의 가격(price)뿐만 아니라 그 상품이나 서비스를 획득하는 과정에 들어가는 비용까지 포함하는 것을 잊어서는 안 된다.[64]

제주 관광상품의 경우, 제주라는 아름다운 천혜의 환경 그 자체는 최고의 품질이지만, 그 품질을 체험하고자 하는 비용, 즉 항공편 예약의 어려움이나 숙소 또는 맛집의 품질에 비하여 비싼 요금, 택시 운전사의 불친절 등은 모두 서비스 획득비용이다. 소비자는 그 비용을 감안하여 상품의 가치 평가를 하게 된다. 제주의 신공항 건설이 늦어지고 고객들이 제주 방문을 위한 항공예약에 애를 먹어 여행을 포기하는 경우는 제주가 고객가치 창출에 역행하며 고객의 가치를 잠식하는 경우라고 할 수 있다.

▌ 고객의 가치 창출

고객의 가치 창출은 능동적인 고객 선택과 고객가치 개발의 중요함을 일깨워준다. 고객은 항상 옳지 않을 수 있으며, 올바른 고객과 불량고객을 선별하고, 장기 고객(충성 고객)을 확보하기 위하여 고객의 생애가치 개념을 적극 도입한 경영전략이 필요하다.

대부분의 경영자들은 새로운 고객이나 옛 고객이 같은 물건을 같은 가격으로 구입하니 두 고객이 같은 가치를 가졌다고 믿는다. 그러나 신규고객을 개척하는 데 드는 비용은 기존고객을 유지하는 비용의 몇 배로 알려져 있다. 기업의 고객 중 20%의 우량고객이 60~80%의 수익을 충당하고 있는 경우도 허다하므로 고객의 포트폴리오를 잘 수립하는 것이 중요하다. 또한 반대로 불량고객이 고의든 아니든 저지르는 잘못된 행동은 기업과 대다수의 선량한 고객에게 부정적인 영향을 미치기도 한다. 그러므로 그러한 불량고객과는 헤어짐이 최

선일 수도 있다.[65]

장기고객의 경우에는 고객의 생애가치(customer lifetime value) 개념의 설명이 보다 용이하다. 예를 들어, 제주를 너무 좋아하여 1년에 두 번씩 봄·가을에 방문하는 어느 4인 가족 고객이 있다고 치자. 이 가족이 1회 방문 시 제주에서 쓰는 총 경비가 2백만 원이라고 해서 이 가족을 2백만 원짜리 고객이라고 간주해서는 안 된다. 바로 이런 고객에게 생애가치 개념이 적용되어야 한다. 즉 이 고객이 10년 방문 시 총 20회, 즉 4천만 원의 비용을 지출할 것이 예상되기 때문에 이것이 바로 이 단골고객의 생애가치가 된다.

항상 떠날 준비를 하고 있는 고객에게 무엇인가 해주지 않으면서 영원히 고객으로 남아 있기를 바라는 것은 염치없는 일이다. 따라서 제주는 이러한 우량고객의 가치를 찾아내어 그에 상응한 대접을 할 줄 알아야 한다. 제주 방문 횟수 마일리지 제도를 도입하여 몇 회 이상 제주를 방문하는 고객에게는 여러 혜택(관광지 입장료 면제, 숙식비 할인, 공공교통시설 할인 등)을 제공하는 마케팅 방법도 고려해 볼 만하다. 장기 우량고객은 제대로 대접하고, 자원의 제약상 수익성이 낮은 고객(저가 관광 위주의 단체 관광)을 구분하여 과감하게 헤어지는 것도 고려하여야 한다.

사실, 제주특별자치도는 삼성경제연구소와 함께 '제2차 종합계획'을 수립하면서 중국 투자자나 관광객을 놓쳐서는 안 되는 절대적인 우량고객으로 전제하고 그들에게 거의 올인하다시피 하는 정책을 수립했다. 그런데 과연 이러한 정책이 고객의 포트폴리오 전략에서 타당한 것인지, '다수의 오류(majority fallacy)'[66]라는 함정에 빠지는 것은 아닌지에 대해 세심한 숙고가 필요하다.

제주의 프라이드와 미래가치경영

▌ 고객에 의한 가치 창출

고객에 의한 가치 창출은 말 그대로 고객에 의한 자발적인 가치 창출에 주목하는 것이다. 고객은 기업이 창조한 가치에 대한 대가를 지불하고, 소비하는 정도의 역할을 넘어 이제는 기업의 상품 기획, 개발, 판매에 이르기까지 전 과정에 주도적으로 참여하고 있다.[67] 기업이 상품의 마케팅을 위하여 체험단이나 모니터링 제도를 운영하는 것이 바로 고객참여제도라고 할 수 있다.

제주에 투자유치를 진행하는 프로세스는 제주(공급자)가 종합계획이나 시행계획 등에 의해 프로젝트를 전략 내지 핵심사업으로 정해 놓고 추진하는 방식이다. 수요자인 투자자가 그 계획의 일부를 시장의 요구에 맞게 수정하려 해도 인허가권을 가진 공무원과의 협상이 만만치 않으며, 막대한 노력과 경비를 들여야 하는 일이 비일비재하다.

컨설턴트의 오래 묵은 데이터 베이스나 외국의 사례를 따라 수립된 창의성이 부족한 사업이나 지도자의 재임기간 중 업적으로 치적될 만한 사업을 추진하는 것들은 지양해야 한다. 그보다 이제는 진정한 의미로 제주의 미래가치를 높이는 동시에 '고객의, 고객에 의한, 고객을 위한 사업'을 구상하기 위하여 어떠한 시스템과 프로세스로 고객의 참여를 바르게 유도할 수 있는지 숙고하여야 한다.

제주의 고객가치경영이란 결국 제주의 고객들을 만족시키는 경영, 고객과의 관계 강화를 통해 소통하면서 고객의 가치를 발견하는 경영, 그리고 고객이 제공하는 가치를 상품과 서비스의 가치로 고객에게 되돌려주는 경영이다. 고객의 가치와 상품의 가치를 높이는 제주와 고객의 윈윈 경영으로 마케팅과 브랜딩 전략 또한 모두 고객가치 창출을 위해 한 방향으로 잘 정렬되어 있어야 한다.

2. 제주의 마케팅과 브랜딩 전략

경쟁자에 초점을 맞춘다면(competitor-focused),
당신은 경쟁자가 무언가를 할 때까지 기다려야 한다.
고객에 집중하는 것이(customer-focused)
그보다 선구적인 진전으로 이끌어준다.

_Jeff Bezos(아마존의 창업자, CEO)

▌ 마케팅은 포지셔닝과 브랜딩의 싸움이다

세계화와 지방화가 동시에 급속히 진전되면서 국가와 지방자치단체 간의 경쟁도 심화되고, 마케팅도 이제는 기업의 영역에서 벗어나 국가나 지방자치단체의 주요한 활동이 되었다. 이명박 정부 시절 중앙정부가 대통령 직속으로 국가경쟁력위원회와 별도로 국가브랜드위원회라는 것을 만들어 국가의 경쟁력과 품격을 높이기 위한 노력을 하고자 했던 것도 국가 마케팅의 일환으로 볼 수 있다.

정치가 국민을 최상위 고객으로 인식하면서 정치는 마케팅의 영역이 되고, 지방정치는 지방경영이 되었다. 특히 유권자인 고객의 표심을 훔쳐야 하는 선거전에서 선거 캠프에 마케팅과 홍보 전문가를 포진시키는 것과 이미지 쇄신을 위하여 당명과 당의 색깔과 로고를 바꾸는 것 등도 모두 마케팅의 핵심 요소인 브랜딩의 중요성을 인식하였기 때문이다.

마케팅은 단순한 제품의 경쟁이 아니다. 고객의 잠재의식 속으로 진입하여 고객의 마음을 붙잡고자 하는 종합적인 인식 우위의 경쟁

제주의 프라이드와 미래가치경영

이다. 아울러 고객의 마음속에 자리 잡은 인식에 이름을 붙여주는 브랜딩 작업이라고 할 수 있다. 고객이 왜 그 브랜드를 선택하는지, 즉 선택의 당위성과 고객에게 어떤 가치를 제공하는지, 즉 의사(브랜드 메시지)전달의 일관성이 없이는 좋은 브랜드가 될 수 없다.

브랜드의 효시는 미국의 가축 목장에서 낙인을 찍는 것에서 시작했다고도 한다. 그러나 이제 브랜드는 어느 기업의 소유를 보장하는 수단에서 나아가 제품이나 서비스의 품질과 신용을 대변하고 있으며, 소비자는 브랜드를 구매의 주요 평가 요소로 삼고 있다. 상품의 브랜드는 고가의 무형자산[68]이 되었으며 가치 관리의 대상이 된 지 이미 오래다. 브랜드의 영역은 국가, 지방자치단체, 심지어는 정치가를 비롯한 지도자에서 개인에게까지 그 영역이 확장되고 있다.

제주 경영의 고객은 주지하듯이, ① 내부 고객인 공동체 구성원(좁게는 도청 공무원, 넓게는 도민 전체), ② 제주를 방문하는 국내외 관광객과 제주 생산물의 소비자, ③ 투자자를 포함한 잠재고객 등으로 구분할 수 있다. 그러나 고객의 세분화 현상이 더욱 촉진되고 있으므로 고객별 맞춤형 마케팅 방식을 고민하되, 강력한 브랜드 리더십하에 고객 관점에서 콘셉트를 도출해야 한다.

결국 제주의 마케팅이란 제주 경영과 마케팅 활동의 주체인 제주 도정과 지역 주민 모두가 어떤 전략으로 고객에게 다가가서 고객의 마음에 제주의 상품과 서비스에 대한 인식의 위치를 어디에 어떻게 잡아주느냐 하는 포지셔닝 전략에서 시작하여 단순 명료한 브랜딩으로 전개되어야 한다.

▌제주의 명품 마케팅: Premium Value Positioning

명품(名品)은 뛰어난 작품 내지 걸작품(masterpiece)과 최고급 브랜드 제품(luxury brand goods)의 두 가지 사전적 의미를 가지고 있다. 후자의 명품 브랜드의 의미도 결국 장인(匠人, master)이 빚은 걸작이라는 브랜드의 이미지를 강조한 것에 지나지 않는다.

제주의 자연자본은 조물주가 빚은 한국 최고의 명품이다. 그러나 세계 유일의 유네스코 3관왕(생물권 보전지역, 세계 자연유산, 세계 지질공원)이라는 타이틀만으로는 부족하다. 최고의 상품이라는 브랜드 리더십을 더욱 강화하기 위해서는 소비자의 인식 속에 제주는 무언가 다른 것이 있다는 차별화된 인식을 심어줄 수 있어야 한다.

제주의 리더나 제주의 산물과 서비스의 마케팅 업무에 종사하는 사람들은 제주의 수식어 앞에 '명품 제주관광', '고품격 제주국제자유도시' 등 '명품'이나 '고품격'이라는 단어를 즐겨 사용한다. 그러나 고객은 몇 글자로 된 브랜드의 명칭을 사는 것이 아니고, 그 브랜드가 주는 이미지를 사는 것이다. 따라서 제품의 품질도 중요하지만 고객의 인식 속에 브랜드 콘셉트를 어떻게 포지셔닝하느냐가 중요하며, 이것이 명품 브랜드 마케팅이다.

제주를 어디에 어떻게 포지셔닝하느냐에 따라 적절한 마케팅 전략이 생긴다. 제주의 내재가치인 한정판이라는 포지셔닝에서 명품 마케팅 전략이 활용되고 고가 판매전략이 가능하다. 즉 고객의 마음속에 자리잡은 차별화된 인식은 소비자로 하여금 더 높은 가격의 지불을 용인하며, 고가를 지불하면서도 자부심을 느끼게 한다. 이것이 제주의 가치에 적합한 명품가치(premium value positioning)에 의한 마케팅 전략이다.

제주 삼다수는 최근 TV 광고에서 삼다수가 평범한 생수가 아닌 제주의 '세계자연유산이 탄생시킨 물'이라는 광고, 즉 제주의 명품가치에 의존한 포지셔닝을 시도하는 바람직한 전략을 사용하고 있는 것으로 보인다.

명품은 자부심이라는 인식을 사고파는 것이다. 판매자는 장인으로서의 자기 제품에 대한 긍지를 파는 것이고, 구매자는 그 제품을 소유함으로써 느끼는 자부심을 값비싼 대가를 지불하고도 사는 것이다. 따라서 값싼 여러 제품을 사는 것보다도 단 한 개라도 고가의 명품을 사고 싶어 하는 구매자들이 존재한다. 명품의 영업 전략에 자부심이라는 소비자의 귀한 인식을 망가뜨리는 세일이라는 단어가 좀처럼 없는 것은 명품 마케팅이 긍지 마케팅이라는 영역과 일치하기 때문이다.

제주라는 명품을 마케팅할 때 염가 세일은 최고의 금기사항이다. 저가의 관광상품이나 부동산투자이민제 같은 제도는 제주의 미래가치를 할인 판매하는 대표적인 판매 방식이다. 이는 제주 스스로 명품이기를 포기하는 것과 같으며, 제주인의 긍지를 망가뜨리는 행위에 다름 아니다.

『매일경제신문』의 김대영 기자는 세계의 럭셔리 브랜드 30개의 성공 요인을 분석한 『명품 마케팅』이라는 저서에서 아래와 같이 명품브랜드 성공의 핵심 비결 7가지를 제시한다.

① 고품격 이미지를 제공하라
② 절대로 흔한 물건이 되어서는 안 된다
③ 유통의 중요성
④ 브랜드 아이덴티티
⑤ 효과적인 VIP 마케팅
⑥ 높은 브랜드 로열티
⑦ 전통의 현대화

▌체험 마케팅과 신뢰를 교환하는 감성 마케팅

제주의 자연을 보고 감탄하는 정도의 관광은 미술관이나 박물관에서 전시되어 있는 명품을 보고 즐기는 것과 같다. 제주의 여행객은 제주의 자연미술관 속에 전시되어 있는 제주의 자연을 보러 오는 것에서 더 나아가 체험을 중시한다. 제주라는 명품 속에서 체험하며 가치를 느낄 때 고객의 인식 속에 깊이 각인되어 만족이 배가 되는 상승작용을 일으킨다.

종래의 브랜딩 전략에 체험이라는 요소를 가미한 콜럼비아대의 번 슈미트(Bernd Schmidt) 교수가 정의하는 체험의 개념은 유통, 인터넷, 관광, 여행, 장소 등 다양한 분야로 확대되고 있다. 브랜드가 소비자에게 얼마나 매력적인 체험을 제공해 줄 수 있느냐는 브랜드 체험이 브랜딩의 본질이다. 감성 마케팅(feel marketing) 또한 즐거움과 자부심 같은 강한 감성적 체험 창출이라는 목적을 가지고 소비자의 느낌과 감정에 호소하는 것으로 체험 마케팅의 한 부분으로 본다.[69]

근래 들어 대세인 생태관광(eco-tourism)은 단순히 풍물을 보고 즐기던 종래의 관광방식에서 벗어나, 자연환경 보호의 가치를 깨닫는 생태계 체험 관광을 말한다. 문화기행, 농어촌 체류 체험, 제주 올레 걷기 등도 이에 속한다고 볼 수 있다. IBM이 「글로벌 제주브랜드 마케팅 전략 수립」 보고서(2014.2)에서 제안한 사업 중의 하나인 '올레길 문화체험 마케팅'과 '제주 미식 여행 마케팅' 등도 바로 체험 마케팅의 한 유형으로 볼 수 있다.

우선, '올레길 문화 체험 마케팅'[70]은 올레길을 힐링의 목적에 더하여 문화 체험의 공간으로 진화시키기 위한 계획이다. 보고서에 따르면, 현재 진행 중인 '빈집 프로젝트', '노래가 흐르는 문화 올레길(혜은이 님)' 활동들을 포함하여, 신규로 20개 전 코스에 갤러리, 소공연,

노천서점, 작가 공방 등을 유치하여 각 코스마다 특색 있는 문화체험 공간을 배치하도록 제안하고 있다. 제주에는 알게 모르게 많은 명사들이 거주하고 있으므로 명사들과 여행객들의 작은 토크 콘서트 같은 소통 프로그램을 기획할 수도 있겠다.

다음으로, '제주 미식여행 마케팅'[71]은 제주 지역 대상 식당에 대한 인증제를 실시하여 제주산 재료의 우수성, 제주 전통방식의 조리와 제주도가 음식의 품질을 보증하는 효과로 제주 전통 문화의 소개는 물론 로컬푸드(local food)운동에 적극 참여하게 되는 효과가 있다. 뉴질랜드의 '100% Pure' 프로그램에는 여행객의 숙소는 물론 식당 등에 이르기까지 'qualmark'라는 인증제를 실시하여 여행객들로부터 큰 호응을 얻고 있다.

일본의 규슈 지방은 제주와 여러모로 비슷한 환경을 가지고 있다. 여유 있고 편안함을 주는 풍광하며 간혹 보이는 초원과 밭의 돌담까지도 비슷하다. 여러 해 전 규슈의 시골을 여행하다가 마을 어귀 길가에서 농산물 판매대를 본 적이 있다. 그 마을의 특산물이나 농산물을 잘 다듬고 소량으로 포장하여 정가표를 붙여 놓았을 뿐 판매하는 사람이 보이지 않는 무인 판매대였다. 가게 주인인 농부의 입장에서는 많이 팔리지도 않는 그 작은 가게에 온종일 매달려 있기보다는 신선하고 질 좋은 상품을 생산하기 위하여 밭에서 일하는 것이 더 경제적이므로 그러한 아이디어를 냈을지 모르지만, 필자는 당시 그 마을이 파는 것은 당근이나 오이 꾸러미가 아닌 '신뢰'라는 상품이라는 것을 느꼈었다.

그래서 필자가 제주로 이주하면 꼭 실행해 보고 싶은 일이 생겼다. 내가 사는 마을과 인접한 올레길 어귀에 그 마을의 작물을 무인 판매하는 작은 판매대를 예쁘게 디자인하여 하나 내는 것이다. 소득이야

얼마나 되랴마는 마을 주민은 명품 올레길에 가게를 내어 마을의 자긍심(pride)을 팔고, 구매자는 주인이 없더라도 정가를 지불함으로써 나는 정직하다는 자부심(pride)을 사게 되는 것이다. 이것이 대문과 도둑이 없다는 제주의 자긍심에 바탕을 둔 고객과의 신뢰관계 형성이라는 감성 마케팅 전략이다. 수억 원을 들여야 하는 TV 등의 매체

🏠 쉬어가기 #2_ 서귀포시 대평동의 '영미 어머니'

우리 동네 분이 제주 여행을 갔다가 서귀포시 대평동 어느 횟집에서 저녁식사를 한 후 일행과 함께 중문에 있는 호텔로 돌아와서야 핸드폰을 잃어버린 것을 알았다. 부랴부랴 다시 돌아가서 횟집과 주차장과 도로까지 찾아보았지만 헛수고였고 비도 조금씩 내리는 저녁이라 포기하였다. 혹시나 하고 잃어버린 핸드폰에 연락바란다는 문자 메시지를 전송하였으나 답신도 없었다.

서울로 돌아와서 다시 핸드폰을 구입하고 며칠이 지난 후, 영미 어머니라는 분이 전화를 해서 그날 핸드폰을 영미가 길에서 주웠는데, 천혜향 감귤 밭일로 바빠 깜박 잊어버리고는 바로 연락을 못 드렸다고 무척 죄송해하며 주소를 알려주시면 택배로 보내겠다고 하셨다.

우리 동네 분은 전화기는 이미 새로 구입하였으나, 보내시는 분이 마음씨가 너무 고마워서 그냥 전화기를 택배로 받은 후, 그 주소로 상품권 5만 원어치를 사서 답례로 보내 드렸다. 영미 어머니는 고맙다는 전화를 하면서 '다음에 제주에 오시게 되면 꼭 들러 달라 하시며, 감귤도 드리고 저녁을 한번 모시겠다고 하셨다'고 한다.

우리 동네 분은 제주도 인심이 이리 좋고 순박한지 몰랐다고 만나는 분마다 이 이야기를 하신다고 했다. 제주의 영미 어머니는 제주의 가치를 홍보하는 '감성 마케터'가 되었고, 우리 동네 분은 입소문 마케팅을 하는 제주의 홍보도우미가 된 예이다.

제주도의 주민 모두는 언제 어디에서도 훌륭한 감성 마케터가 될 수 있다.

제주의 프라이드와 미래가치경영

광고보다 인터넷과 입소문 등으로 소비자의 감성을 자극하여 오랫동안 마음속에 신뢰의 가치를 심어줄 수 있는 이러한 마케팅 방안은 수없이 많다. 누군가가 통합적으로 일관성 있는 디테일한 마케팅 전략을 수립하고 집행할 수 있어야 한다.

▌제주에는 뭔가 다른 것이 있다: 고객의 인식에 최초의 진입자가 되어야 한다

　　알 리스와 잭 트라우트(Al Ries & Jack Trout)는 그들의 저서 『마케팅 불변의 법칙』과 『포지셔닝』에서 마케팅은 고객의 마인드에 진입하여 고객의 인식을 관리하는 것으로, 가장 쉬운 방법은 '첫 번째'가 되는 것이라고 하였다. 시장에서는 최초로 포지션을 구축한 상품이 엄청난 이점을 누린다. 최고의 상품도 중요하지만 최초가 되는 것이 중요하며, 최초가 되지 못하면 최초가 될 수 있는 새로운 영역을 만들어야 한다고 강조한다.[72]

첫사랑이 기억에 오래 남는 것은 그 사람이 최고였기 때문이 아니라 마음속에 들어온 최초의 이성이라는 포지션이 의식 속에 강하게 자리 잡고 있기 때문이다. 지금은 우리 각 지방마다 제주의 올레를 흉내내어 명산이나 호수 둘레를 걷는 둘레길이 있다. 전북, 전남, 경남에 걸친 지리산 둘레길은 제주의 올레보다는 약 반 년 늦게 1코스가 개통되었으나 지금은 육지의 둘레길 중 제일 성공한 장거리(274km) 도보여행 코스가 되었다. 말뜻도 알기 어려운 제주의 올레길이 어느 둘레길보다도 유명하고 성공할 수 있었던 것은 산과 바다의 풍광을 함께 아우르며 걷는 길이었기 때문이다. 하지만 무엇보다도 도시생활에서 찌든 육신과 영혼을 치유하는 생명 평화의 힐링 코스라는 올레길의 콘셉트가 소비자의 마인드에 최초로 자리매김하였기 때문이다.

어느 관광단지에서나 볼 수 있는 테마파크나 복합관광단지의 화려한 시설을 위해 수조 원을 제주에 투자한다 하여도 결코 최초가 될 수 없다. 그러나 제주도의 모든 농축산물은 무조건 친환경 유기농법에 의한다거나, 모든 교통은 화석연료를 쓰지 않는 전기차에 의한다거나, 모든 에너지는 풍력 등의 신재생에너지이거나, 모든 오폐수는 모두 자연순환 방식으로 처리된다는 등식이 수요자의 인식에 각인될 때 제주도는 그에 관한 최초로서의 브랜드 이미지를 구축한 도시가 될 수 있다.

▌ 제주인도 잘 모르는 제주의 공동상표(co-brand)

공동상표(co-brand 또는 joint trademark)란 하나의 브랜드를 사용함으로써 마케팅 비용을 절감하여 브랜드의 인지도 및 기업의 이미지를 높일 수 있는 동시에, 소비자의 신뢰도도 높일 수 있는 장점이 있다. 동일 브랜드를 사용하는 모든 협력사들은 고객에게 주는 브랜드 메시지의 일관성을 지키기 위하여 규격에 맞추어 최고의 품질을 유지하는 노력과 비용을 감수해야 한다. 하지만 그 효과가 크므로 공동브랜드의 개발과 활용은 계속 확대될 것으로 보인다.

우리나라 중소기업청도 5개 이상의 업체가 공동상표를 개발하여 신청하면 홍보·디자인·마케팅 등을 지원하는 공동상표 지원제도를 이미 1996년부터 시행하고 있다. 또한 지방자치단체들도 농가소득의 향상과 향토 농산물의 시장 경쟁력을 높이기 위하여 공동상표를 개발하여 브랜드 마케팅에 지원을 아끼지 않고 있다. 태안군의 '꽃다지,' 경기도 광주시의 '자연채' 등이 그런 사례들이다. 제주도에도 '제주마씸'과 'J마크'라는 두 개의 공동상표가 있으며 제주도정도 이를 지원하고 있다.

　5개 업체의 참여로 시작되어 2004년 등록된 제주 중소기업의 공동
상표 '제주마씸'이 시장에 선보인 지도 12년이 되어간다. 2014년 2월
현재 121개 업체, 634개 품목에 사용되고 있으며, 연간 약 2,000억
원을 상회하는 매출이 이루어지고 있다고 한다. 근래에 들어 대도시
의 대형마트 등에 전문매장 형태로 입점을 추진하고 있으며, 옥션 등
온라인 쇼핑몰에서도 찾을 수 있다.

　'J마크'는 제주도의 농축수산물과 가공식품에 대하여 제주도지사가
품질을 인증하는 공동상표이다. 신청대상 품목은 전문기관의 품질인
증이나 우수농산물(GAP) 인증 또는 친환경농산물인증을 받은 품목으
로 공동상표 심의위원회의 심사를 통과해야 한다. 제도 시행 후 약 7년
이 경과한 2014년 4월 현재 70개 업체(축산물 32업체, 수산물 16업
체), 44품목이 등록되어 있다. 제주도는 2014년에 약 2억여 원을 안
전성 검사, 홍보 및 대도시 직거래 장터 참가 등에 지원할 예정이다.

　일반적으로 제주의 브랜딩 전략은 성공적이지 못하다. 청정자연이
라는 제주의 고품격 가치를 일관되게 고객에게 인식시키는 제주의
통합적인 브랜드가 없으며(감귤 브랜드만 45개 이상), 통일된 브랜드

의 관리도 부족하다. 고작 연 1~2억의 지원으로 브랜드의 인지도와 확장성을 기대하는 것은 나무 사다리를 타고 별을 따려는 것만큼 어려운 일이다. 브랜드 마케팅과 브랜드 관리 정책의 부재라 아니할 수 없다.

공동상표의 활용은 자금과 마케팅 노하우가 없는 영세한 중소기업과 소규모 축산농가들을 위해 매우 좋은 발상이다. 그럼에도 이미 7년 내지 12년이 경과하였지만 그 효과는 둘째 치고 눈에 띄는 브랜드가 되지 못하고 있다. 특히 'J마크'는 제주의 농축수산물 브랜드로서의 친환경이라는 아이덴티티, 즉 프리미엄 제주 천혜의 산물(Nature's Gift, Born in Jeju)을 시각적으로도 은유적으로도 공유하고 있지 못하다. 'Jeju'의 첫 글자인 이니셜 'J'는 'Japan'과 유네스코가 인정한 우리나라 '맛의 창조도시'인 전주의 이니셜과도 같아 그 의미가 퇴색한다. 차라리 'J' 이니셜을 꼭 쓰고 싶다면, 'Jeju' 밑에 'Limited'(한정판)를 추가하여 제주의 한정판 가치와 제주도가 품질을 인증한다는 것을 나타내는 것이 어떨까 생각해 본다.

고객의 마음에 강력한 인식을 심어줄 세심한 브랜딩 작업을 통해 통합 브랜드를 만들고, 그렇게 만들어진 통합 브랜드의 확장을 지원할 조직과 지원이 절실하다. 삼다수와 제주 올레가 제주를 대표하는 브랜드로 성공한 것은 화산섬(천연암반수)과 한라산 및 제주 바다라는 제주 자연의 가치를 브랜드화하는 데 성공한 것이다. 이를 교훈으로 삼는다면 제주 산물의 통합 브랜드 육성도 그리 어렵지 않을 것이다.

▌제주의 명품 브랜드 대안(代案): Nature's Soul, JeJu

함평의 '나비축제'와 보령의 '머드축제'가 축제로 도시 브랜드를 높인 것이라면, 전주의 '비빔밥,' 순창의 '고추장' 등은 특산물이나

제주의 프라이드와 미래가치경영

대표음식으로 지역 브랜딩에 성공한 예이다.

한국 최초의 국제자유도시에 이어, 세계자연유산을 필두로 하는 유네스코 3관왕, 세계7대경관 등은 한국에서는 어느 정도 제주의 브랜드 군(群)에 속한다. 유럽의 도시들 같이 중세의 역사적 유적이나 문화 예술 유산이 없는 제주는 역시 제주의 최고 자산인 '자연'을 활용한 브랜딩이 제격이다.

'Nature's Soul'은 힐링의 개념을, 'Nature's Gift'는 천혜(天惠), 즉 하늘 또는 자연이 베푼 은혜라는 뜻이다. 제주 그 자체가 우리 제주인의 노력으로 만들어진 것이 아니라 하늘이 우리에게 준 축복이라는 의미이다. 삼다수라는 한국 제1의 천연암반수와 올레라는 심신 치유의 산책로는 모두 천혜의 제주 자연이 준 선물이다. 천혜의 청정자연, 인공적이지 않은 편안함의 여유(평화), 자연 치유력(생명)을 내포하는 'Nature's Gift'나 'Nature's Soul'은 동아시아 제1의 청정(green & clean)과 힐링이라는 이미지에 맞는 브랜드로서 어울리는 콘셉트가 아닌가 싶다.

제주의 농축수산물도 우리의 노력 여하에 따라서는 삼다수같은 브랜드로서 명성을 누릴 날이 올 것이다. 친환경적으로 생산된 제주의 1차 산물은 제주 자연이 생산하여(Born in Jeju nature) 우리에게 준 천혜의 선물(nature's gift)이므로 브랜드로서의 확장성도 가질 수 있을 것이다.

▌제주의 도시 브랜딩

서울시 마케팅 담당관으로서 2007~2010년 대한민국 수도 서울의 해외 마케팅을 총괄한 바 있는 윤영석은 "세계인들이 투자와 관광의 대상으로서 그 도시를 어떻게 인식하는가 하는 것이 매우 중요

하므로, 도시브랜드를 만들고 끌어올리는 역할을 하는 도시 마케팅이
바로 도시 브랜딩"이라고 말한다.[73]

국내외 주변 도시와 투자유치 활동과 관광객의 유인 측면에서 경
쟁을 벌여야 하는 제주의 브랜딩이란 단순하게 멋있는 제주도의 로
고나 브랜드를 만드는 일이 아니다. 제주의 고객을 세분화하여 그에
맞는 마케팅 전략을 수립해야 한다. 그리고 제주의 내재가치에 맞는
일관성 있고 세밀한 실행계획이 수립, 집행되어야 한다. 이 과정이
바로 제주의 차별화된 경쟁력을 만들어 가는 도시 마케팅 과정이다.

〈그림 9-2〉에서 보듯이, 우리나라의 각 지자체도 공을 들여 지자
체의 특성과 그 지자체가 추구하는 도시의 미래가치를 대변하는 차
별화되고 특색 있는 브랜딩 활동을 강화해오고 있다. 브랜드의 선점
도 매우 치열한 경쟁이다. 제주의 도시 브랜드라 할 수 있는 녹색이
나 환경 등의 단어도 다른 지자체가 이미 선점한 상태이다. '녹색의

〈그림 9-2〉 국내 지자체의 도시 브랜드

제주의 프라이드와 미래가치경영

땅 전남'은 전남의 비전을 도시 브랜드나 슬로건으로 잘 활용하는 예이다. 근래에는 자동차, 조선, 석유화학 등 공업도시로만 알려진 울산이 '환경생태도시'라는 도시브랜드를 TV 광고에까지 선보이고 있음은 주목할 만하다.

제주를 나타내는 제주의 브랜드도 다양하게 진화해 오고 있다. 제주국제자유도시 개발 타당성 검토 작업을 수행했던 Jones Lang Lassale는 투자유치에 중점을 두어 'Island of Opportunity(기회의 섬)'이라는 브랜드를 만들었고, 근래에 들어 '제2차 종합계획'은 'Your Favorite Jeju'라는 브랜드를 선보였다. 〈그림 9-2〉에서 보이는 2009년에 만들어졌다는 'Only Jeju'라는 제주의 브랜드는 아무리 좋게 봐주고 싶어도 정체성이 모호한 브랜드라는 느낌을 지울 수가 없다. 필자도 수차례 기회가 있을 때마다 세미나 등에서 언급한 바 있지만, 'Only'라는 개념이 빼어남을 자랑하는 것인지, 차별성과 희소성을 나타내는 것인지 모호하다. 고객이 제주라는 이미지를 인식할 때 어떻게 인식할지 혼란스럽게 만든다. 이러한 브랜드는 훌륭한 브랜드가 되기 어렵다.

마침 제주의 도시브랜드를 교체하기 위한 작업이 진행 중이며, 새 브랜드에 대한 IBM의 용역도 2013년에 완료되어 'Find Your Jeju'가 제시되었다는 보도가 있었으며, 민신 6기 도정이 출범한 후 공론화 과정을 거쳐 교체될 것으로 전망된다.[74]

세부적인 실행 전략은 바뀌고 조정될 수 있으나, 제주의 비전과 브랜드까지 수시로 바뀌어서는 곤란하다. 새로운 도정이 들어서면서 향후 4년의 도정의 정책 방향을 나타내는 슬로건은 바뀔 수 있다.[75] 그러나 비전과 브랜드를 자주 교체하는 것은 제주도민은 물론 시장에 대해서도 좋은 효과를 줄 수 없다. 제주의 100년 비전과 동행할 수 있는 브랜드를 만들기 위한 전문가 집단의 노력과 제주도민의 공유가 필요하다.

브랜드는 고객의 마인드에 각인되는 초기의 인식이므로 호불호(好不好)의 첫인상 생성에 큰 영향을 주는 동시에 곱씹을수록 제주의 가치가 은은히 빛을 내도록 설계되어야 한다. 성공적인 국가브랜딩 작업으로 큰 칭찬을 받는 뉴질랜드의 예를 보자.

제주도와 유사하게 청정환경이라는 자연자본의 가치를 극대화하여 국가 마케팅에 사용하고 있는 뉴질랜드의 국가 브랜딩 전략은 매우 탁월하며 모범적이다. '100% Pure New Zealand'라는 뉴질랜드의 국가브랜드는 지금부터 22년 전인 1992년에 등장하였으며, 뉴질랜드의 순수 자연의 이미지를 잘 표현하는 단일화되고 정제된 국가 브랜드이다.

〈그림 9-3〉 뉴질랜드의 국가브랜드: '100% Pure New Zealand'

자료: www.newzealand.com

제주의 프라이드와 미래가치경영

이 브랜드는 관광산업의 성공적인 진흥을 이끌고 있을 뿐 아니라, 브랜드를 농축산물에까지 확장시켜 품질 인증제(qualmark)의 실시로 큰 성공을 거두고 있다. 또 뉴질랜드는 '반지의 제왕'이라는 영화 제작에 1,000만 불을 지원한 데 이어, 영화 호빗이 또다시 뉴질랜드의 자연을 테마로 하면서 뉴질랜드 방문 관광객의 증대와 문화 마케팅으로 큰 소득을 올리고 있음은 매우 부러운 일이 아닐 수 없다.

▌온라인 마케팅: 지출보다 수입이 큰 남는 장사

컴퓨터나 스마트폰 한 번의 접촉으로, 전 세계와 연결되고 소통하는 지구촌 시대에 살고 있는 지금, 온라인 마케팅(인터넷 마케팅, 사이버 마케팅)의 중요성은 아무리 강조해도 지나치지 않다. 상거래뿐 아니라 새로운 정보나 지식의 습득은 인터넷 검색에서 시작된다. 2014년 1월 기준으로 우리나라 스마트폰 보급대수가 3,500만 대를 넘어선 이 시대에 스마트폰은 실시간으로 민심을 전하는 통로가 되고 있다.

이제 정당도 모바일 정당으로 바뀌어 가는 과정이라고 한다. 매스 미디어 시대에서 1인 미디어 시대로 가고 있다. 몽골의 기병이 유럽을 점령하는 것이 아니라, 디지털 유목민이 세계를 지배하는 시대이다.

여행지를 선택할 때부터 시작하여 여행지를 여행하는 동안 그리고 여행을 마친 후에도 소셜미디어를 활용하고, 다른 여행객들은 광고보다 다녀온 여행객들의 코멘트와 리뷰를 더욱 신뢰한다. 파워 블로거의 게시글(SNS 포함)은 때로는 TV 광고보다 더 위력적이며 사람들은 돈 들인 기업의 세련된 광고보다 사이버 이웃인 유명 블로거의 사용후기를 더욱 신뢰한다.

제주도 파워 블로거를 양성하고 지원하여 마케팅 팀으로 활용해야 한다. 마케팅이나 홍보는 쌍방향 소통이 생명이다. 일방향의 광고나 홍보 안내서는 나열된 정보에 불과하지만, 경험자나 이웃의 진솔한 이야기는 소비자의 인식에 쉽게 접근하여 자리를 잡는다. 또한 신뢰의 경제시대가 도래함에 따라, 인터넷 쇼핑 시장은 해외 직수입을 포함하여 확대일로에 있다.

온라인 마케팅은 고객 접근성과 고객의 욕구 분석으로 맞춤형 개별 마케팅이 용이하다는 장점 외에도, 유통 단계를 줄여 비용을 크게 절약한다. 미국의 한 조사에 의하면, 은행의 고객 접점 비용이 1달러를 넘는 것에 비하여 인터넷 뱅킹은 100분의 1인 1센트에 지나지 않는다고 한다. 제주도가 인증하므로 일단 신뢰할 수 있다는 소비자의 인식만 형성시킬 수 있다면 제주 산물의 종합 인터넷 쇼핑몰은 적은 비용으로 매우 큰 효과를 낼 수 있다. 대도시 중심 상가에 점포를 낸다거나 백화점에 입점하는 데 드는 고가의 수수료 등을 절감하여 고객의 가치창조에 더욱 헌신할 수 있다. 잘 디자인되고 제주도가 공인하는 제주 산품의 전용 온라인 쇼핑몰은 제주 소상공인과 농업인들에게 마케팅 비용 없이 전 세계 고객에게 판매할 수 있는 온라인상의 점포를 제공함으로써 세계시장에의 접근성을 넓혀줄 수 있을 것이다.

다수의 지자체는 이미 경쟁적으로 자기 지역을 방문하는 여행자들을 위한 앱의 개발과 보급으로 큰 효과를 거두고 있다는 보도도 자주 접할 수 있다. 제주도청, 제주관광공사, JDC 등으로 분산되어 있는 제주 마케팅 관련 웹 사이트를 보다 매력적이고 편리한 사이트로 보완하여야 한다. 또한 고객의 관점에서 일관성 있게 관광, 투자, MICE 등 제주 상품을 온라인으로 마케팅할 수 있는 통합적인 조직도 필요하다. 제주의 온라인 마케팅은 특히 제주가 부족한 스토리텔링이라는 입소문 마케팅의 강력한 도구라는 점과 작은 투자로 큰 효과를 볼 수 있는 마케팅 전략으로 제주가 큰 관심을 지속적으로 가져야 할 사안이다.

🔵 쉬어가기 #3_ Mr. 다니엘 튜더, 제주에서 길을 잃다

영국 『이코노미스트(*The Economist*)』의 전 특파원이며 *Korea: The Impossible Country*(노정태 역, 『기적을 이룬 나라 기쁨을 잃은 나라』(문학동네, 2013))의 저자인 다니엘 튜더(Daniel Tudor)가 한국에 정착하게 된 동기 중의 하나는 제주 여행이었다. 이를 소개하는 글을 어느 경제 주간지에서 읽으며 기분 좋은 하루가 되었던 적이 있어 소개한다.

2004년 8월 날도 궂은 어느 여름날 제주를 여행하던 영국 젊은이 네 명이 길을 잃고 당황하다가 어느 동네에 이르러 작은 구멍가게 하나를 찾아, 주인에게 서투른 우리말로 제주시로 가는 길을 물었다. 무뚝뚝해 보였던 그 가게주인은 하던 일을 놓고, 손짓으로 따라오라고 한 연후에 이들을 자기 차를 한 시간가량이나 운전하여 데려다 주었다는 것이다.

콜택시 번호라도 구하면 다행이라고 생각했던 이들 네 명의 영국 청년 중의 한 사람이 바로 후에 세계적인 경제주간지인 『이코노미스트』의 한국 주재 영국 특파원이 된 다니엘 튜더였으며, 그는 후에 한국에 정착하게 된 계기 중의 하나가 "낯선 외국인에게까지 마음을 여는 사람들이 있는 곳에 살고 싶다"라는 생각이었다고 한다.

제주인은 폐쇄적이고, 낯선이에게 마음을 주지 않는 궨당(친족) 정신이 투철(?)하다며 자아비판하는 우리들에게 이 가게 아저씨의 파란 눈의 이방인에게 배려하는 궨당('돌보는 무리'란 뜻인 권당(眷黨)이라는 말의 방언)정신은 어떠한가?

이러한 작은 예에서, 신문지상을 타고, 블로그를 통한 입소문을 낳고 또 다른 입 소문을 낳는 것이 몇 억짜리 TV 광고보다 더 효과가 큰 제주 가치를 높이는 감성 마케팅의 기본임을 다시 한 번 배운다. 제주 전 도민의 마케팅 요원화도 그리 어려울 것 같지 않다고 희망한다.

3. 자본 조달과 투자유치

▌소요 예산 및 투자유치

  제주도의 종합계획은 국제자유도시의 비전과 미션 달성을 위한 사업으로 전략사업과 부문별 사업으로 구분하고 있다. '전략사업'은 랜드마크적 복합리조트, 신공항, 해상 풍력발전 단지 등 12개 사업으로, 그리고 '부문별 사업'은 관광산업, 청정1차산업, 핵심산업환경보존과 이용 개발, 주거 건설 등 정주체계, 일반 경제 사회부문 등으로 나뉘어 있다.

  제2차 계획기간(2012~2021)인 10년 동안에 총 약 34조 원이 소요될 것으로 계획되어 있으며, 지방비 부담은 15%, 나머지 85%는 국비보조 34%와 민자유치 51%로 대부분의 투자 소요자금을 외부에서 조달해야 하는 외부자본 의존형 구조로 되어 있다.

  JDC의 시행계획은 종합계획의 내용 중 JDC가 추진하여야 하는 사업을 구체화한 실행계획으로 JDC가 수립하고 국토해양부가 승인하

〈표 9-1〉 제2차 종합계획 총 소요 예산(단위: 억 원)

구분	국비	지방비	민자	계
전략 사업	50,899	8,419	67,487	126,805(37.5%)
부문별 사업	62,529	42,240	106,205	210,974(62.5%)
계	113,428 (33.6%)	50,659 (15.0%)	173,693 (51.4%)	337,779 (100.0%)

자료: 제주특별자치도, 「제2차 제주국제자유도시 종합계획」, p.1521

제주의 프라이드와 미래가치경영

<표 9-2> JDC 제2차 시행계획 총괄 투자 계획(단위: 억 원)

사업명	총 사업비	국비	지방비	JDC	민자
핵심 / 전략 / 관리 사업	69,840	2,310	1,930	10,010	55,590
도민 지원 사업	560			560	
홍보 마케팅	500			500	
토지비축	710			710	
(총계)	71,610	2,310	1,930	11,780	55,590

자료: 제주국제자유도시개발센터, 「제2차 제주국제자유도시개발센터(JDC) 시행계획(2012~ 2021)」, p.189

는 법정계획이다. JDC의 제2차 시행계획(2012~2021)상의 자금 소요는 총 7조 1천억 원 정도로 그 내역은 〈표 9-2〉와 같다.

이상의 두 계획에 더하여 현재 기본설계 수립 용역이 진행되고 있는 '세계환경수도조성사업'도 '종합계획'과 계획기간이 일치하는 사업이다. 중간보고서(2014.3)상의 소요재정 규모는 신규자금 약 3조 4천억 원이며, 전기자동차 10만 대 보급에만 국비지원이 약 2조 원이상 필요할 것으로 추산한다.

상기 3개 계획을 종합할 때, 향후 10년간(2012~2021) 제주도를 국제자유도시 및 탄소중립도시(환경수도)로 조성하기 위한 투자비 총계는 대략적으로 45조 원이 소요되고, 이를 중앙정부가 약 14조 원 (약 30%)을 지원하고, 제주 지방비 부담 16%를 제외한 약 24조 원 (약 54%)이 민간자본유치로 조달되어야 한다. 제주도의 2014년도 예산이 3조 5천 억인 것을 감안하면, 매년 거의 1년 예산만큼의 외부자본유치가 추가로 필요한 것으로 추정된다.

▌국비 지원

　　제2차 종합계획 기간 내에 총 10조 원이 넘는 국비의 지원을 기대해야 하는 제주도는 중앙정부의 예산 배정에 또다시 목을 메야 하는 것이 눈에 선하다. 하지만 소요 국비의 대부분이 제주 인프라 건설 관련 비용으로 조달의 관건은 신공항 건설비 약 4조 원, 도로 항만 공사비 약 2조 원 및 전기차 보급을 위한 보조금 2조 원 등이 될 것이다. 특히 신공항 건설은 제주의 접근성 제고를 위한 필수 투자로 국비든 민자든 이제는 더 이상 늦출 수 없는 시급한 사업이다.

　영호남의 지역발전을 위해서는 수조 원씩 투입되는 고속철과 고속도로의 건설은 시행하면서, 환황해경제권과 환태평양경제권의 교집합에 위치하는 동아시아 중심도시로 도약하기 위한 제주의 발전을 위한 기본 인프라인 신공항 건설은 계속 미루어지고 있다. 중앙정부도 균형발전론과 표심 얻기 선거전략에 매몰되어 이 지방 저 지방 선심성 사업에만 지원할 것이 아니라 선택과 집중의 전략에 의거 제주국제자유도시 조성의 의지를 보여야 한다. 중앙정부의 제주에 대한 국비 지출은 국민 전체를 위한 투자이지 1% 유권자를 위한 선심성 지원이 아님을 인식시키는 논리개발이 중요하다.

　기획재정부의 예산담당 부처로부터 예산을 많이 확보하여 제주에 가져오는 제주공무원이 유능한 공무원으로 대접받는 현실이 너무나 우스꽝스럽다. 국민의 세금으로 조성된 국가자금의 배정을 공무원 간의 친소관계에 따라 배정한다는 것 자체가 코미디이며, 국회 예산심의 시 쪽지 예산 등으로 수억 원을 제주에 가져왔다고 생색내는 의원님들도 우습다.

　말도 많은 제주의 해군기지 건설은 어떤 면에서 제주의 내재가치를 일부 훼손하며 우리나라 전체를 위한 국가안보상의 필요에 의해

제주의 프라이드와 미래가치경영

제주에 건설되고 있는 것이다. 제주가 동아시아의 중심도시와 환태평양 시대의 국가 개방의 관문으로 국가발전에 기여할 것까지 고려한다면 중앙정부도 제주에 보상이 아닌 국가전략으로서의 투자는 당연히 이행되어야 한다.

기업의 경영에 있어 대주주나 투자자의 사전 승인이 없는 대규모의 투자계획의 수립과 집행은 상상할 수 없는 것과 마찬가지로 종합계획의 확정 절차에 있어서 특히 국비 지원에 관한 중앙정부와의 사전 합의가 없는 계획은 무의미하다. 제주도정은 추후에 중앙정부가 지원해 주지 않아서 요것밖에 하지 못했다고 변명할 일이 아니라, 스스로 해결할 수 있는 사업 규모의 축소나 자조자립 방식에 의한 추진 등 창의적인 Plan B를 준비해야 한다.

▌민자유치

종합계획과 시행계획상의 민자유치 총 소요액은 약 22조 원 규모로 랜드마크적 복합리조트 사업(약 2조 3천억 원), 해상풍력 발전단지(약 3조 4천억 원) 및 민간 주거건설(약 6조 원) 등과 JDC가 책임을 지고 있는 투자유치분(약 5조 5천억 원) 등을 제외하면 미미한 규모이다. 신임 도정에서 돌발적인 사업이 튀어 나오지 않는다면 제1차 종합계획과 달리 품격 있는 투자유치가 가능할 것으로 전망되므로 다행스러운 일이다.

종합계획에서 첫 번째 전략사업으로 제시한 랜드마크적 복합리조트 건설은 제주의 곳곳에 카지노를 염두에 둔 중국 자본이 이미 사업 승인을 득하고 건설을 시작하였다. 그러므로 그 콘텐츠와 디자인 등에는 각별한 관심이 필요하지만 제주에 추가로 복합리조트가 필요치 않은 실정이다. 해상풍력 발전 단지는 재무적 타당성이 입증되면 투자자 유치는 그리 어려울 것이 없는 사업이며, 주거 건설 또한 제주의 부동산 가격 상승 기대로 주택 개발업자의 투자유치 또한 쉬울 것이다. JDC의 투자사업 또한 이미 중국의 대기업 등이 계약을 마치고 사업 착수가 되고 있는 상태로 이제는 사업 진척의 모니터링과 사후 관리가 보다 중요한 시점이다.

자본을 이해하면 투자유치는 결코 어렵지 않다. 자본의 절대적인 속성은 이익(프로젝트의 사업성)이 있는 곳, 특히 외국자본은 글로벌 스탠더드가 있는 곳으로 흐른다. 구걸하는 식의 투자유치로는 자본을 유치할 수 없다. 투자자 내지 금융기관의 속성은 비 오는 날 우산을 뺏어가듯이 항상 반대로 행동한다. 따라서 벌이 꿀을 찾아 꽃으로 모이듯이, 그들이 오게 해야 한다. 자금은 널려 있다. 국내 굴지의 상장회사들은 수백조 원의 유보금을 쌓아 놓고 투자기회를 찾고 있으며, 외국의 자본 또한 적합한 투자사업 기회를 노리고 있다.

투자유치 성공의 요체는 투자 대상 사업의 재무적 타당성(financial feasibility)으로 귀결되기도 하지만, 보다 중요한 것은 시장의 눈높이에서 본 사업의 창의적인 차별성이다. 한때 제주에 관광객의 집객 효과를 높이기 위하여 디즈니랜드나 유니버셜 스튜디오 등의 테마파크 사업을 추진한 적이 있었다. 홍콩에도 상하이에도 인천 송도에도 이미 운영 중에 있거나 추진 중인 그러한 테마파크가 제주 관광의 경쟁력이 절대적으로 될 수 없음에도 불구하고 최근까지 거론되기도 하였다.

육지나 외국에서 오는 관광객들은 제주를 방문하며 뭔가 다른 제주다움을 보고 느끼기 위해 오는 것이다. 제주 자연자원의 아름다움뿐 아니라 제주에는 무언가 다른 것이 있다는 것을 확인하고 체험하러 오는 것이다. 제주 올레가 수조 원이 투자되어야 하는 복합리조트 프로젝트보다 제주의 가치와 제주의 브랜드를 높인 사실을 보면서 '제주다움'을 이길 수 있는 제주의 또 다른 경쟁력은 없다는 것을 다시 한 번 확인한다.

▌투자유치의 진실과 오해

• 투자유치는 투자자가 항상 '갑'이다?

투자를 하고 투자를 유치하는 것은 정당한 상거래이다. 투자자는 투자대상물의 미래 수익을 현가로 환산하여 일시에 구매하는 것이고, 투자를 유치하는 측은 가능한 한 미래가치에 근접한 가격으로 투자대상물을 판매하는 비즈니스이다. 투자자는 투자의 리스크를 줄이기 위하여 최저한의 미래 수익을 보장받기를 원하며, 저렴한 가격과 가능한 많은 투자 인센티브로 이를 헤지(hedge)하려 한다. 반면에 투자를 유치해야 하는 입장에서는 내가 시장에 내 놓은 투자대상물의 가치에 확신을 가지고(미래가치에 대한 확신이 없는 물건을 투자자를 속여서 판매하는 것이 아닌 한) 공정한 상거래를 하는이상 지나치게 굽실거리거나 저자세일 필요는 없다.

구걸하고 애원한다고 투자하거나 이득이 없는 곳에 투자하는 이는 자선가이지 투자자가 아니다. 투자유치를 책임지는 리더는 분명한 자기 확신이 없으면 투자유치에 성공할 수 없다는 점을 다시 한 번 강조한다. 투자유치를 책임지는 자신이 제주의 미래가치에 확신을 가지고 자기 자신부터 설득할 수 있어야 한다. 자신이 납득하지 못하고 망설이면서 어떻게 타인에게 투자기회를 권유할 수 있겠는가? 투자자는 투자상담 시에 이미 상담 상대방의 열정과 논리, 심지어 얼굴 표정에서 투자기회의 진정성을 파악한다.

• 인센티브가 부족해서 투자유치가 잘 안 된다?

투자유치의 개선방안이라면 항상 세금 감면 등 인센티브의 상향을 얘기하지만, 실제 투자자의 입장에서는 타 경쟁국이나 도시와 유사한 수준의 세금 감면 인센티브 정도로 만족한다. 사업가의 입장에서는 사업성과 시장 환경에 의해 창출되는 사업의 수익성이 더 큰 문제이다. 이익이 나면 적법한 절세 정책으로 세금을 절약하면 되는 것이나, 사업이 적자를 내면 기업이 존폐 위기에 처하므로 이익 후 세금 부담에 대해서는 비교적 관대하다. 투자자는 그가 지불하는 가격보다 항상 미래가치가 높은 곳에 투자한다는 것을 잊지 말자.

• 투자자금이 들어오면 투자유치의 끝이다?

투자자금이 들어오기만 하면 투자유치가 성공했다고 생각해서는 안 된다. 사업의 인·허가권자나 사업주는 사업의 진행사항을 철저하게 모니터링은 하지만 관리와 통제의 대상이 아닌 공동이익을 추구하는 파트너라는 인식하에 끝까지 함께 가야 한다. 제주에 투자하여 성공한 사례가 많다는 것보다 더 좋은 투자유치 마케팅은 없다. 전임 리더가 투자유치에 성공하여 치적 홍보 등 활용가치가 없는 '식은 죽'이 되었다고 무관심해야 할 일이 아니라, 투자가 성공할 수 있도록 최선을 다해 사후관리와 지원에도 충실해야 한다(🔵 쉬어가기 #4 참조).

투자유치의 궁극적 성패는 투자자나 유치자 모두 최종적으로 해당 사업이 이익을 내어 투자 원금을 회수하고, 서로가 윈윈하는 것이다. MOU, MOA의 체결과 기념사진 촬영 후 기자회견이 중요한 것이 아니라 최종 계약과 사업 계획의 검증 등이 매우 중요하다. 계약 시에는 당사자끼리 가능한 한 많이 다투고 논쟁을 하는 것이 적당히 애매하게 넘어가는 것보다 계약의 이행 과정에서 모호함으로 인한 분쟁을 줄일 수 있어 좋다. 사람은 가도 계약은 남는다는 말을 명심해야 한다.

• 외국인 투자유치가 절대 선(善)이다?

　　외국인 투자유치, 특히 외국인 직접투자(FDI: Foreign Direct Investment)의 중요성은 1997년 외환위기 이후 세계금융의 불안정성 확대로 나라마다 더욱 강조되고 있다. FDI에 대한 한국 내의 비판적 시각은 국부 유출, 단기 차익 매각(먹튀), 시장지배, 공익적 기능의 회피, 적재적 M&A, 첨단기술의 유출 우려 등으로 대표된다. 그러나 FDI는 외환보유고의 증대 효과 외에도 고용 창출, 신기술 이전, 산업의 고도화에 기여하고 낙후 지역의 개발을 촉진하기도 한다.

　　정부는 외국인 투자자가 선호하는 글로벌 스탠더드에 맞는 유연한 경제정책의 시현과 환경을 조성하며, 외자 도입의 선(善) 기능이 경제성장에 절실한 만큼 주민은 그에 유리한 환경을 조성하는 지도자를 선출하려고 할 것이다. 그러므로 외자의 도입이 경제의 글로벌 경쟁력을 강화한다는 것이 정설이다.[76]

　　제주가 국제자유도시의 모델로 삼고 있는 싱가포르는 외자유치를 통해 성공한 국가이다. 리콴유 전 총리의 경제정책의 특징은 매우 단순하다. 대외적으로 개방체제를 만들어 해외자본을 유치하는 데 국운을 걸었다. 그리고 이를 위해 싱가포르의 시스템을 바꾸어 세계에서 가장 기업하기 좋은 나라로 만들어 외국 기업과 외자를 유치하는 것이었다. 그는 해외기업이 들어올 여건을 만들기 위하여 싱가포르가 먼저 변해야 한다고도 생각했다. 그에 따라 싱가포르의 모든 요소들, 즉 국민의 문화·환경·교육·언어 등을 국제화하는 노력을 기울였다. 특히 리콴유 수상은 싱가포르의 CEO로서 싱가포르에 진출하는 외국기업이 당국의 관리나 규제의 대상이 아닌 비즈니스 파트너로 인식하며 공동 이익을 추구하였다.

그 결과, 싱가포르는 외국인 투자가 총 국내투자의 70%를 차지하며, 약 6,000여 개의 다국적 기업이 진출해 있고 런던, 뉴욕, 홍콩 등과 더불어 세계 5위의 국제외환시장으로 성장했다. 2000년대 들어서도 전자제품 생산과 물류 허브를 넘어서 R&D의 허브와 21세기형 첨단지식산업의 센터가 되기 위한 노력을 계속하고 있다.

그러면 과연 제주의 경우는 꼭 외국인 투자유치가 필요한가? 사실, 제주가 외환수지계정을 별도로 운용해야 할 필요가 없는 이상, 외국인 투자를 더 선호하는, 다시 말하면 국내외 투자에 차별을 둘 하등의 이유도 없다. 다만, 국내 투자자에 비해 외국인 투자자가 제주가 추진하고자 하는 특정 사업의 지식(know-how)이나 경험 등을 더 가지고 있는 경우(타깃 마케팅에 의해 선정된 경우)에는 예외일 것이다.

제주의 투자진흥지구 제도의 경우, 우리나라에서 유일하게 투자 인센티브 부여에서 내국인도 외국인과 동일한 세금 감면의 혜택을 주고 있다. 반면에 우리나라의 경제자유구역은 인천 등 총 8곳으로, 조성한 지 10년이 넘어간다. 하지만 싱가포르, 홍콩, 상하이 등이 국내외 기업들에게 동등 대우 원칙을 고수하는 것과 달리, 우리나라만 대기업 특혜시비 등 정서법 때문에 국내기업을 차별하고 있다고 불만이 많다.

최근 대한상의의 조사에서 외국기업과 동등한 세금감면 혜택 등이 가능할 경우 전국 8개 경제자유구역에 국내의 117개 기업이 총 3조 원의 투자의향을 가진 것으로 파악되었다고 한다. 즉 경제자유구역을 제주 투자진흥지구와 같은 경제특구가 되게 해달라는 것이다. 물론 국내기업 대부분의 투자가 제조업을 겨냥하고 있으므로 제주에 유치하기가 쉽지 않은 특성이 있지만, 국내의 잠재 투자기업에게 제주투자진흥지구의 이점을 충분히 홍보하고 활용하였느냐는 문제가 있다. 이제 투자진흥지구라는 제주만이 누리던 차별화된 특혜도 선점효과가 없어질 날이 머지 않았다.

한국의 재벌 기업들도 제주에 투자를 꺼리는데 외국인 투자자가 제주에 오겠느냐라는 물음은 몇 년 전에만 해도 자주 듣던 질문이다. 제주의 경우 국내 자본의 유치가 외자의 유치보다 더 어려운 것으로 평가되고 있다. 그 이유로 ① 국내 관광 외에 성장 산업으로 내세울 만한 것이 없으며, 미래가치에 대한 확실한 비전을 보여 주지도 못했다는 점(그 비전을 신뢰하지도 않았으며), ② 제주도가 투자할 만한 차별적인 사업을 제시 못한 책임도 있다는 점, ③ 한국 기업 중 제주에 투자하여 성공한 기업의 사례가 없었다는 점 등을 들 수 있다. 대부분의 기업들은 선도자(frontier)로서의 리스크를 감수하려 하기보다는 보다 안정적인 제2인자(second runner)를 선호하는 경향이 없지 않다. 그리고 제주의 배타성, 리더십의 부실 등과 같은 제주 디스카운트의 원인이 되는 여러 요인들도 제주 투자를 망설이게 하는 요인으로 작용한 것으로 여겨진다.

부적격 투자자를 유치하는 것은 곧 잘못된 투자유치이며, 그것이 가져오게 될 폐해는 매우 심각하다. 특히 기업의 가치를 키우는 데에는 관심이 없고 단순한 자산 증식만을 노리는 투기자본이나 기술유출만을 노리는 투자의 경우에는 더욱 심각할 수 있다. 1997년 외환위기 당시 서둘러 급한 불을 끄느라 유치한 글로벌 자본 중 쌍용차를 인수한 후 기술만 유출시키고 철수한 중국 '상하이자동차'의 경우나, 외환은행을 헐값에 인수하여 2년여 만에 수조 원의 배당이익과 자본이익을 챙긴 '론스타'의 경우가 대표적인 예이다. 또한 M&A가 아닌 신규사업의 경우에는 공사를 추진하다가 중단 시 사업을 원 위치로 돌리는 데는 법적으로도 많은 제약이 있으며 장기간 손해배상 등 소송에 시달릴 경우가 생기기도 한다. 소송의 번거로움이야 감당한다 하더라도, 파헤쳐져 속살을 드러낸 이미 훼손된 땅과 흉물스런 건물들은 어찌할 것인가?

▌투자유치는 마케팅의 결과물이다

투자유치는 개발을 위한 투자자금의 단순한 유치 활동이 아니라, 제주국제자유도시라는 한국 유일의 신상품을 기획(design)하고 창조(develop)하여 판매하고, 인허가 등 제반 행정서비스를 제공한 연후에 그 사업의 성공을 위해 사후관리(after service)까지 제공하는 마케팅의 종합예술이다. 투자유치의 속성은 마케팅의 고전적인 원칙인 4P, 즉 Product(상품), Price(가격조건), Place(유통과 물류), Promotion(홍보와 판매촉진)의 일련의 활동과 동일하므로 투자유치는 마케팅의 결과물이 된다.

투자유치의 유치란 말의 뜻은 '매력적인 것을 앞세워 꾀어서 데려오는 것'이나, 투자유치를 영어로 'investment attracting'으로 표현하지 않고, 'investment promotion'이라고 표현하는 것은 투자유치 활동이 투자 촉진을 위한 사업의 구상(product)에서 투자 인센티브의 설계(price), 투자의 입지 선정(place)과 투자처 내지 투자사업에 대한 홍보 및 투자서비스 활동 전체를 포괄하기 때문이다. 투자유치 담당기관은 마케팅 전문성 외에도 조직의 독립성, 성과중심적 인센티브 등이 강조되는 조직이므로 정부조직보다 민간조직이나 준정부기관이 더 적합할 것이다.[77]

제주의 프라이드와 미래가치경영

한국의 투자유치 담당 관료들과 달리 인상적인 점은, 총리 이하 장관에 이르기까지 타깃(국가와 산업)에 대한 투자유치에 매우 열성적이고 진지하다는 점이다. 말레이시아 총리는 매년 한국을 방문하여 산업체를 시찰하기도 하고, 산업성 장관은 총리의 지시로 분기마다 한국을 방문하여 직접 투자유치를 홍보한다.

말레이시아는 중앙정부의 산업성 산하에 산업개발청 MIDA(Malaysian Industrial Development Authority)라는 투자유치를 위한 one stop service 기관과 각 지자체에도 투자유치를 위한 투자유치센터라는 기관이 있다. 지자체의 투자유치기관은 독립기관으로 주지사에게 직접 보고하며, 중앙정부의 MIDA에서도 연락관을 파견하여 조정 업무를 수행한다.

필자가 경영을 맡았던 회사가 2011년에 말레이시아의 셀랑고(Selango)주─우리나라의 경기도에 해당─에 총 사업규모 미화 2억 불 규모의 태양광전지 소재 공장을 지을 때의 일이다.

우리 사업을 유치하기 위한 국가 간의 경쟁(우즈베키스탄, 필리핀, 태국 등)도 치열하였지만, 말레이시아 내 지자체(주 정부) 간의 유치 노력도 인상적이었다. 셀랑고 주로 입지를 확정하고 중앙정부의 투자허가 이후에는 공장 건설 관련 제반 인허가 문제를 주 정부의 투자유치기관의 책임자인 CEO(공무원 직위가 아닌 CEO라 칭한다)가 직접 투자자를 위하여 해결해 주었다. 투자자의 편의를 위하여 20여 명의 관계 공무원(상하수도, 환경, 전기, 등등)을 일시에 모두 한자리에 불러 모아 모든 것이 조정되고 결정되는 시스템을 보고 감탄하였다. 한국의 경우라면 틀림없이 담당 부서를 서류 뭉치를 들고 일주일 내지 한 달 걸려 모두 순회공연을 해야 했을 것이다. 또한 건설 중에는 월 1회씩 CEO가 현장을 방문하여 애로사항을 청취하고 필요 시 관계 공무원을 불러 현장회의를 주재하고 그 자리에서 결정을 내린다. 투자의 결정 후에 관공서와 인허가 문제 때문에 협의하는 것이 더 어렵다는 말이 나올 수가 없는 시스템이 되어 있는 것이다.

우리회사가 투자한 후에 많은 한국의 기업들에게서 투자 관련 문의를 받았으며, 말레이시아 공무원의 열성과 진정성을 좋게 홍보할 수밖에 없었다. 그 이후 여러 개 한국업체가 말레이시아로 달려갔음은 물론이다.

투자유치는 신사업, 즉 창의적인 제주다움을 찾는 사업의 구상에서 시작된다. 투자유치는 자금을 유치하는 것에 주안점을 두는 것이 아니라 제주가 부족한 사업에 대한 지식 및 기술과 경험, 외국인 고급인력, 그리고 마케팅 네트워크 등을 보완하고자 하는 것이다. 그러므로 투자유치는 제주의 경제성장과 선진화를 이루기 위해 부족한 해외자원과 시장을 유치하는 일이다.

따라서 제주가 필요로 하는 이들 제 요소를 가진 기업이 있다면, 그러한 기업의 유치가 우선이 되는 것이다. 단지 외지 자본만 많이 끌어왔다고 그것이 큰 성공이며 공약을 지켰노라고 자랑할 문제가 아니다. 그보다는 제주의 미래가치를 훼손하지 않을 사업과 투자자를 선정하고, 그러한 투자유치의 결실이 지역주민 내지 도민에게 귀속될 수 있도록 사업구조를 설계하고, 진행사항을 정기적으로 모니터링하는 것이 보다 중요한 투자유치 업무이다.

▌투자유치는 리더의 주요 업무 중의 하나이다

투자유치를 위한 국가 간의 경쟁도 치열하여 국가원수가 외국 순방 시에나 또는 국내에서 글로벌 기업의 총수를 청와대에서 면담하는 일도 낯설지 않다. 지자체 간의 투자유치 경쟁 또한 예외가 아니어서 도지사든 시장이든 조직의 리더가 경영 마인드를 가지고 마케팅 본부장으로서 직접 진두에 나서는 투자유치 활동은 투자자에게 '아, 이 사람이라면 투자자의 애로를 들어 주고 해결책을 함께 고민해 줄 수 있겠구나'하는 믿음을 준다(🐾 쉬어가기 #5 참조).

투자자는 정책의 예측 가능성과 지속되는 신뢰를 중시한다. 특히 제주도의 경우는 사업의 제반 인허가권이 도지사에게 집중되어 있으므로 도지사의 임기만료 등으로 인한 정책의 연속성이 훼손되는 것

제주의 프라이드와 미래가치경영

을 염려해야 한다. 보통 총 사업비가 10억 불(약 1조 원)이 넘는 메가 프로젝트의 경우 사업의 구상에서 사업성 검토 및 마스터 플랜 수립을 거쳐 인허가 절차의 완료까지만도 2~3년이 걸린다. 그리고 사업의 단계별 추진과정을 거쳐 사업이 완성되기까지는 통상 10년이라는 긴 시간이 걸린다.

이 기간 동안 정치·경제·사회도 많은 변화가 있게 되지만, 특히 새로운 리더와 관료들의 출현으로 투자자는 두세 명의 새로운 도지사나 JDC 이사장과 새로운 협상을 할 수밖에 없다. 특히 정치인은 유권자에게 약속한 제주의 가치와 발전 정책에 대한 새로운 패러다임을 집행하고자 하므로 정당한 인허가 절차를 거쳐 집행 중인 사업이라 할지라도 수정이 불가피한 경우가 생길 수 있다. 이럴 때 투자자는 갑의 위치에서 을의 위치로 바뀌게 된다.

투자유치의 성사를 위해 간이라도 빼줄 듯이 많은 것을 약속(문서상으로든 구두로든)받았던 투자자에게는 큰 불편이 될 수 있다. 친숙했던 집행자가 물러나고 새로운 집행자가 등장하기 때문이다. 그에 따라 다시 많은 것들을 원점에서 검토하고 사업내용이 바뀌는 것을 투자자가 울며 겨자 먹기로 받아들여야 하는 경우도 있다. 그렇다면 이는 크게 잘못된 것이다. 이런 수난을 겪은 투자자는 제주도의 투자환경에 대하여 시장과 잠재적 투자자들에게 어떤 충고와 평가를 할 것인지는 자명하다. "절대 제주에 투자하지 마라."

산고(産苦)가 클수록 탄생이 기쁨이 크듯이, 투자자와 협상 초기에 많은 사안에 대하여 충돌과 다툼이 많이 있었던 사업일수록 성공 가능성은 높은 법이다. 투자자가 바라는 사업의 기대수익과 제주도가 기대하는 제주발전의 과실이 서로 충돌할 수도 있는 가능성을 조기에 미리 예측하고 그 사업에 대한 목적(가치관)을 서로 공유하여 함

필자가 경영했던 충남의 천안 공장 증설이 필요하여 공장입지를 고르던 때의 이야기이다.

물류의 이점 상 전남과 충남 위주로 약 3만 평 이상의 공장입지가 필요했다. 회사의 총무팀장이 전북 익산의 한 공단을 방문하고 천안의 회사로 돌아왔다. 그가 자리에 앉자마자 전화벨이 울려 수화기를 들었다. 그랬더니 "저, 익산 시장 이한수입니다. 제가 직접 찾아뵙고 팀장님과 사장님께 인사를 드리도록 하겠지만, 아까 방문하셨던 익산 산업 공단에 입주하시면 최선의 지원을 아끼지 않겠습니다"라고 말하였다. 아마도 공단 실무자가 익산 시장에게 즉각 보고했고 시장이 직접 전화를 걸었으리라. 익산도 인구가 제주와 비슷하고, 수많은 기업체가 공장을 가지고 있는 백제의 문화도시, 첨단산업도시를 지향하고 있는 매우 역동적인 도시이다. 건성으로 한 번 둘러봤을지도 모르는 투자기업의 실무자에게 익산 시정의 리더로서 직접 전화를 걸어 마케팅에 나서는 열의는 쉽지 않을 것이다. 이한수 시장이 기업경영 경험이 있고 도의원을 거쳐 시장에 직선되어서인지, 그는 확실히 익산시의 마케팅 본부장으로서 충분한 자격을 갖추고 있는 분이라고 느꼈다.

결과부터 말하면, 익산이 공주와 경쟁하다가 장래의 교통편의, 지원 혜택 등을 고려할 때 공주가 더 높게 평가받아 낙점하게 되었다. 그런데 제주를 위해 투자유치 작업을 하던 때의 애로가 생각이 나서였을까 사장이던 필자가 직접 익산 시장을 찾아뵙고 익산을 선정하지 못한 것에 대한 양해를 구하였다.

공장입지(4만 평)의 대금을 할인해 주는 과정에서는 충남도청과 공주시청이 절반씩 분담하기로 하는 협조방식도 인상적이었다. 또 투자 MOU 서명식에서 신재생에너지 사업에 대한 깊은 이해도를 가진 진솔한 성품의 안희정 도지사에게 많은 감명을 받았다. 그리고 교수 출신으로 매우 창의적인 "Cyber 공주시민" 제도 등을 창안하여 공주의 우호시민과 주말시민이라는 고객을 창출하는 행정학 교수 출신인 이준원 공주 시장에게도 배울 점이 많았다.

투자자는 항상 요구사항이 많음에도, 도지사 및 시장 이하 관계 공무원들이 답을 내려고 애쓰는 문제해결 자세는 국민의 세금으로 급여를 받는 공무원의 행정서비스 원칙과 일치하여 보기에 심히 좋은 사례였다.

께 파트너로서 사업의 성공을 위해 노력해야 한다.

　투자유치 이후의 프로젝트의 성패는 전문 컨설턴트(professional advisors: project, legal, financing, accountant)를 사업주와 투자자가 어떻게 관리하고 운영하느냐에 달려 있다고 해도 과언이 아니다. 사업주의 리더는 물론 내부 사업지원 조직(project owner team)의 실력이 문제가 된다. 프로젝트 컨설턴트들과 동일한 언어를 쓰며(영어로 얘기할 수 있어야 한다는 말이 아니라, 동일한 전문용어의 이해와 사용을 의미한다) 그들을 리드해야 한다. 그들은 결코 사업주보다 그 사업에 대한 열정과 성공의 열망이 클 수 없고 전문가 수준의 차가운 기준 정도만 있을 뿐이다. 추진하는 사업에 대하여 사업주와 동일한 정도의 수준으로 그들을 몰입시키는 것은 사업주 내부팀과 특히 리더가 수행해야 할 중요한 역할이다.

▌투자유치는 투자유치 담당자의 열정과 사명감을 먹고 자란다

　　1988년 경제위기 당시 '유럽의 걸인'으로 불릴 정도로 가난했던 아일랜드는 외국인 투자유치로 20년 만에 1인당 국민소득 4만 달러의 부자나라가 되었다. 10여 년 동안 아일랜드의 산업개발청 IDA (Industrial Development Authority)의 청장으로 마이크로소프트, 인텔 등의 투자를 유치했던 화이트 씨는 "공무원이 시시콜콜 규정을 따지느라 외국인 투자자를 돌려보냈다면 범죄행위에 해당한다"고 얘기하며 규제와 관료주의가 투자유치의 가장 큰 걸림돌임을 강조하였다. 그는 또 외자유치는 공동체 내의 합의가 있어야 신속한 행정서비스가 가능하며, 이를 위해서는 고도의 정치적 리더십과 명쾌한 방향제시가 필요하다고 역설했다.[78]

　투자유치를 담당하는 부서와 인허가 권한을 가진 부서가 서로 다

른 정책 마인드나 정책적 배경을 가진 경우에 투자자는 투자결정 과정에서 혼란에 빠지기 쉽다. 투자자는 당연히 투자의 효율성을 중시한다. 그러나 투자유치를 추진하는 공공기관의 업무처리 관행은 그렇지 못한 경우가 많다. 특히 서로 상충하는 정책적 마인드와 배경을 가진 부서가 함께 투자유치를 추진할 경우 문제가 발생할 가능성이 높다.

예컨대, 투자 관련 법규의 경직성이나 관련 법규들 간의 상호충돌이 발생할 경우, 부서 간 조정과 조율이 효과적으로 이루어지지 못할 경우 투자유치의 효율성은 크게 떨어질 수 있다. 또 추후의 감사나 민원 등에 대한 우려 때문에 담당 공무원이 종종 법규나 규제를 소극적으로 해석하는 경우가 많은데, 이들의 보신주의적 태도는 투자자의 투자의향이나 결정에 부정적인 영향을 미칠 수 있다. 이처럼 투자유치 업무 추진과정에서 발생하는 비효율 때문에 투자자의 투자결정이나 실행을 어렵게 하고, 또 그로 인해 심지어는 투자철회로 귀결될 수 있다는 점을 유념해야 된다(🔵 쉬어가기 #6 참조).

🔵 **쉬어가기 #6_ 투자유치 100일 전쟁**

말레이시아 버자야그룹의 제주 투자유치 성사 과정에서, 일부 중요 사안에 대해 관련 규정의 해석과 도지사의 권한이냐 중앙부처의 소관이냐라는 문제를 놓고 논란이 있었다. 특별법에서 주어진 도지사의 권한과 재량 범위 내에서 결정을 내릴 수 있었음에도, 무려 100일 동안이나 투자자를 기다리게 해 놓고(필자와 당시 JDC의 투자유치팀은 그것을 도정과의 100일 전쟁이라 칭한다), 결국 중앙정부의 법제처 유권해석을 받고 제주도정에서 결정을 내려준 경우가 있었다.

이 지면을 빌어 당시 국무총리이던 한덕수 현 무역협회 회장에게 감사를

제주의 프라이드와 미래가치경영

드리고 싶다. 당시 버자야그룹의 투자유치에 전력을 쏟던 필자의 면담 요청에 기꺼이 응해주었을 뿐 아니라 당초 20분으로 예정되었던 JDC 투자유치 상황보고를 1시간이 넘도록 들어주며, 그 문제를 필요하면 청와대 국정현안회의 안건으로 상정하여 해결해 주고자 하는 열의까지 보여주었다. 결국 총리 산하의 법제처 심의를 거치는 100일간의 노력 끝에 투자자에게 좋은 소식을 전해주었을 당시의 기쁨이 생생하다. 일국의 국무총리도 경영 마인드가 있어야 함을 보여준 생생한 예이다.

그 투자는 당초 미화 6억 불 수준에서 이제는 16억 불 정도로 사업 규모가 확대되어 진행 중이며, 제주 남서부의 랜드마크적 복합단지 리조트로 우리나라 관광산업 역사상 가장 큰 외국인 투자유치의 사례가 될 것이다. JDC와 제주도정이 초심을 잃지 않고 투자유치의 애프터 서비스에도 진심을 다하여 동 사업이 성공적으로 수행되기를 기원한다. 필자는 말레이시아 투자를 한국에 유치하였지만, 또한 그 후 필자가 경영하던 회사가 말레이시아에 약 2억 불 투자사업을 집행하였으므로, 이 또한 한국과 말레이시아 양국 간의 투자가 상호교환된 결과라 할 것이다. 필자가 개인적으로 한국과 말레이시아 양 프로젝트에 모두 주도적으로 관여한 진기한 인연이 될 것 같다.

▌부동산투자이민제, 투자유치에 도움이 된다?

> 그대들은 어떻게 저 하늘이나 땅의 온기를 사고팔 수 있는가?
> 우리로서는 이상한 생각이다.
> 공기의 신선함과 반짝이는 물을 우리가 소유하고 있지도 않은데
> 어떻게 그것들을 팔 수 있다는 말인가?
>
> ···
>
> 땅은 사람의 것이 아니라, 사람이 땅에 속하는 것이며,
> 우리는 땅을 보존하고 사랑해야 한다.
>
> _Chief Seatle Letter-1854

     미국의 14대 대통령인 프랭클린 피어스는 시애틀이 속한 워싱턴 주가 미국의 42번째 주가 되기 전 인디언 추장에게 땅을 팔기를 요구했고, 추장은 위와 같이 응답했다 한다. 피어스 대통령은 감동하여 추장의 이름을 그대로 도시에 부쳤으며, 이것이 시애틀이 도시명이 된 유래다.[79]

     2008년 세계적인 금융위기를 재차 겪으면서 유럽의 여러 나라가 외환부족과 경제위기를 타개하기 위한 궁여지책으로 일정 금액 이상을 자국에 투자한 외국인에게 영주권을 주는 제도를 만들고 있다. 헝가리는 외자유치를 위하여 5년 만기의 헝가리 특별국채를 25만 유로(한화 3억 5천만 원) 이상 투자한 외국인에게 영주권을 주며, 스페인은 주택가격의 폭락으로 대출금 연체자가 급증하고 미분양 주택도 수십만 채 이상 쌓이면서 16만 유로(한화 2억 2천만 원) 이상의 부동산을 매입하는 외국인에게 영주권을 주기로 하였다. 아일랜드와 포르투갈도 각각 40만 유로(한화 5억 6천만 원), 50만 유로(한화 7억

제주의 프라이드와 미래가치경영

원) 이상의 부동산 매입자에게 영주권을 주는 제도를 이미 도입하였다. 이렇게 영주권이란 당근으로 유인하고자 하는 주요 타깃은 우리나라와 마찬가지로 중국을 포함한 개발도상국과 러시아의 부유층이다.[80]

우리나라도 법무부 장관이 고시한 지역에서 일정 금액 이상의 부동산을 매입한 외국인에게 거주비자를 내주고, 5년 후에 영주권을 부여하는 부동산투자이민제도를 도입하였다. 2010년 2월 제주도를 필두로 현재는 강원도 평창 알펜시아, 여수 대명도 관광단지, 인천 영종지구, 부산의 해운대 관광리조트, 동부산 관광단지 등을 지정하여 시행 중에 있다. 시행 후 4년이 지난 2014년 2월 현재 1,076건(중국인 1,065, 99%)에 7,017억 원의 부동산 매입이 이루어졌다.

우리나라의 외환보유고는 2014년 1월 말 현재 3,400억 달러를 넘어 사상 최고치를 매달 경신하고 있다. 부동산투자이민제를 도입한 2010년만 하더라도 외환보유고가 2,800억 달러 수준으로 단기 외채 규모 1,400억 달러에 비하여 절박한 위험 수준이 아니었다. 그럼에도 이 제도를 실시한 것은 외국인 투자유치라는 포장 속에서 부동산 시장의 활성화 목적, 엄밀히 말하면 대상 부동산이 일반 아파트 등의 일상 주거용 주택이 아닌 콘도 등 휴양시설에 국한되어 있으므로 과잉 공급된 콘도 등의 관광숙박시설물의 미분양 해소를 위한 목적이 더 큰 것으로 볼 수밖에 없다.

이러한 우리나라의 부동산투자이민제도는 콘도나 펜션 등의 휴양시설 구입 시 5년 후에 영주권을 부여하고 있다. 이런 점에서 재정능력이나 사업경력, 소득능력 등을 심사하는 외국의 (사업)투자이민제와는 성격이 많이 다르다는 점을 알 수 있다.

(사업)투자이민제는 외국의 투자를 유치하여 일자리를 창출하고

경제성장에도 기여하려는 목적으로 세계의 여러 나라가 채택하고 있는 제도이다. 부족한 자국의 기능인력의 수입을 위하여 간호사 등 기능인력에게 장기거주비자나 영주권을 주는 기술이민제도와 달리, (사업)투자이민제는 일정 금액 이상을 사업에 투자하고 일정 수 이상의 직원을 고용할 경우에 한하여 허용한다. 미국과 캐나다, 호주 등의 국가는 투자금액의 크기, 신청자의 나이, 사업의 경력 등의 심사기준에 따라 평가점수제를 도입하여 엄격히 심사하여 이민을 허가한다.

캐나다의 연방투자이민제도(Immigrant Investor Program)의 경우, 투자이민 신청자의 순자산이 160만 캐나다 달러(한화 약 15억 원) 이상이고, 이 중 절반을 캐나다 정부에 예치(무이자)하면 영주권 신청이 가능하다. 1986년 이후 중국인 등 약 13만 명의 해외이민자를 받아들였으나, 2014년 2월 캐나다 정부는 이 프로그램의 전격폐지를 공식화하였다. 그 이유는 현재 이민신청 대기자가 6만 5천 명으로(이 중 약 70%가 중국인) 이를 해소하는 데만도 약 6년이 소요되며, 실질적인 고용창출이나 세수 증대 실적이 미미하고, 부동산 가격의 상승과 캐나다 문화가치의 실종 우려 등으로 실질적인 캐나다 영주권가치의 하락이 염려되기 때문인 것으로 알려지고 있다.[81]

중국인의 제주 토지 소유의 급격한 증가에 따른 도민, 언론 및 식자층의 우려가 많다. 중국인 소유 토지는 2013년 6월 현재 2,450,000㎡로 2007년 22,000㎡에 비하여 약 110배 증가하였다. 제주도 전체 면적의 0.13%에 지나지 않으므로 지나친 염려라는 해석은 행정 편의적 생각으로 설득력이 떨어지며, 개발 가능 면적 대비 어느 수준인지 등 좀 더 세밀하게 2,450,000㎡의 내용을 분석할 필요가 있다.

JDC가 추진하는 초대형 프로젝트에 해당되는 면적, 중소형 상가용 및 콘도 주택용 토지 등으로 구분하여 어떤 부분이 문제가 될 수 있는지를 검토하여 우려되는 부분이 있으면 제도를 보완하고, 도민을 설득하는 노력이 필요하다. 또한 대형 프로젝트의 경우에는 사업목적과 상이하게 해당 토지가 사용될 경우나 정해진 사업 기일 내에 개발 공사가 지지부진할 경우, 토지환매권을 행사할 수 있는 규정이 있다. 당초 계약 시부터 범칙금(penalty) 조항도 단단히 삽입하는 등 이를 명확히 하고 유사시에 동 권한을 적극적으로 행사함으로써 단순히 토지 매매차익을 추구하는 투기자본을 배척하여야 한다. 특히 일정 규모 이상의 중국의 부동산 투자자에 대하여는 CBRE, JLL, DTZ 같은 세계적으로 권위 있는 부동산종합서비스 업체(global real estate adviser)에 의한 사전 신용조사가 필수적이며, 사업의 인허가를 위한 사업계획 검증 및 관련 계약서의 검토를 도지사 산하에 능력 있는 전문가로 구성된 독립적인 상설위원회로 하여금 객관적으로 검증을 수행토록 하여 특혜시비를 불식하고 투자자의 옥석을 구분하여야 한다.

최근 중국 자본에 의한 제주의 상가 점포나 빌딩 등의 매입도 늘어나고 있는 추세다. 임대료나 권리금의 상승으로, 도민의 영세 상권의 위축이나 축출도 염려되므로 어느 정도의 한도를 정하여 일정 기간 전매를 제한하는 방안도 강구하는 등 투기자본을 가려내는 노력이 필요하다. 노무현 정부의 최대 실패 중의 하나는 부동산 가격을 잡지 못한 것이다. 부동산 투기나 부동산 가격의 거품은 공교육제도의 붕괴와 아울러 두 개의 망국병이라 할 수 있을 정도로 국민의 삶의 질을 떨어뜨리는 원흉이다. 제주도도 무분별하게 외국인에게 부동산을 매각하거나, 투기자본에 의해 조작되는 부동산 가격을 잡지 못하면 제주의 미래가치를 크게 훼손하게 될 것이다. 토지의 장기임대 방식도 심도 있게 고려될 필요가 있는 이유이다.

부동산투자이민제는 상주인구를 늘리기 위한 고육지책이라고 항변하기도 한다. 가격상승 차익을 위해 제주의 콘도를 매입한 중국의 투자자가 일 년에 상당일 수 동안 제주에 상주하며 제주의 경제에 도움이 될 것이라는 생각은 매우 순진하기까지 하다. 제주도가 선도적으로 시행하여 콘도 몇백 채를 중국인에게 파는 성과를 냈다고 해서 한국의 관광단지 몇 곳이 이를 도입 시행하고 있지만, 제주를 제외한 타 지역에서는 그나마 실적이 거의 없어 콘도 등의 관광시설 분양에 도움을 주지 못하고 있다. 콘도를 매입한 대부분의 목적이 장기거주를 통하여 휴양을 위한 것이 아니라, 중국 내 부동산 시장이 레드오션화함으로 기대수익률이 낮아졌기 때문에 포트폴리오 관리 차원에서의 자산분산과 향후 자본이득(capital gain)을 얻기 위한 것이기 때문이다.

혹자는 제주의 부동산 매입자들이 제주에 거주하며 전방위·후방위적으로 제주에 경제적 이익을 주지 못하더라도 구입 부동산의 관리비와 재산세가 제주 경제에 도움이 된다고 강변한다. 부동산투자이민제가 고작 이 정도의 경제적 효과 창출이라면 이러한 정책의 도입과 시행은 제주도가 제주의 관광시설 마케팅에 도움을 주기 위한 기획부동산 정도의 역할에 머무를 수도 있다. 오히려 보다 적절한 인센티브를 부여하더라도 고용을 창출할 수 있는 제주형 (사업)투자이민제의 도입을 위한 정책적 고민이 필요하다.

필자는 개인적으로 제주의 지속성장을 위해 인구가 100만은 되어야 한다는 논리도 수긍하지 않는다. 인구 100만 이하의 많은 도시들이 자생력을 가지고 세계의 창조도시와 환경도시로 성공한 사례가 오히려 많기 때문이다. 인구나 도시의 사이즈가 행복도시의 순서는 결코 아니다. 제주는 오히려 환경총량을 걱정해야 하는 시기가 더 빨리 도달할 것을 걱정해야 한다.

▌China Money에 대한 우려

최근 중국 자본의 제주 러시현상이 두드러진다. 여러 개의 복합관광단지의 건설, 도심의 빌딩 매입, 부동산투자이민제의 시행에 따른 콘도의 매입, 중국 관광객의 서비스 공급망(supply chain)의 중국 독점 등등 이러한 최근의 경향에 대해 도민사회는 매우 우려하고 있는 것이 사실이다.

전술한 '제2차 종합계획 유감'에서도 대 중국 일변도의 편향된 정책에 대해 의견을 피력한 바 있지만, 필자도 우려의 시각을 가지고 있다. 제주가 중국의 영지 경제권으로 전락하는 것이 아니냐는 우려는 기우라 하더라도, 제주가 전 세계인을 위한 동북아의 중심시장(market place)을 지향하여야 하는 지정학적 입지상 어느 일국에 자본과 시장이 집중되는 현상은 바람직하지 못하다. 주요 요지와 요소를 중국 자본이 선점함으로써, 때로는 실수요자인 제주인이 고가를 지불해야 하는 경우도 생기며, 일본을 포함한 제3국의 투자기피 현상도 초래할 수 있다.

외국 투자자본의 옥석을 가리는 일은 생각보다 어렵지 않다. 생산적 투자자본이냐 부동산 투기자본이냐를 가리는 일은 서두르지 않고 사전에 정해둔 매뉴얼대로 진행하면 어느 정도 가능하다.

첫째, 사전에 계약되어 있는(retained) 전문 신용조사기관이나 해당 업계 컨설팅 업체의 도움을 받아 투자자의 재정능력을 포함한 사업수행 능력 등 신인도를 파악하고 둘째, 내부의 적절한 시스템(전문가로 구성된 독립적인 투자심의위원회)으로 하여금 투자대상사업이나 투자대상물이 제주 가치 창출 효과가 어느 정도 되는지를 투명하게 측정하고 셋째, 필요 시 투자자에게 사업을 완결한다는 사업완수 보증서(completion guaranty)를 제출케 할 수도 있으며 넷째, 관련 계약서나 인허가 부대조건으로 건설 공기의 지연이나 완공 후 당초의 사업목적과 다르게 사업이 운영될 경우 구제방안(remedy clause)과 페널티 조항을 단호하게 명문화하는 것이 필요하다.

외국자본의 도입에 있어서 소망스러운 방식은 국내의 파트너와 함께 합작(joint venture)투자를 유도하여 사업이익의 국외 유출을 일부 방지하고, 국내에 귀속되게 하는 한편 선진국의 기술 및 경영기법 등을 이전시키는 것이다. 그러나 기술적·생산적 기반이 없는 제주에는 앞으로 상당 기간 동안 중국의 투자는 부동산이나 관광 관련 부문에 집중될 것이다. 건설이나 관광 등 서비스산업에 있어서 제주의 자본과 파트너십을 가질 경우 우대하는 조치 등을 통하여 합작을 유도하는 방식을 추천한다. 이러한 합작 자본의 제주 몫 충당을 위해서도 제주 향토자본의 육성은 매우 절실하다.

제주는 한·중·일을 포함한 훌륭한 역사와 문화를 가진 세계 각국의 균형 있는 투자가 소망스러우며, 도민에게 이익이 귀속되지 못하는 외국인의 투자유치는 서두를 필요가 없다. 특히 근래에 제주에 유입되는 부동산 개발을 위한 중국 자본의 대다수가 중국 개발 초기에 자국에서 부동산 개발 및 분양 등으로 급속히 축적되어 부동산투기에 능숙한 자본들이다. 따라서 제주가 중국 자본유치에 집중하는 것이 품격과 문화, 제주다움이 경쟁력이 되는 미래 제주 건설에 적합한지는 숙고해보아야 한다. 제주 올레의 경우에서 증명된 것과 마찬가지로 대규모 투자유치 없이도 창의성을 발휘하면 제주 자생적 공동체 추구를 통해 도민이 행복을 느끼는 제주 건설이 가능하다는 식자들의 의견은 지극히 타당하다.

제주의 프라이드와 미래가치경영

▌투자유치를 위한 챔피언 에이전시(Champion Agency)의 필요성

외국에 투자하고자 하는 기업이나 투자자는 서로 다른 목소리를 내는 관료나 서로 다른 방식으로 접근하는 투자유치기관을 원하지 않는다. 그렇기 때문에 단일화된 창구인 투자유치를 위한 챔피언 에이전시(champion agency)가 필요하다. 아일랜드의 IDA나 싱가포르의 EDB, 말레이시아의 MIDA 등은 정부에서 모든 특권을 부여받고 타깃 국가에 해외사무소를 운영하며 투자유치 활동을 진행하고 있다.

제주도의 경우, 제주도정과 JDC가 쌍두마차로 최전방에서 투자유치를 지휘하거나 담당하고 있다. 투자유치 설명회의 공동 개최 정도를 넘어 마음을 비우고 계획·홍보·상담·계약·인허가에 이르기까지 두 기관이 마치 한 기관(2인 3각)인양 공동으로 투자유치 활동을 전개해야 한다. 이제는 그런 일이 없겠지만, 한때는 양 기관이 투자유치의 공을 가지고 서로 경쟁하는 모습도 보여주었던 것도 사실이다.

말로만 원스톱서비스(one stop service)를 강조할 것이 아니라, 투자유치의 대상 사업이 다를 수도 있지만 어차피 도정이 사업의 인허가권을 가지고 있는 만큼 투자자와의 상담에서부터 양 기관이 공동데스크를 만들어 함께 투자유치 업무를 담당해야 한다. 투자유치기관이 함께 같은 소리를 냄으로써 투자자의 제주 투자에 대한 신뢰를 심어줄 수 있다.

▌제주 향토자본의 육성 필요성

제주 향토자본(토종자본) 육성에 대한 관심이 뜨겁다. 제주 발전을 위한 막대한 투자 자금의 충당을 위해 중앙정부나 외지 자본에 의존해야 하는 한계를 절감하기도 하였을 뿐 아니라, 외지의 투자자금 유치에 성공하였다 해도 투자의 과실이 제주에 남지 않고 다시 외지로 흘러 나가는 것에 대한 우려로 향토자본의 육성은 오래전부터 제주사회에서 거론되어 온 것이다. 최근 어느 도지사 후보는 4조 원 규모의 제주토종자본을 육성하여, 제주가 필요로 하는 물류, 항공 및 해운 운송, 유통 등의 전략적 또는 신성장동력 기업을 인수할 수 있다고 공약한 것도 도민의 우려에 대한 답이었을 것이다.

제2차 종합계획의 12개 국제자유도시 전략 사업 중 눈에 띄는 '제주 투자은행 설립' 사업은 제주자본의 육성을 위한 다양한 지역개발펀드(제주인프라펀드, 제주벤처펀드, 제주사랑펀드)를 조성하고 이들 펀드를 운용하기 위한 것이다. 제주도와 지역 금융기관, JDC 등이 절반씩 투자하여 장기적으로 2021년까지 총 1,000억 원을 출자하는 것으로 계획하고 있으나 제2차 종합계획의 3차년도인 지금까지 제주 펀드나 제주투자은행의 설립 관련하여 실행계획이나 진척도에 대해서는 금시초문이다.

제주의 우호자본이나 향토자본의 육성은 자조·자립·자긍을 가치관으로 내세우는 제주의 성장전략상 꼭 필요하다. 곳간에서 인심이 난다고 했다. 밑천이 없이는 아무리 훌륭한 사업이라도 지원하거나 추진할 수 없다. 또한 향토자본의 선도적 투자는 자조자립의 정체성과 투자 수익의 도외 유출이 아닌 제주에 남게 되는 도민 귀속을 돕고, 나아가서 투자할 곳을 찾아 헤매는 더욱 많은 자본을 유인하는 역할을 한다는 점에서 국제적인 제주개발펀드(가칭 탐라펀드)의 조성을 시도할 필요가 있다고 생각한다.

탐라펀드 조성의 1차적인 목적은 ① 제주 미래가치를 담보할 산업에 대한 자기 자본 투자 및 외부 자본의 유치를 위한 밑천(seed money) 역할, ② 혁신기술과 창의적인 기업가를 만나게 하는 벤처

생태계의 플랫폼(platform) 구축, 그리고 ③ 제주개발 이익의 제주 귀속을 위한 파이프라인 구축 등으로 요약된다. 또한 탐라펀드의 투자대상 사업은 아래와 같다.

- 제주 1차 산업의 고부가가치사업 육성
- 물산업, ICT, BT 등 벤처사업
- 제주의 자연자본 선순환 기술 및 청색 기술 R&D
- 제주 산물의 유통 네트워크 조성사업

탐라펀드 조성 방법은 이스라엘 요즈마(YOZMA) 펀드[82]의 방식을 원용하여 관민이 각각 40%, 60% 출자하고, 향후 수익이 나면 민간부문이 소정의 금융비용 내지 사전에 확정한 작은 프리미엄만 더 지불하고 투자지분을 인수할 수 있게 한다. 그럼으로써 도민 참여를 확대하고 이익의 도민 귀속 원칙을 지키는 것이다.

제주도정이 출자할 40%의 재원은 제주도가 운영하고 있는 각종 기금을 통폐합하고, 연간 예산을 절약하면 충분히 가능할 것이다. 제주도민에게 도민주 형태로 투자의 선택권을 부여하여 투자 이익이 도민에게 귀속될 수 있도록 통로를 마련할 수 있을 것이다. 뉴질랜드 원주민의 현명한 투자 방식은 좋은 사례로 도민에게 홍보할 가치가 있다.

또한 투자사업의 규모나 장기 투자의 속성상, 소요 재원이 부족할 경우 인프라 건설 등에는 제한된 범위 내에서 외국의 국부펀드 참여 등 외국인 투자유치도 고려해볼 수 있다. 필자는 상기 뉴질랜드 원주민들의 성공 요인은 가치투자의 제주에 대한 유효성을 실례로서 보여 주기도 하지만, 가치관경영이 장기적으로 좋은 결과를 낸다는 것

뉴질랜드 원주민의 대박 투자에서 배운다

지금부터 16년 전인 1998년에 뉴질랜드 남섬 원주민인 나이 타후족은 뉴질랜드 정부로부터 받은 백인 중심의 통치에 대한 사과금 성격의 지원금(한화로 약 1,500억 원)에 대한 부족의 투자회의를 열었다. 부족 전체 약 5만 명에게 각자 300만 원씩 나누어줄 수도 있었지만, 현명했던 부족의 지도자 9인은 이 돈을 기금으로 목축업과 펀드 등에 투자를 결정하였다. 유휴지(遊休地)에 대형 카지노를 조성하자는 의견이 나왔지만, 부족회의는 '도박은 선(善)하지 않다'는 전통적 가치와 어긋나는 일을 할 수는 없다"는 결론하에 이들은 목축업을 하기 위해 8개의 농장을 조성해 성공을 거뒀다.

뉴질랜드 정부도 과거에 원주민이 거주했던 지역의 국유 부동산을 팔 때는 매입 우선권을 원주민들에게 주는 방식으로 간접 지원했다. 나이 타후족은 이 방식으로 산림 22만m²(6만 6,000여 평)도 사들였다(이들은 앞으로 10억 뉴질랜드 달러(한화 약 9,000억 원)를 들여서 농장을 15개까지 늘려갈 예정이다).

그로부터 15년 후에 이 기금은 6배가 늘어났고, 수익률은 25%대로 하버드와 예일대 연기금 수익률 12%대를 훨씬 웃돌았으며, 지금까지 5만 명에게 배당으로만 원금 액수를 초과하는 1,800억 원을 배당하였다. 앞으로의 꿈도 크다. 나이 타후족은 기금 수익의 일부를 지역 학교와 마을공동체를 위해 재투자하는 것이 목표라고 WSJ는 전하고 있다.

_출처: 조선닷컴, 2014/03/14

을 실증한 것으로 우리 제주가 반면교사로 삼아야 한다고 생각한다. 눈앞의 이익만을 위한 카지노와 복합관광단지의 투자 유혹을 뿌리치고, 가치관에 입각하여 뉴질랜드의 내재가치에 잘 맞는 목축업에 대한 미래(장기) 투자가 좋은 결과를 낸 것이다.

4. 인력 양성과 창조인력 충원

▌인력의 조달: 자체 교육과 외부로부터의 수혈

　　일본의 쿠리마 야스오 씨는 그의 저서 『오키나와에서 배운다 I: 국제자유도시의 빛과 그림자』에서 오키나와 초기 개발의 실패 원인 중 하나가 지역인재의 부족이라고 지적하였다.

　　왜구 침략에 대비한 이율곡의 '10만대군 양성론'이 연상되어서인지 제2차 종합계획상 12개 국제자유도시 전략사업 중 하나인 '10만 인력 양성 사업'이 필자의 관심을 끌었다. 그렇지만 구체적 내용은 조금 실망스럽다. 제2차 종합계획은 국제자유도시 사업 성공의 관건을 지역인력의 역량 배양 및 주민들의 개방적 선진의식 함양에 있는 것으로 파악했다. 그에 따라 국제자유도시 건설 및 운영에 필요한 인력 5만 명을 양성하고, 도민 5만 명에게 글로벌 시티즌십 함양 교육을 시키자는 것이다. 참고로 사업별 소요 인력 5만 명의 내역은 아래와 같다.

- 복합리조트 6,000명
- 1차 산업 고부가가치화 사업 4,000명
- 관광부문 인력양성 30,000명(재교육 20,000명, 신규인력 10,000명)
- 프리미엄 아웃렛 및 면세점 3,000명
- 2차 산업 등 신 사업 부문 5,000명
- 국제협력기업 2,000명

이러한 인력 양성교육 프로그램은 일자리 창출과도 맞닿아 있다. 일자리 창출이 도민의 삶의 질을 높이는 1차적인 관문임에 틀림이 없기 때문이다.

관광산업 관련 시설의 단순 서비스 요원과 쇼핑시설의 판매원을 제외하면, 약 10,000명 정도의 중급 및 고급인력을 육성하자는 계획으로 결국 연 1,000명 정도의 고급인력을 배출하는 교육 프로그램의 수행을 대학 및 연구기관이 담당하는 것으로 계획되어 있으나, 세부 실행력이 의심된다.

삼성의 이건희 회장은 일찍이 2007년 신년사에서 "이제는 마케팅, 디자인, 브랜드 등 소프트 역량이 한데 어우러진 복합창조력의 시대이며, 우수한 인재를 모으고 연구개발에 보다 더 집중해야 한다"고 말한 바 있다. 인재의 육성과 R&D 투자에서 창조경제가 꽃필 수 있음을 강조한 것이었다. 그 당시 이미 삼성전자의 매출액 대비 R&D 투자 비율은 10%에 육박하였다. 삼성의 인재 교육(R&D 투자의 대부분은 우수인력의 채용 유지비용임) 덕분에 삼성은 자타가 공인하는 대한민국의 인재 사관학교로서 국가에 매우 큰 공헌을 하고 있다고 생각한다.

우리나라 대부분의 기업이 매출의 2% 정도의 R&D 투자를 당연시하고 있으며 선진국의 경우도 GDP 대비 약 3~4% 정도의 R&D 투자비를 지출하고 있다. 제주도의 경우, 2014년 예산 3조 6천억 원 중 복지 예산은 7,600억 원인 것에 비해 교육 관련 예산은 600억 원에 불과하다. 우리 제주의 재정자립도가 아직 30% 초반으로 아주 취약하지만, 교육과 R&D 투자는 다른 투자를 희생하더라도 제주 GRDP의 최소 2% 선인 연간 약 2,000억 원 정도는 되어야 한다.

교육과 R&D의 결과는 장기간 지난 후에 나타나므로 예산의 배분권을 가진 사람들은 이에 대한 투자를 뒷전으로 넘기기 쉽다. 도민에게서 몇 년 후에 재신임을 받아야 하는 사람들의 입장에서는 눈에 보이는 선심성 복지예산 내지 이벤트성 사업의 추진에 더 많은 관심이 갈 것이나, 진정한 리더로서 제주의 미래를 걱정한다면 주춧돌을 놓는 심정으로 교육과 R&D의 투자를 늘려야 한다. 예산의 부족은 선택과 집중, 전략적 가치기준에 따라 조정하면 얼마든지 가능할 것이다.

다시 말하지만, 경영은 한정된 자원을 어떻게 어디에 적절하게 배분하느냐의 게임이다. 상기 종합계획의 인력수요 예측에 따르면 매년 1차 산업의 고부가가치사업과 2차 산업 등 신 사업부문 그리고 국제협력 내지 합작사업 등에 필요한 중급 및 고급인력이 매년 약 1,000명 정도 필요할 것으로 예측하고 있다. 제주의 교육여건상 1,000명의 신수요를 당장 감당할 수는 없으므로 결국은 제주 외에서 수혈할 수밖에 없다. 5,000명이 넘는 제주 공무원의 수를 소수정예로 전환하여 (내부 보고서 쓰는 일만 줄여도 상당수의 인력을 절감할 수 있다) 약 10%인 약 500명 정도의 인력을 맞춤형 재교육과 재배치를 통하여 이들 사업이 필요로 하는 수요에 우선 충당하는 것도 고려해 볼 만하다. 제주를 잘 알고 제주사랑에 대한 열정이 듬뿍한 이들이 훨씬 더 효율적으로 맡은 바 일을 잘할 수 있을 것이다. 그로 인해 절감되는 제주도정의 인건비는 매년 300~500억 원이 되며, 이 큰 돈은 제주의 장기투자(제주개발펀드의 시드 머니 등)에 매우 유용하게 쓰임새가 있을 것이다.

기업경영에서는 교육이 최상의 복지라는 것을 구성원들에게 강조한다. 급여인상의 효과는 가계 저축보다는 소모성 소비지출의 증대로 이어질 가능성이 더 크다. 그렇지만 기업에서 제공하는 교육 프로그램의 이수는 평생 그가 가지고 살아가는 수단을 제공하여 스스로 자신의 가치를 높일 수 있도록 도와준다. 즉 배고픈 자에게 식량을 주는 것보다는 낚시나 사냥하는 법을 가르쳐 자조자립의 가치관을 심어줄 수가 있기 때문에 교육은 주민에게 최상의 복지수단이 된다.

▌주니어(Junior) 연어 붙잡기

사람의 이동이 자유스러운 제도와 환경을 만드는 것이 국제자유도시지만, 인력이 유출 특히 젊은이들이 남고자 하지 않는 도시는 지속 가능한 도시가 되지 못한다. 말(馬)뿐만이 아니고 사람이 제주로 모이는 도시가 되어야 할 여건도 이제는 충분하다.

우리가 잘 아는 연어는 산란지인 민물에서 유년기를 보낸 후 먼 대양으로 나아가 수년간 성년기를 보내다가 다시 자기가 태어난 모천(母川)인 민물로 돌아와 산란 후에 생을 마감한다.

제주로 회귀하고자 하는 두 종류의 연어떼에 우리는 관심을 가져야 한다. 태어나 얼마 되지 않아 대양으로 나아가고자 하는 주니어(junior) 연어떼와 이제 고향으로 회귀하거나 혹은 살기 좋은 곳에서 은퇴생활을 하고자 하는 지식과 경험이 풍부한 시니어(senior) 연어떼가 그들이다.

젊은 연어떼들이 생환의 확률이 극히 낮은 장기간의 여행과 대양에서의 치열한 삶이라는 고위험을 무릅쓰고 바다로 나갈 필요가 없도록 할 책임이 제주도의 리더와 식자들 그리고 부모들에게 있다. 창조경제의 핵심요소인 창의력 있는 제주의 젊은 인재는 도외로 유출되고, 그 틈을 외지의 인력들이 차지하는 것은 제주에 불행한 일이다. 그들에게 제주의 미래 성장 동력산업이 되는 1차 산업과 ICT, BT, 관광 등과 연관된 교육을 시키되 단순 기능공이나 서비스 요원이 아닌 중간 관리자(manager)를 양성하는 맞춤형 교육을 시켜야 한다. 관광경영관리사, 로컬푸드(local food) 운동과 관련된 외식경영관리사 등 1차 산업 관련 창조적 지식인을 육성하여야 한다. 선택과 집중 전략에 의거, 해당 관련 학과의 정원은 늘리고 장학금 수혜비율도 타 과에 비하여 대폭 늘림으로써 인력 유인 파이프의 지름을 키워야 한다.

해외 네트워크도 강화하여 해외연수와 워킹홀리데이의 기회도 마련해 주어야 한다. 졸업 후 제주도 내 취업 알선은 물론 제주개발펀드에 의한 벤처자금 융자 등 창업지원도 제대로 해야 한다. 제주의 우수인재들이 제주의 대학들보다 그리 낮지도 않은 육지의 대학으로 유학하며 돈과 시간을 낭비하지 않도록 잘 인도할 책임이 우리에게 있다. 우수대학을 졸업하여 좋은 직장에 취직하여 자칫 큰 조직의 부분품이 되는 것이 인생의 성공 요건과 목표가 아니라는 점과 제주의 참 미래가치가 무엇인지 얼마나 큰 잠재력이 있는지를 일깨우고 제주에 일찍이 정착하도록 이끌어야 한다.

▌시니어(Senior) 연어 부르기:
　First Home 프로젝트와 Talent Sharing 프로그램

　유엔 통계에 의하면, 지난 20년간 무려 2억 명 이상이 태어난 곳을 떠나 다른 나라에서 살고 있다. 이민자의 비율이 무려 37%에 달한다. 우리나라 베이비 부머 세대(현재 50대 초중반)를 대상으로 한 조사에서 우리나라 사람들이 은퇴 후 가장 살고 싶은 나라는 뉴질랜드, 말레이시아, 호주, 하와이 순이었다. 뉴질랜드를 1위로 꼽은 이유로는 대부분이 뉴질랜드의 청정자연을 꼽았다고 하는데, 청정자연이라면 결코 남에게 지고 싶지 않은 제주가 아닌가?

말레이시아는 비교적 적은 금액(약 5천만 원)의 예치와 월 소득(약 3백만 원) 확인 후 장기(10년 후 연장) 체류 비자를 내주는 'Malaysia My Second Home(MM2H) 프로그램'을 운용하고 있다. 영어권 국가로서 좋은 국제학교가 다수 있어 조기 유학의 선호지로 수천 명의 한국 유학생이 현재 어머니와 함께 유학하고 있다.

제주도는 청정자연 외에 현재 영어교육도시의 활성화로 세계 유수의 국제학교 설립과 운영이 잘 진척되고 있어 이제는 말레이시아나 뉴질랜드와 족히 경쟁할 좋은 여건을 갖추고 있다고 보여진다. 특히 금년에 1회 졸업생을 배출한 영국의 명문 NLCS 학교의 경우에는 영국과 미국의 명문대학교에 졸업생 전원이 진학하는 결과를 냄으로써 관심이 높아지고 있다.

주말이면 언제든지 적은 비용으로 제주를 방문하여 아이들을 만나 함께 한라산과 오름을 오르거나 올레길을 걸을 수 있고 기러기 아빠의 설움도 없으므로 제주야말로 조기 유학의 적합한 대안처가 되고 있다. 여유 있는 가정은 어머니가 제주에 살며 아이들을 돌보기도 하는데 주거 문제도 투자하면 부동산 가격의 상승으로 자본이득(capital gain)까지 얻고 있다.

• 한국의 고령화가 제주에는 기회가 된다

필자는 지금 제주에 돌아가 여생을 보내다가 한 줌의 재가 되어 조상들이 묻혀 있는 한라산 기슭에 자리 잡게 되기를 소망한다. 험한 대양에서의 고달픈 삶을 정리하고 산란지로 회귀하고자 하는 바로 그 연어와 다름없지만 돌아가서 무엇을 산란하여야 하는지가 최대의 고민이다. 이와 마찬가지로 제주가 고향이 아니더라도 제주 자연자본의 가치에 매력을 느낀 많은 연어들이 육지에 있음을 본다.

일부 인사들은 알게 모르게 이미 제주에 정착하여 여생을 보내고 있고, 내 주위에도 심심찮게 제주에의 이주를 심각하게 계획하여 문의해 오는 지인들이 많다. 이들 대부분은 사회에서 어느 정도의 성공을 거두고 은퇴한 분들이다. 회사를 경영하였거나 회사의 중역으로 지식과 경험을 충분히 가지고 있음에도 조기 은퇴로 아까운 지적 자산이 사장된 사람들이다. 이들 '시니어 엘리트(senior elite)' 또는 '실버 엘리트(silver elite)'들에게 적합한 존경, 보람과 성취감을 줄 수 있는 일거리, 즉 지식과 재능의 나눔 기회를 주는 것만으로 그들을 우리는 제주에 유인할 수 있다.

그들을 유치하는 것은 제주가 필요로 하는 지식과 경험의 멘토를 초치(招致)하는 것 이상이다. 돈 주고도 쉽게 살 수 없는 그들이 가진 국내외 지적·정치적·재정적 마케팅 네트워크를 제주가 가지게 되는 것을 의미한다. 주위에서 제주로의 이주를 심각히 고민하는 시니어 엘리트들이 걱정하는 것은 저렴한 비용으로 살 집을 마련하는 것과 여가를 보내면서도 보람을 찾을 수 있는 적절한 일이 주어지는 것이다. 제주시 애월읍에서 활발히 추진되는 이주민을 위한 소형주택 임대사업이나(🔘 쉬어가기 #7), 코하우징(co-housing)[83] 개념의 주거단지를 개발하여 염가에 임대할 수 있도록 편의를 제공하고, 아래 제안하는 인재연결(talent match) 프로그램에 의하여 그들의 다양한 지식과 경험을 나누어줄 수 있는 통로를 마련하여 주기를 희망한다. 시니어 엘리트들이 제주를 'second home'이 아닌 여생을 보낼 수 있는 'first home'으로 유인하는 정책은 젊은이들에게는 살아 있는 교육을 제공하게 되고 협동조합 등 중소기업에게 지식과 경험, 네트워크를 제공할 수 있을 뿐만 아니라 품격 있는 정주인구를 늘리는 효과도 기대할 수 있다. 또한 매년 수차례 손자 손녀의 손을 잡고 할아버지 제주시 애월읍 하가리라는 작은 마을은 돌담과 연화지(蓮花池)와 더럭 분교로 유명하다. 분교가 학생 수 미달로 폐교 위기에 몰리자 2011년 12월 연화주택이라는 임대주택을 짓고, 다른 지역 거주자로서 자녀를 더럭 분교에 입학시키는 조건으로 염가에 분양을 시도한 것이다. 임대 는 입주자가 몰려 추첨을 해야 할 정도로 인기가 있었고, 후에 더럭분 교는 알록달록한 색채 덕에 삼성전자의 CF 촬영장소도 되었다.
하가리 이장이신 장봉길 씨는 행동하는 창조적 지식인의 전형으로 본 받고 싶은 분이다. 근래에도 틈이 나면 마을 곁을 지나가는 올레길에 차를 세워 놓고 올레객들에게 시원한 음료수나 커피를 무료로 대접하 시는지 궁금하다.

〈연화지와 더럭분교〉

할머니를 방문하는 자식들까지 제주의 우호세력으로 만들 수 있는 1석 3조의 효과를 가져올 수 있다고 생각한다.

• **지식과 경험 나누기**(Talent Sharing) 프로그램

온라인에 '지식 나눔 사이트'를 만들어 지식과 경험을 나누어 줄 사람과 필요로 하는 사람(마을 포함)이나 기업(사회적 기업, 협동

조합 포함)을 등록하게 하여 서로 필요로 하는 재능이나 지식, 경험을 서로 나눌 수 있도록 적절한 통로를 만들고 홍보를 할 필요가 있다. 이미 수많은 시니어 엘리트들이 제주에 정착하여 살고 있지만 이에 관련한 데이터베이스가 없는 것으로 알고 있다.

제주에 정착하고자 망설이고 있는 육지의 시니어 엘리트 그룹도 많으므로 이들 잠재수요를 적극적으로 제주로 유인할 수 있는 방책 중 하나가 될 수 있을 것이다. 정착한 시니어 엘리트는 이러한 기회를 통하여 존경과 인정받음, 나눔, 관계 등의 경제 외적인 삶의 질의 만족도를 더 높일 수 있을 것이다. 제주는 적은 비용으로 이들의 지식과 경험을 제한적이나마 활용할 수 있는 소중한 기회를 가질 수 있다.

▌국내외의 석학 모시기

제주는 과학기술원이나 대학교의 강의 수요 등을 고려하여 시니어 엘리트 외에 국내외의 석학을 모셔와야 한다. 이제는 제주의 정주 환경이 외국인이라 할지라도 약간의 언어소통의 어려움을 제외하면 그리 열악한 수준은 아니다. 시장이나 마트 등 외국인 방문 지역 등에는 통역을 위한 자원봉사자가 상주하는 경우가 많고, 또 ICT 기술을 활용하면 다른 방법으로 얼마든지 해소가 가능하다. 제주는 자연자본가치의 우수성으로 노년을 보내기 위한 휴양과 치유의 섬 자격이 충분한 좋은 환경을 가지고 있다.

안식년을 맞은 석학이나 잠시 머리와 몸을 쉬고픈 석학들을 섭외하여 대학교나 과학기술원 또는 국제대학원 등에서 한 학기 정도의 단기 강좌를 맡게 하는 것은 어떨까 생각한다. 이것이 가능하다면 국내외 석학들이 지식과 재능을 제주의 젊은이들에게 가르칠 수 있음은 물론 제주 가치의 마케팅에도 간접적으로 큰 도움이 될 것이다. 물론 적당한 수준의 보상이 필요하겠지만 박지원의 경관녹봉론을 생각해 보면 우리의 제주 자연자본이 절반 정도를 부담해 줄 수 있을 것이다.

제주의 프라이드와 미래가치경영

제10장

'제주와 제주인을 위한' 가치창조경영

1. 가치창조경영과 공유가치창출경영

▌(기업과 주주의 가치를 높이는) 가치창조경영

세계 500대 기업에 경영 자문을 제공하고 장기적인 협력관계
를 유지하고 있는 보스턴 컨설팅 그룹(BCG)은 2000년 초 금융위기
이후의 한국 기업이 당면하고 있던 구조조정이라는 큰 과제의 해법으
로 기업가치와 주주가치를 높이는 가치창조 경영방식을 제안하였다.

종래의 기업경영은 성장위주의 전략방식으로 매출액 증대, 시장점
유율 확대 및 이익극대화 같은 외형적 성장이나 장부상 수치에 중점
을 두어 왔다. 그러나 이제는 고객가치경영을 넘어 기업가치와 함께
주주(투자자)의 실질적인 가치 증대에 초점을 맞추는 가치창조경영
내지 가치중심경영(value based management)으로 전환되고 있다.

즉 가치중심경영은 기업경영의 최우선 순위를 중장기적 가치에 초점을 두는 것이다. 개인 투자자들이나 전문 펀드매니저들은 주주의 가치가 얼마나 증대되었나를 측정하는 개념으로 총 주주수익률(TSR: Total Shareholder Return)을 사용한다. TSR이란 주식의 배당수익에 자본이득(capital gain)인 주식평가 이익을 합산한 수익률로 기업의 경영성과가 좋고 주식의 시장가치(market price)가 상승할 때 TSR은 높아진다.

자칫 국가나 지자체의 경영이 지역총생산(GRDP) 규모, 1인당 주민소득, 관광객 숫자, 투자유치(특히 외국인 투자)의 숫자 등의 업적에 큰 의미를 두고, 주주인 지역 주민에게 이러한 치적을 홍보하는 경영방식이 되기 쉽다. 이러한 경영방식은 지역 유권자의 표심을 자극하는 데는 효율적인 도구와 수단이 될 수 있을지 모르나 전형적인 아날로그식 경영으로 볼 수 있다. 왜냐하면, 국내총생산 그 자체로서는 시장활동의 총량 측정치에 불과하며 바람직한 활동과 바람직하지 않은 활동 및 비용과 편익(cost & benefit)을 구분하지도 못하며, 소득총생산지표도 소비된 돈을 측정하는 것일 뿐 사람이 실제로 얻은 가치를 측정하지 못하기 때문이다.[84] 계량적인 목표는 비전으로서의 몫을 다하기 어렵다. 꿈의 형태로 비전을 보여줄 수 있는 경영철학이 더욱 바람직하다.

제주의 경영목적은 두말할 것 없이 제주도민들의 총 주주수익, 즉 행복가치인 현재의 삶의 질과 제주의 미래가치를 함께 높이는 것이다. 일상의 생업에서 얻어지는 소득(현금배당)을 높이는 일도 중요하지만, 제주의 장기 투자자인 도민을 위하여 제주의 가치 상승에 따른 미래의 이득을 높이는 일은 더욱 중요하다. 즉 당장의 소득창출에 급

제주의 프라이드와 미래가치경영

급하여 미래가치를 훼손하거나, 미래에 큰 비용을 외면하게 되면 미래가치 상승이익을 포기하는 행위가 되어 결과적으로 제주도민의 총 주주수익은 감소하게 된다.

혹자는 국민총생산이나 소득지표인 GDP와 GNP가 국민의 행복을 측정하는 지수가 아닌 오히려 환경파괴지수이기도 하다는 비유를 하기도 한다. 자연을 훼손하며 한라산 중산간을 무차별하게 개발하거나, 제주 제1의 귀한 자산인 용암암반수를 무계획적으로 증량하는 것은 향후 숨겨진 비용을 더 지불해야 하는 전형적인 미래가치 훼손 행위의 예가 될 수도 있음을 유념해야 한다. 또한 한정된 제주의 토지를 몇 푼의 투자유치를 위해 외지의 투자자에게 헐값에 매각하는 행위도 제주의 내재가치를 할인하는 것에 다름 아니다.

이러한 관점에서 제주의 경영은 제주도민을 위한 현재의 수익과 미래의 수익을 고려한 총 주주수익을 중시하는 가치창조 경영방식을 항상 염두에 두어야 한다.

▌공유가치창출(CSV: Creating Shared Value)경영

한국경영학회가 제안하는 '공유가치창출 전략'과 제주의 가치경영의 시사점을 알아본다.[85] 공유가치창출(CSV: Creating Shared Value)은 하버드대학의 마이클 포터 교수와 FSG의 마크 크레머 교수가 2011년 논문을 통해 처음 주창한 개념으로, 기존에는 기업들의 이윤창출 이후, 수익의 일정 부분을 사회에 환원함으로써 사회적 책임(CSR)을 감당했다면, 이제는 기업의 수익창출 본연의 활동 안에서 사회적 가치를 창출하여, 기업과 사회가 동시에 경제적 수익을 향유하자는 것이다.[86]

종래의 자본주의 개념하에서는 이익창출을 최선의 목적으로 하는 것이 당연시되었으며, 기업은 경영의 결과인 운영이익, 투자, 세금 납부 및 일자리 창출 등을 통해 사회에 충분히 기여하는 것으로 생각되었다. 그러나 세계화가 지구촌 전역으로 확산되면서 적절한 규제 없이 신자유주의의 병폐인 부와 빈곤의 양극화, 승자 독식의 폐해 및 환경 파괴 등의 부작용은 기업의 사회적 책임(CSR: Corporate Social Responsibility)에 대한 새로운 인식과 책임을 요구하게 되었다. 기업의 사회공헌활동(CSR Activity)은 주어진 최소한의 의무인 법적·경제적 의무에서, 이해 관계자에 대한 의무(예: 유한킴벌리의 '우리 강산 푸르게' 캠페인)나 사회적 의무인 자선적 박애적 활동(예: 학교 설립, 장애인 지원 재단 등)으로 진화하면서 사회공헌활동을 비용에서 투자로 인식하게 되고 전략적인 경영활동의 하나로 자리 잡게 되었다.

그러나 기업의 경영 패러다임이 가치 중심의 시대로 발전되고 있는 현실에서 기업의 사회적 책임을 위한 전략에도 변화가 필요하게 되었다. 따라서 기업은 이익의 극대화라는 당초의 존립 목적에 국한되지 말고 사회적으로 바람직한 문화를 형성하고 전파하는 주체가 되어야만 가치가 중심이 되는 미래시장에서 기업의 지속가능성을 확보할 수 있다는 것이다. 또한 기업 최고경영자의 가장 중요한 역할은 고객이 원하는 가치와 사회적으로 요구되는 가치가 조화를 이루도록 기업의 가치를 정의하고, 이를 구현하기 위해 관계되는 구성원과 협력을 통하여 기업이 제공하는 사회문화적 가치의 완성도를 높이는 것이라고 유창조 교수는 제안한다.[87]

2008년 1월 다보스포럼에서 빌 게이츠는 "가난한 사람들을 위해 기업이 노력한다면 그 기업의 인지도가 높아지는 결과로 기업의 이익으로 환원되며, 정부·기업·비영리단체가 협력하여 좀 더 많은 사람이 세계의 불평등을 완화하는 일을 하면서 이익을 창출할 수 있다는 사실을 상기시키며, 이러한 시스템을 '창조 자본주의(creative capitalism)'로 부르고 싶다"[88]고 하였다. 이러한 창조자본주의 개념도 CSV의 개념과 유사하다.

이러한 공유가치창출의 해외사례로 세계에서 가장 큰 식품 음료 기업 중 하나인 네슬레(NESTLE)를 들 수 있다. 네슬레는 원료를 타국에서 수입하지 않고 지역 내에서 생산되는 원자재 이용을 원칙으로 삼고 있다. 네슬레 농업지원 프로젝트팀은 농업전문가 및 경제전문가 외에 약 5,000명의 현장 기술자 및 농업인들로 구성되어 현재도 약 21개국에서 10여만 명의 농업인들에게 제품관리, 안전보장 시스템 등과 함께 일련의 훈련, 재정지원, 가격책정 등의 편의를 실시하고 있다. 그리고 이들과 함께 협력하는 유통업, 정부, 비영리기관 등의 파트너들과도 지속적인 발전을 위한 협의를 이어가고 있다.[89]

제주의 지속성장을 위한 기업과 투자의 제주유치를 위해서는 이러한 기업의 사회적 책임(CSR) 및 공유가치창출(CSV)의 경영가치를 잘 이해하는 투자자 내지 기업을 초기 단계에서부터 잘 선별하는 것이 중요하다. 기업이나 외국인 투자유치를 옥석 구분 없이 실행한 뒤에 무리하게 공유가치창출을 압박하는 것은 투자자에게 속았다는 느낌만 주게 되고 적극적인 협조를 받지 못하게 되는 경우가 된다.

제주의 핵심 프로젝트 중 하나인 신화역사공원 사업이 드디어 투자유치에 성공하였다고 한다. 외국투자자인 겐팅 싱가포르사(社)의 탄히텍 대표와 홍콩람정(주) 앙지혜 회장은 2014년 3월 8~11일 싱가포르 현지를 방문한 도지사와의 현지 면담에서 테마파크와 호텔을 우선 착공함으로써 도민들의 성원 속에 복합리조트를 건설하겠으며, 제주에 있는 젊은 인재들을 대거 채용(총 고용 3만 5,000명)하고, 한국 일류기업 못지않은 직원 복지 시스템과 사회공헌 프로그램을 통해 도민 사랑을 받는 최초의 외국인 투자기업이 되겠다는 의지를 천명했다.

또한 도내 대학과 협력해 채용을 늘릴 수 있는 관련 학과를 신설하고, 사전에 전문인력을 양성하는 프로그램을 진행하는 한편, 인력의 90% 이상을 한국인으로 채용하겠다는 약속도 했다. 앙지혜 회장은 사회공헌사업으로 도내 초·중·고, 대학생을 대상으로 하는 장학재단을 설립해 우수한 인재를 길러내겠다는 의사까지 밝혔다고 한다.[90]

외국투자자가 단순한 일자리 창출에 그치지 않고, 당해 사업에 필요한 전문인력을 제주의 인력에 의한 맞춤형 교육으로 충당하고 장학재단까지 설립하겠다는 사전 약속은 투자자 자신의 비용을 유발하기 때문에 투자기업의 CEO가 이를 확인하였다는 것에 주목하며 적극 환영하여야 한다. 제주 경영을 책임지고 있는 제주도의 행정당국도 투자자가 이를 이행하는 실천계획을 점검하고 적극 개입하는 한편 불필요한 규제의 철폐를 통한 투자자의 행정적 지원, 칭찬, 인적 및 물적 보상에 인색하지 말아야 한다. 투자유치 시 대상사업이 제주가치를 얼마나 높일 수 있는지와 사업의 타당성을 검토하는 것도 중요하지만 투자가의 공유가치창출 능력과 의지에 대한 적절한 확인이 필요하며, 제주의 미래가치 창출에 기여하는 기업이나 투자자에게는 특별한 배려가 아깝지 않을 것이다.

그리하여 이러한 투자자들의 CSR, CSV 경영방침이 제주의 좋은 선례와 모델이 될 수 있다면, 기 진출한 기업에게도 좋은 모범이 될 것이며, 장차 제주가 필요로 하는 1차 산업의 육성을 위하여 네슬레 같은 투자자를 유치하는 데에도 동력을 얻을 수 있을 것으로 생각한다.

CSV는 가치경영의 아름다운 꽃이며, 풍성한 열매를 기업과 사회에 공히 제공할 수 있는 과실수이다. 아직까지도 한국의 기업 풍토가 기업의 사회공헌활동을 남은 것 중 일부를 마지못해 나누어주면서 착한 기업이라는 기업의 브랜드가치를 높이는 경영전략으로 치부하는 것에서 벗어나지 못하는 것도 사실이다. 또한 배 아픈 자들을 달래기 위한 시혜적 기부로 치부하는 경영자나 대주주가 많은 것이 사실이지만, 기업이 시장과 함께 가치를 생산하고 가치를 나누는 공유가치 창출이야말로 이 시대 기업 경쟁력의 근원으로 생각된다.

대기업과 중소기업 사이의 구조적 모순과 갈등을 해소하여 경제민주화와 양극화를 해소하고자 하는 방안 중 하나로 정부는 '동반성장위원회'를 만들어 대기업과 중소기업이 함께 상생할 수 있도록 사회적 합의를 유도하고 있다. 그러나 골목상권이나 업종을 제한하는 식의 대기업 사업영역 억제 방식이나 대기업의 사업을 중소기업에게 나누어주는 식의 방식만으로는 동반성장이라는 문화를 사회 경제 전반의 가치로 승화시키는 데는 한계가 있다. 대기업과 중소기업의 공유가치 영역을 발굴하여 기업의 사회적 가치를 재인식하고 확대하고자 하는 공유가치창출경영의 원리를 기업 경영자나 자본가인 주주 특히 대주주에게 인식시키는 노력이 선결되고 이것이 사회적 가치가 되어야 한다고 생각한다.

동반성장위원회라는 기구가 민간위원회의 형식을 빌고 있으나, 정부의 입김이 작용하는 관이 주도하는 기구로 인식되는 것이 사실이다. 많은 국민들에게 동반성장문화에 대한 관심을 일으키는 데는 성공하였으나, 대기업에 대한 영향력 행사는 결국 정부규제로 받아들이게 되므로 공유가치창출이 기업의 목적으로 내생적으로 승화되지 않는 한 자생적인 동반성장의 토양을 만드는 데는 한계가 있을 수밖에 없다.

제주의 공유가치창출은 위에서 설명한 바와 같이 제주에 투자하는 기업이나 투자자에게 필요한 정책적 인식이며, 이를 검증하는 것이 필요하다. 궨당이라는 집단주의의 선(善)기능이 수눌음(품앗이)라는 제주의 공유가치창출 전통이 되었듯이, 제주의 입장에서도 공생의 제주를 만들기 위하여 깊은 고려가 필요하다. 제주의 경영이 제주만을 위한 것이 아니라 궁극적으로는 우리나라와 동아시아의 주민인 중국과 일본을 위한 공유가치창출에도 목적이 있으므로 지금은 중단되고 있는 북한에 감귤 보내기 운동이나 제주의 평화의 섬 비전 등은 제주도가 지구촌 하나의 공동체로서의 공유가치창출 의무를 수행하는 것으로서 가치 있는 일이라 할 것이다.

2. 제주형 선도산업

방향을 바꾸지 않으면 우리는 지금 향하는 곳에 도달할 수밖에 없다. 그러나 우리는 미래를 위해 방향을 바꿀 수 있으며, 그것 또한 제주가 선택할 몫이다.

전술한 바 있는 '자연자본주의'가 자연의 가치를 바탕으로 지속성장을 위한 경제운용의 기본적인 원론이라면, 블루이코노미는 자연자본의 순환성을 이해하여 혁신적인 신기술을 찾아내어 사업화함으로써 일자리를 창출하고 지역의 자원을 이용한 지속 가능한 사회 건설의 사례를 소개한다. 아울러 우리에게 지역주민들에게 발전의 열매가 귀속될 수 있는 적절한 방안을 찾는 용기를 준다.

2013년 12월 20일 제주에서 열렸던 '제2회 노사민정 CEO 아카데미'에서 숙명여대 신세돈 교수는 전술한 UN 창조경제보고서의 내용과 유사하게 창조경제의 주역은 대기업 특히 수도권의 기업이 아닌 지역의 기업이 되어야 하고, 제주 고유의 정체성을 지키는 것이 창조이며, 융합이라고 강조한 바 있다. 즉 남을 추종하는 것이 아니라 차별화, 제주다움이 제주 발전의 가장 핵심요소라는 것이다.

제주의 미래가치를 훼손하지 않으면서 제주의 지속성장을 담보할 수 있는 제주형 미래산업의 선정과 육성은 제주도정과 제주도정을 돕는 싱크탱크 및 전문가들에 의해 ICT, BT 등 첨단 산업을 비롯하여 용암해수 산업, 전기차 및 풍력발전 사업 등 다양한 사업으로 전개되고 있다. 제주의 관광산업에 대하여는 많은 고견과 조언과 함께 이미 제주사회에 많은 논의가 있으므로 필자는 이 장에서 제주 자연자본의 핵심인 제주의 농축산 1차 산업 및 물산업과 제주의 정체성을 상징하는 문화산업에 대하여만 언급하고 부족한 부분은 앞 장 마케팅 편에서 언급한 것으로 대신하고자 한다.

▌친환경먹거리산업: 1차 산업

사람이 살기 좋은 곳에서 먹기 좋은 음식도 생산되는 법이다. 그래서 1차 산업은 인류의 생명 산업이다. 제주가 생명의 섬, 치유의 섬, 생태와 평화를 함께 담는 평화의 섬이 되기 위해서는 1차 산업이 중요하다. 로컬푸드(local food)[91]를 안심하고 먹으며 주민이 편안하게 삶을 영위하는 곳에 관광객도 몰리게 된다. 제주도라는 청정 자연 그 자체가 브랜드로 특별한 브랜드가 필요없을 정도로 강점을 가진 제주의 1차 산업은 기후변화 등으로 인한 미래 식량위기[92]까지 고려하지 않더라도, 한국은 물론 동아시아의 미래 최상의 명품 먹거리 공급기지가 될 가능성이 무한하다.

2010 농림통계연보 기준으로 제주의 농가인구는 11만 5천 명으로 제주 전체 인구의 약 20% 수준이며, 이는 전국 평균 6%의 3배가 넘는다. 지출 경비를 제외하지 않은 제주의 작물별 조수입(粗收入) 중 43%를 차지하는 감귤산업의 덕택으로 농가당 소득이 4,108만 원으로 전국 평균 3,212만 원보다 28%를 상회하며 농가 자산도 전국 1위이다.

관광산업 일변도의 정책과 지원 속에서 자칫 소홀할 수도 있는 제주의 1차 산업은 제주의 물산업과 아울러 제주를 지탱해야 할 두 개의 기둥이다. 관광객은 우리가 자연자본을 잘 보존하고 자연자본의 가치를 지속적으로 높여 나가기만 한다면 대단위 복합리조트가 없더라도 도시 사회에서 지친 몸과 마음의 힐링을 위하여 제주를 찾게 되어 있다. 한편 1차 산업은 자연 순환 방식으로 경영하기만 한다면 우리 제주도의 자연자본의 가치를 지금보다 몇 배 높일 수 있으며, 제주 자연자본의 소유주인 농민들이 평생을 투자한 결과로 타당한 배당을 받을 수 있고, 그 생업을 후손에게 자랑스럽게 물려줄 수 있는 황금알을 낳는 산업이 될 수 있고 또 그렇게 되어야 한다.

1차 산업 성장의 걸림돌이 많은 것이 사실이다. 기후변화에 따른 작황의 불안정성과, FTA 확대 등으로 인한 피해도 극심하므로 차별화와 고부가가치화라는 우리 농업의 갈 길은 자명하다. 제주가 저탄소도시(carbon free island)를 지향하듯 우리 농업도 친환경 농업만이 정답이다. 이를 위해 자연자본주의와 블루이코노미 모델에 따라 마스터플랜을 세우고 로드맵에 따라 한 계단 한 계단 올라가야 한다.

국가적으로 이미 제정된 「친환경 농업 육성법」을 적극 활용하여야 하며, 선진 농업국의 농업클러스터를 벤치마킹하여 생산과 가공이 친환경으로 이루어지는 농산물단지와 축산단지를 제주에 조성하여야 한다. 한국 제1의 시범적 단지에 이어 이를 제주 전 지역으로 전파하고, 제주산 농산물은 곧 '친환경 유기농,' 축산물은 '친환경 윤환 방목'이라는 등식이 성립하는 농산물 인증제를 적극 도입하여야 한다. 덴마크와 뉴질랜드의 농축산업 등 선진 농업국의 기술과 경험을 투자유치 내지 기술도입 형태로 도입하여 현대화된 무결점 단지를 조성하고 운영하여야 한다. 이러한 단지들은 체험관광의 소중한 자원이 되기도 한다. 또한 이들 산업을 창조적 제주 맞춤형으로 개발하기 위한 친환경 농업 연구소와 이를 보급하기 위한 센터의 확장을 위한 기술인력의 육성과 투자유치도 중점 사업으로 선행되어야 한다.

아울러 수출, 판매 등 유통에 필요한 마케팅을 위한 '제주 마케팅상사'의 설립도 필요하다. 센터와 연구소는 기술 지원을 하고, 제주 마케팅상사는 마을협동조합 같은 농촌공동체기업의 설립, 경영 자문에서 산물의 계약재배까지 수행하며, 전국의 물류창고 건설 등 유통서비스까지 제공할 수 있다면, 제주인에 의한 생산과 제주인에 의한 유통판매까지 담당함으로써 단계별 이익이 새어 나감 없이 제주인에게 귀속될 수 있다.

제주가 핵심 역량으로 가꿀 수 있고 가꾸어 나가야 할 제주의 1차산업도 블루이코노미의 사례에서와 같이 창조산업으로 발전시킬 수 있다. 농업의 산업화가 아니라 가족농 중심의 소규모 농업으로 지역적 식량경제를 구축하고 나아가 도시 연대를 이룩하면 농촌의 자립이 가능하게 되어 식량안전권과 건강권까지 지킬 수 있다. 농산물 생산과 유통판매 등 공급망관리(supply chain management)를 협동조합 방식으로 확대하여, 경쟁에 기반한 시장경제의 시스템을 협력에 기반한 시스템으로 전환하여야 한다. 1차 산업의 건전한 육성이 건강하고 지속 가능한 사회를 창조하는 전략의 최우선 순위의 핵심으로 이해하고, 제주도정은 이를 적극 지원하고 추진하여야 한다.

전라남도는 은퇴자의 귀촌 귀농 지원제도도 매우 활성화되어 있으며, 전남의 친환경먹거리산업도 꾸준히 계획을 세워 『매일경제』 등의 언론을 통해 매일 홍보하고 있다.

안희정 충남지사와 박원순 서울시장은 배울 것이 많은 사람이다. 안희정 충남지사는 기업의 유치에도 열성적이어서 큰 성과를 내고 있지만, 충청남도의 1차 산업을 지속성장의 견인동력의 한 축으로 삼고자 하는 그의 3농 정책은 '산업으로서의 농업(친환경먹거리산업)', '주체로서의 농어민(유통혁신)', '공간으로서의 농촌(마을 구조 개선)'

〈그림 10-1〉 전라남도의 친환경 먹거리 홍보

제주의 프라이드와 미래가치경영

을 포괄하는 '농민의, 농민에 의한, 농민을 위한' 농업 발전을 이루기 위한 전략이다. 박원순 시장은 시민운동가답게 마을공동체 복원을 위한 협동조합 육성에도 열심이다. 제주의 1차 산업을 발전시키기 위해서는 안희정·박원순 정책의 믹스가 필요한데, 3농 정책을 협동조합으로 조직화하는 것이 그것이다.

지난해 농업인의 최고 영예인 '대한민국 최고농업기술명인'으로 선정된 제주홍암가(주)의 이규길(74) 회장은 제주에 정착한 지 17년이 된 제주인이다. 그는 가을에 파종된 보리가 땅 속에서 겨울을 나면서 싹을 틔우고 꽃을 피우며 열매를 맺게 하는 자연의 섭리를 그대로 구현해 낸 춘화처리(春化處理) 기술을 찾아냈다. 제주 가파도의 유기농 보리로 곡물유산균을 제조 판매하고 있으며, 제주의 농업이 가야할 방향을 제시해주는 창조적 기업인이다.

"제주에 사는 사람이네, 농사꾼이네, 노인이네, 경계심을 없애고 순수하게 내 말을 받아들여주는 거예요. 제주라는 브랜드로 득을 많이 봤죠. 지금의 홍암가가 성장할 수 있었던 것도 제주라서 가능한 것 같아요."[93]라는 『한라일보』와의 인터뷰는 그가 정말 제주의 가치를 잘 이해하고 있는 제주인이라는 것을 알게 해준다.

제주가 야심차게 추진하고자 하는 '세계환경수도 2020' 전략에서 친환경 1차 산업의 진흥책으로, 다수의 친환경 농업단지와 유기농 농업단지 조성, 친환경 안전 농산물 소비확대(로컬푸드 운동), 수출 증대 등 유통산업의 지원 등에 약 4,700억 원 규모의 투자를 계획하고 있다는 점은 고무적이다. 그렇지만 결국 누가 이 일을 맡고 어떤 조직이 어떻게 하느냐의 문제가 남는다.

▌물산업

제주의 암반지하수는 제주 청정 환경의 대표선수이다. '물처럼 흔하다'라는 말은 옛 말이 되었고 물이 자연자본 중의 매우 중요한 희소재로서의 가치를 인정받는 세상이 되었다. 이에 따라 "물을 물로 보는 시대는 끝났고 물은 블루 골드(blue gold)이며, 물산업은 블루오션(blue ocean)"[94]임에 틀림이 없다.

물이 좋은 곳에 기업이 몰리고(물기업 육성), 지자체마다 물산업 육성과 선점을 위해 경쟁도 치열하다. 제주도는 일찍이 지하수 개발 및 이용 허가제와 판매를 위한 도외 반출 허가제 등 지하수 보전 및 관리를 위해 체계적인 물 관리 시스템을 정착시키고자 노력하고 있다. 그리고 제주 삼다수는 국내에서 베스트 생수 브랜드의 위치를 장기간 유지하고 있다.

제주의 지하수는 강수에 의해 보충되므로 비교적 고갈 위험이 적은 자연 순환 자원임에는 틀림없다. 그러나 고품질의 물은 어느 곳에서나, 언제나, 큰 노력 없이 취득할 수 있는 자원은 아니다. 제주의 물은 물류비라는 취약점을 가지고 있으나, 지구 반 바퀴를 돌아오는 물류비를 감당해야 하는 세계 유명 브랜드의 물과 경쟁하는 것은 어려운 일이 아닐 것이다. 전술한 바 있는 제주 내재가치의 하나인 '한정판'의 가치를 살리는 방식으로의 일관된 프리미엄 마케팅 전략은 제주 물의 특성과 잘 어울린다.

• 삼다수의 도전

오랫동안 삼다수의 유통을 독점하던 농심이 광동제약에게 유통사업자의 자리를 빼앗기더니, 백두산 자락에서 취수하는 백산수라는 생수 공장을 짓고 있다. 약 2,000억 원을 투자하여 연산 100만

톤 규모의 생수 공장을 건설하고 있다. 2015년 9월부터 본격적인 생산을 시작하면 기존 공장과 합하여 연 125만 톤의 공급능력을 갖추게 되므로 삼다수의 연간 생산량과 비슷한 규모가 된다. 농심은 백산수 신공장이 세계 유수의 생수기업과 대등한 경쟁을 벌이기 위한 기반이 될 것이며, 농심의 새로운 100년 성장을 이끌 전진 기지가 될 것이라고 홍보하고 있음을 매우 유의하여야 한다.[95]

세계의 생수시장에서 명품 생수로 인정받고 있는 '에비앙(Evian)'이 병을 고치는 치유수로서의 스토리텔링으로 마케팅에 성공하였듯이, 우리 삼다수도 좀 더 높은 차원의 마케팅이 필요하다.

필자는 삼다수의 마케팅 전략으로 스토리텔링과 함께 명품 마케팅 방식을 계속적으로 주장한다. 공급 물량이 약간 달리게 하는 고가의 전략, 용기 디자인의 고급화, 프리미엄급 생수와 기능성 생수의 개발 등도 필요하다. 또 삼다수 정도의 브랜드 인지도라면 약간의 시간만 주어지면 유통 네트워크도 제주도 스스로 해결할 수 있다고 본다.

다행히도 제주도에는 용암암반수 외에도 해양심층수에 비견할 만큼 질이 좋은 용암해수인 고염분지하수도 제주 동부지역 지하에 광범위하게 분포되어 있다.

• 용암해수산업

제주가 역점을 두어 새로이 추진하고자 하는 용암해수산업은 우리나라 초유의 시도이기 때문에 기대가 자못 크며 제주의 미래 성장 동력이 될 가능성이 매우 높아 집중적인 지원과 창의적인 노력이 경주되어야 하는 산업이다. 용암해수는 해양심층수와는 완전히 다른 물이다. 해양심층수는 빛이 도달하지 않는 200m 이하의 해저에서 흐르는 물이므로, 취수도 심해(600m)에서 해야 하지만 바다 오염 등에서 자유롭지 못할 수 있다.

반면에 용암해수는 바닷물이 용암(현무암)에 장시간 여과되어 육지의 지하층에 존재하므로 오염에 노출되어 있지 않고, 바닷물이 고갈되지 않는 한 고갈 위험이 없는 수자원이며 취수도 육지에서 가능하므로 투자비도 매우 경감되는 장점이 있다. 또한 용암해수는 심층해수와 같이 풍부한 미네랄을 보유함으로써 항산화 효능, 포도당 대사활성화 기능, 알코올 대사 기능, 육모효과 등으로 당뇨, 고혈압 등 성인병에도 효능이 있으므로 그 용도도 스파, 아토피 예방, 음료, 식품, 화장품, 비료, 수경재배 등으로 매우 다양한 것으로 알려지고 있다.

용암해수산업의 전망은 삼다수가 중심인 용암암반수 물산업보다 고부가가치산업이 될 강점과 기회가 더 크다고 볼 수 있다. 제주도의 용암해수산업단지는 현재 제주개발공사가 건설을, 제주테크노파크가 R&D를 맡고 있으며, 현재 7개 기업이 입주하여 제주 미네랄 용암수를 필두로 제품의 개발 및 생산을 추진하고 있다.

아쉽게 느껴지는 것은 용암해수산업단지가 기업 여건상 R&D 능력이 떨어질 수 있는 중소기업들이 모여 있는 클러스터로서는 예산부족 등 지원의 한계가 있다는 점이다. 선진 기술과 자본력을 갖춘 기업을 선별하여 타깃으로 삼은 후에 국제공모 절차 등을 통하여 투자기업과 연구소 등의 유치를 적극적으로 추진하여야 한다. 기술의 도입은 물론 제주 용암해수의 브랜드가치 상승을 통한 해외시장 개척이라는 두 토끼를 잡는 노력이 절실히 요구된다.

▌ 문화산업

제3부 가치경영에서 제주의 내재가치에 대하여 논의하였으나, 제주문화가 다음 세대 또는 젊은 세대에게 계승되어야 할 제주인의

제주의 프라이드와 미래가치경영

정신적·물질적 자산이며, 또 하나의 중요한 제주의 내재가치라는 고찰은 생략되었다. 유홍준 씨는 '돌하르방 어디 감수광'이라는 제주문화유산답사기에서 삼다(三多), 삼무(三無) 외에 삼보(三寶)로 제주의 자연, 민속, 언어를 얘기한다. 유형의 문화유산 외에도 민속과 언어가 큰 가치를 지닌 제주의 문화다. 수눌음 정신, 대문을 대신하였던 정낭, 설화와 신화, 제주어와 제주음식, 밭담, 해녀의 숨비소리 등 이 모든 것이 바로 제주의 문화자본이다. 제주에서 자연과 문화는 경제성장을 돕는 사회적 간접자본이 아니라, 직접 생산에 참여하는 생산재로 파악되어야 한다. 한류의 예와 같이 상업자본화된 문화자본을 숭상하는 문화자본주의가 아니라, 문화자본을 자연자본과 같이 우리 제주의 삶과 제주 가치의 한 부분으로 이해하여야 한다.

인류학에서 문화는 정치 경제에서 도덕, 예술, 풍속, 종교에 이르기까지 인간과 집단의 행동양식과 상징체계로 정의하며, 사회의 통합과 재생산 기능을 수행한다고 한다. 종래에 문화와 산업은 상반되는 대척점에 서 있는 개념으로 이해되었으나 이제는 문화재화와 서비스를 생산하는 문화산업이라는 개념으로 정의하는 것이 일반화되었다. 유네스코는 문화산업을 "개인의 창의성에 기초하여 생산·보급되는 문화와 예술분야의 상품 및 서비스 전반을 포괄하는 광범위한 개념"으로[96] 정의한다.

유럽은 특히 문화적 유산의 자긍심을 가동하며 번성하고 있는 자본주의이다. 오랜 역사와 문화 예술적 유산을 가진 여러 나라들이 문화산업과 관광산업의 시너지효과를 통하여 막대한 수입을 올리고 있다. 더 나아가 디자인, 출판, 영상, 미디어 등의 문화산업이 산업경제, 지식경제를 지나 국가경제 성장 동력인 창조산업으로 자리 잡은 지

이미 오래된 것을 부러움의 눈으로 쳐다만 볼 수는 없다.

　제주발전연구원의 조사 및 연구에 의하면, 제주도민들의 62%가 제주에는 보고, 즐기고, 체험할 문화상품으로 개발할 만한 문화자원이 있다고 응답하였다. 조사 대상 문화예술인도 86%가 제주의 문화산업은 시장 경쟁력이 있다는 인식을 가지고 있다. 시장 경쟁력을 갖춘 제주의 문화산업 유형으로는 전시회·박람회·축제 등 관련 산업(30.2%), 문화재 관련 산업(25.6%), 만화·캐릭터·애니메이션·디자인·공연·미술품·공예품 등 관련 산업(16.3%)을 중요하게 꼽고 있는 것으로 나타나고 있다.[97]

　제주발전연구원의 보고서에서 제안하고 있는 도내외 문화예술인들에게 유휴 공간이나 농어촌 폐가를 정비하여 임대하는 프로젝트로 예술정착촌(작은 창조도시의 유형과 동일)을 조성하는 사업 등도 적극 고려할 만하다. 또한 기 선정되어 있는 '제주문화상징 99'선을 적극 활용하여 기념품산업과 애니메이션 등 콘텐츠 창작에 접목시킨다면 문화산업적 효과를 창출할 수 있을 것이다.

　제주에서도 늦게나마 제주학연구센터가 개소되는 등 제주학이 태동되고 이에 대한 관심이 높아지고 있음은 다행이다. 제주학은 제주문화학으로 제주의 정신가치를 재조명하고 확장시키는 한편, 제주문화의 원류인 탐라의 문화를 회복하는 연구를 포함하여 전통의 재발견에서 시작되어야 한다. 또한 제주문화자본의 가치와 정체성을 찾는 일은 제주인의 정체성을 회복하는 일이며, 제주의 핵심가치 중 첫 번째인 '자존(自尊)의 정체성'을 재정립하는 일이기도 하다. 문화자본은 당장 현가화되는 투자대상물이 아니다. 자연자본의 가치 훼손과 상각을 보충하기 위하여 자연자본에 대한 투자를 늘려야 하는 것과

경기도 용인시 기흥구 구성동의 주민자치센터 도서관 쉼터에 수령이
350년이나 되는 보호수가 있고 사진에서 보듯이 한 손을 얼굴에 대고
누군가를 기다리는 모습의 아줌마 조각상이 있다. 아래 글은 보호수의
사연을 설명하는 글로서 한글 및 영어와 중국어로 번역되어 있다.

> 옛날에 금실 좋은 부부가 살았는데 남편이 전쟁터에 나가자
> 아내는 마을 어귀인 이곳에서 날마다 남편을 기다렸다. 남편
> 이 전장에서 죽어 돌아오지 못하게 되었는데 아내는 남편을
> 기다리다 끝내 세상을 떴다. 마을 사람은 아내의 사랑을 기려
> 이 자리에 느티나무를 심었는데 이 나무는 자라면서 한 쪽 가
> 지가 유난히 길어서 아내가 발돋음을 한 채 남편을 기다리는
> 모습과 닮아갔다.

이는 작은 마당 한켠의 보호수와 절제된 미학의 조각상 하나가 만들어
낸 스토리의 사례이다. 감동적인 스토리는 한 번 사람의 뇌리에 박히
면 쉽게 잊혀지지 않고, 자기가 그 스토리의 주인공이 된 양 동질성과
공감을 느끼는 동시에 남에게 자꾸 전파하고 싶은 욕망을 부른다.
제주의 마을에도 발굴하면, 한 두 가지씩은 마을에 내려 오는 전설이
나 이야기가 있다. 제주를 찾는 관광객들이 올레길을 걷다 마을 어귀

에서 이러한 이야기를 만난다면 잠시 쉬며 마음의 힐링을 하는 시간도 갖게 되고, 스토리와 함께 그 마을을 기억하게 될 것이다. 그 곁에 이 마을의 특산물이나 마을 주민이 담근 과실 음료수 등을 판매하는 무인 판매대라도 있다면 더욱 좋은 풍경이 아니겠는가?

같이 문화자본의 가치를 보존하고 높이기 위한 투자는 제주의 미래 가치를 한층 높이는 일이다.

제주도는 2014년 1월 전국에서 처음으로 '제주문화융성추진단'을 발족시켜 문화 생산자와 소비자가 모두 문화의 가치를 인식하고 주도적으로 참여할 수 있는 정책의 발굴 및 실천을 위한 발걸음을 시작하였다. 늦었지만 제주의 정체성 있는 문화로 도민의 삶의 질을 더욱 풍요롭게 하는 것은 물론 문화 융성 및 문화산업 인프라 구축을 위해 매우 바람직한 일이다.

▌ 아시아 CGI(Computer Generated Imagery) 창조센터와 한·중·일 협력

2014년부터 제주가 추진하게 된 CGI(Computer Generated Imagery) 센터는 용어가 좀 생소하지만, 창조산업 중 우리나라가 강점을 가지고 있는 영상 콘텐츠산업에 해당된다. 순차적으로 향후 2년간에 걸쳐 100억(국비 50억, 지방비 50억)이 투자될 예정이며 기업유치 10개, 일자리 창출 300인을 예상하고 있는 매우 흥미로운 프로젝트이다. 한·중·일 3국의 3D 컴퓨터 영상 합성기술을 활용한 애니메이션 공동제작 환경 구축사업으로서 글로벌 시장 진출을 위한 기반 구축이 될 수 있는 사업이며, 한·중·일의 시장 접근성도 높아질 수 있을 것으로 기대된다.

제주의 입장에서는 이를 계기로 소요 인력 양성에 힘써야 한다. 컴퓨터 영상기술을 이용한 애니메이션 제작을 위한 단순 기능공의 양성에서 나아가 한·중·일 우수인력을 활용하여 산학협동 방식으로 창조적 기능인을 육성하는 전략이 필요하다. 대학의 관련 학과에서는 이들 유수의 인력을 대학에 초치하여 강의를 맡기는 등 그들을 우리 학생들이 멘토로 모시고 관련 지식을 습득할 수 있도록 하는 제도적 지원과 아이디어가 필요하다.

CGI 센터가 한·중·일 애니메이션 기업들의 하청센터가 되지 않도록 부가가치를 높일 수 있는 서비스를 제공해야 한다. 사업의 유치에 만족할 것이 아니라, 더 나아가 한·중·일 투자공동체의 시범적 케이스로 한·중·일 경제협력 사업의 모델이 됨은 물론 제주가 한·중·일 3국의 문화융합도시(cross-cultural city)와 한·중·일 평화 공동체 구성의 시금석이 되도록 좋은 결과가 나게끔 세심하게 지원하고 노력하는 자세가 필요하다.

제주에도 제1, 제2첨단과학기술산업단지, 용암해수산업단지, 감귤식품사업단지, 녹색산업단지 등 각종 산업단지의 조성과 운영이 활발하다. 한·중·일 협력사업으로 추진되는 CGI 창조센터의 제주 설립을 계기로 한·중·일, 한·일, 또는 한·중 간 같은 국가 간 산업 클러스터의 구상도 해볼 필요가 있다. 전라북도와 새만금개발청이 개발 주체가 되는 한·중 경협단지는 한국과 중국 간의 경제장관회의에서 합의되어 이제 막 추진이 시작되고 있는 우리나라 최초의 국가 간 경협특구 사업이다. 새만금의 복합도시 용지에 산업기능을 중심으로 교육, 주거, 상업시설이 들어서는 융복합도시를 건설하겠다는 계획이다. 차이나 밸리라고 부르기도 하는 새만금 한·중 경협단지에는 첨단산업과 신재생에너지 및 고부가가치 농생명산업 등을 유치할 계획이며, 기업이 원하는 맞춤형 인센티브를 부여한다고 한다. 중국시장을 지척에 마주 보고 있는 지역에 국가의 지원으로 이러한 경협단지를 조성하는 사업의 아이디어도 훌륭하고 시의적절하다.

한·중·일 3국이 자국과 마찬가지로 편안하게 기업을 할 수 있도록 모든 여건을 만들어 가야 하는 과정에 있는 제주로서는 새만금 한·중 경협단지의 경우를 부러워하기에 앞서 예의 주시해 보아야 한다. 우리 제주에 어떤 형태의 국가 간 경협단지가 적합하며 성공가능성이 있는지에 대한 제주 경영집단의 관심이 요구된다.

▌ 제주의 친환경 과학기술원 설립

제주발전연구원[98]의 김태윤 선임연구위원이 제안하는 '국립제주 녹색과학기술원'의 제주 유치 관련 제안을 적극 지지한다.[99] 비록 관련 법안이 국회에서 사장되어 국립녹색과학기술원 설립 자체가 무산됨으로써 제주 유치라는 그의 제안이 주는 의미가 없어지고 말았지만, 필자는 그가 가진 아래 세 가지 의문점과 제주과학기술원의 필요성을 높이 평가한다.

① 제주의 천혜 환경과 국제적인 휴양관광지로서의 이점을 제주가 충분히 활용하고 있는가?
② 국제자유도시 전략과 한중일(동북아) 중심에 위치한 지정학적 이점을 충분히 활용하고 있는가?
③ 제주지역 특성자원(다양한 생물 자원, 풍력 등 신재생에너지원, 1차 산업 등)을 충분히 활용하고 있는가?

이러한 의문과 고민은 현재 진행되고 있거나 추진 예정인 제주의 많은 정책들이 제주의 내재가치 활용에 제대로 기반하지 못하고 있으며 결과적으로 제주의 미래가치 창출에 미흡하다는 필자의 의견과 동일하다. 제주의 리더들이 귀담아 들어야 할 이러한 논의는 비단 제주에 특화된 제주 맞춤형 과학기술원 설립이 필요하다는 필자의 논리를 넘어서 기존의 제주 성장 정책에 대한 고찰로서도 매우 유용하고 적절하다.

기업의 경영은 우수 두뇌집단(싱크 탱크)의 도움 없이 성과를 낼 수 없다. 기업그룹의 경제연구소가 시장의 변화 예측을 통해 트렌드를 파악하여 큰 그림을 그리는 것이라면, 기술연구소는 창의적인 기술을 바탕으로 새로운 것을 창조함으로써 시장경쟁력을 높인다. 기업의 경영진은 기업의 핵심가치(가치관)를 확고하게 정의하고 리더와 구성원이 공유하며, 경제연구소 및 기술연구소의 지원을 받아 탄생한 신제품을 적합한 브랜딩과 마케팅 전략으로 승부하는 것이다. 특히 R&D가 없는 경영은 상상할 수도 없을 만큼 R&D 역량이 기업의 운명을 좌우한다. 핵심 기술을 발전시키고 미래 기술의 개발로 시장을 선도하기 위하여 기업들은 기업대로 중앙연구소 산하에 공장마다 전문기술연구소를 운영하기도 한다.

국가차원에서도 R&D가 필요하며, 한국과학기술연구원(KIST)이라는 경제와 과학의 두뇌들이 모인 연구소가 근 50여 년간 우리나라의 경제성장과 과학기술 능력의 증진에 기여한 바는 누구도 부인하지 못할 것이다. 특히 이러한 연구기관들이 존재함으로써 외국 유학을 마친 우리나라의 고급 인재들이 고국에 정착할 수 있었으며, 이들은 곧잘 고위 경제관료 내지 과학관료로 발탁되어 국가경제정책 집행의 두뇌 역할을 담당하고 있다.

각 지자체도 이러한 기능을 수행하는 경제연구소 내지 연구원을 가지고 있는 바, 경기도의 경기개발연구원이나 제주도의 제주발전연구원 등이 그것이다. 제주에도 많은 농업기술연구소 등 전문연구소들이 있지만, 제주의 자연자본을 활용하고 산업화하여 제주의 미래 먹거리를 창출해낼 R&D Headquarter 기능을 수행하고 우수인력을 양성할 과학기술원이 필요하다. 명칭이야 어떻든 제주가 필히 설립하여 운영하여야 할 환경기술연구소 같은 R&D 기관은 자연자본주의에 입각한 블루이코노미나 청색기술의 요람도 될 수 있을 것이다. 문제는 예산이 아니라 리더와 추진 주체들의 인식, 관심 그리고 경영정책의 문제일 뿐이다.

• 효자를 생육하고, 불효자를 돌보는 과학기술원

자연이나 생물을 모방하는 청색기술로 인한 사회의 변화에는 오랜 시간이 소요된다. 사회적 인식의 변환과 법 규정 개정 등까지 고려하면 최소한 20~30년이 경과한 후에야 기대할 수 있다. 그렇다면 국가는 물론 민간 R&D의 초점도 지금부터 바꿔야 한다. 청색기술은 과거 산업화 과정에서의 추격자(fast follower) 모델에서 새로운 영역을 개척하는 선도자(fast mover)로 도약하는 데 가장 유력한 기회가 되고 있다.[100]

일본은 1990년대 초반부터 이미 자연중심 기술의 연구가 시작되었으며, 최근에는 생물학과 공학을 연계한 혁신적 재료 개발(2012~2016) 프로젝트가 추진되고 있다. 『블루이코노미』의 저자인 군터 파울리도 일본 정부의 후원으로 도쿄의 유엔대학(United Nations University)에서 자연시스템의 생산과 소비 방식을 모방하는 쓰레기와 배기물의 순환생산 경제모델을 발전시킨 바 있으며, 이 모델은 현재 일본에서 다양한 분야에 적용되고 있다고 한다.

• 제주의 과학기술원이 제주의 미래다

과학기술 인재의 양성을 위해 제주에 과학기술원을 설립해야 한다. 여기서 양성된 인재들은 착한 기술을 찾아내고 응용하여 제주 미래 먹거리 관련한 기술과 사업을 직접 발굴해야 한다. 제주의 과학기술원과 제주발전연구원이 좌편 우편에 앉아 제주의 청사진을 그려내고, 신사업을 찾아내고 이를 한·중·일 또는 한·중, 한·일 등의 협력사업으로 사업화하는 길도 모색할 수가 있다. 이것이 제주를 동아시아의 R&D Hub로 자리매김하는 단초를 주면서 동아시아 평화에 기여하는 길이 될 것이다.

S&P(국제신용평가기관)도 최근 보고서에서 '인구고령화와 기후변화'를 21세기에 가장 중요한 현상으로 꼽고, 특히 앞으로는 태풍, 홍수 등 기후변화 문제를 국가신용등급 평가의 주요 요인으로 지목하였다. 여타 변수가 좋더라도 기후변화에 대처할 수 없는 산업구조와 재정능력이 취약한 국가는 국가신용평가 등급을 낮출 수밖에 없다는 것이다. 116개국 중 기후변화에 가장 취약한 나라는 베트남, 방글라데시이며 우리나라는 일본, 뉴질랜드 등과 함께 중간 수준의 국가로 분류되었다.[101]

제주는 한반도보다도 기후변화에 의한 영향을 직접적으로 받을 수 있는 위치에 있다. 태풍의 진원지에 가깝고, 기후변화로 생태계와 농산물의 작황도 변하고 있다. 제주의 자연자본의 가치가 기후변화라는 변수로 인하여 작아지는 것을 최소화하는 동시에 위기를 기회로 삼는 선도적 예측, 대응기술과 전략의 개발 등이 필요하다.

아울러 제주 젊은이들을 창조경제의 자산으로 육성하는 일도 제주

과학기술연구원이 있다면 큰 효과를 낼 수 있을 것이다. 신성장이론 (new growth theory)을 주창하고 있는 뉴욕대의 폴 로머 교수는 『매일경제』(2014/03/28)와의 인터뷰에서 창조경제 활성화를 위해 기술혁신도 중요하지만, 아이디어(지식)와 소프트웨어를 만들어 내는 웨트웨어(Wet-ware, 창의적 두뇌)가 중요하다고 강조하며, 창의력 있는 학생들을 육성하는 것은 당장이 아니라 50년, 100년 뒤의 한국 미래를 좌우하는 큰일임을 강조했다.

위기는 기회를 낳는다. 독일은 금융위기 때 오히려 R&D 투자를 35% 증액하여 히든 챔피언(미래의 효자산업)을 육성하는 긴 안목을 보여주었다. 제주의 과학기술원은 미래 인재의 양성뿐 아니라, 장기간 투자비만 들어가나 언젠가 제주를 먹여 살릴 수 있는 미래 성장산업(불효자)을 발굴하는 기관이 된다. 대부분의 과학기술원들이 대학이나 대학원 과정을 영어로 진행하며, 외국의 석학을 초빙하여 창조인재 육성과 신사업 발굴 등에 도움을 받는다.

과학기술원 부설 대학교, 대학원을 제주의 영어교육도시 내에 설립하고, 안식년 중에 있거나 은퇴한 외국의 석학을 휴양의 섬 제주로 초빙하여 휴양 중에 일주일에 몇 시간씩만이라도 강의를 부탁한다면 일석이조가 되지 않을까 한다. 영어로 강의하는 제주대학교 국제대학원 같은 경우도 영어교육도시로 이전할 수 있다면 시너지 효과를 기대할 수 있을 것이라는 것이 필자의 생각이다. 한 사람의 석학을 초청하는 비용 대비 향후 창출가치는 엄청 크기 때문에 남는 장사이다. 다른 것을 제쳐 놓고 투자할 가치가 있고 이러한 교육과 R&D의 투자야말로 제주의 미래가치 투자에 대한 승수효과를 높이는 일이다.

3. 가치경영의 일꾼 '제주 마케팅상사'

▌제주 경영의 모든 길은 마케팅으로 통하고 일꾼이 필요하다

제주의 가치경영에 있어서 마케팅의 중요성과 효과를 감안할 때 제주의 가치, 브랜드, 제주 생산물 등을 통합적으로 마케팅할 수 있는 마케팅상사(Champion Marketing Agency)의 설립은 늦은 감이 있다.

어느 도지사 예비후보가 제주유통공사의 설립을 공약한 바 있었는데 좋은 제안이라 생각된다. 제주도의 상품과 산물이 아무리 훌륭해도 제대로 된 유통시스템을 갖고 있지 못하면 유통업자에게 종속을 강요당하는 것이 현실이다. 유통을 장악한 자가 시장을 지배한다고 해도 과언이 아닐 만큼 유통기업의 힘은 막강하다. 한국 최고의 품질을 가졌다고 자부하는 삼다수도 육지의 유통업자에게 판매권을 내주어야 하는 것이 현실이다.

도시 외곽에 물류시설을 가지고, 도시의 요지에 매장과 판매 네트워크를 가진 대형 유통업자는 기술 혁신과 창의적인 아이디어로 생산된 제품을 소비자에게 쉽게 접근하는 루트를 독점적 지위로 관리하고 통제함으로써 막대한 수익을 올리고 있다. 제주의 일부 농산물 생산업자들이 공동 브랜드를 런칭한다거나, 비싼 임대료를 감수하며 제주특산품 직영매장을 대도시에 운영하는 것도 유통마진을 줄이기 위한 것이지만 시장을 장악한 공룡 같은 대형 유통업자와 경쟁하는 것은 힘겨워 보인다.

물론 유통은 시장과 고객이 소통하는 고속도로이지만, 시장조사와 상품의 기획에서 시작되는 머천다이징(merchandising)이 제대로 작

동되고, 온라인 마케팅을 포함한 홍보와 투자유치에까지 업무의 영역이 넓은 통합적 마케팅 에이전시를 제주가 소유하고 역량을 지속적으로 키워 나가는 노력이 절실히 요구된다.

이러한 제주 마케팅의 챔피언 에이전시의 설립과 운영을 위해서, IBM은 『글로벌 제주브랜드 마케팅 전략 수립』(2014.2) 보고서에서 도청 내에 '글로벌 브랜드 관리본부'를 신설할 것을 제안한 바 있다. 필자는 이에 대한 보다 적절한 대안으로 독립성과 창의성을 고려하여 관료조직에서 벗어난 100% 민간기업 또는 반관반민의 주식회사 형태의 '제주 마케팅상사'의 신설이 좋을 것으로 판단된다.

도시 브랜딩의 성공 케이스로 거론되는 스위스의 바젤시는 도시 마케팅의 책임자로 공무원이 아닌 전문 마케터를 채용하였고, 바젤의 관광청을 민간 주식회사 형태로 운영한다. 미국 뉴욕의 관광청 NYC & Co. 경우도 이와 유사하다. 서울특별시도 2008년 민과 관이 공동으로 출자하여 지방공기업인 서울관광마케팅(주)을 설립하였다. 이는 서울의 글로벌 경쟁력 강화라는 큰 목적에서 시작하였으나 MICE 산업의 관광 마케팅 등에 치중하는 정도로 보인다. 특이한 사항은 복합단지, 리조트 등의 관광 인프라 개발 및 투자, 문화 콘텐츠산업 육성 등이 설립 목적에 포함되어 있는 정도이다.

신설되는 제주 마케팅상사의 지분구조는 제주성장의 이익을 도민에게 귀속시키는 방안으로 제주개발펀드에서 출자하는 방식 또는 제주주민에게 전환우선주[102]를 발행하여. 사업의 이익을 주민에게 돌려줄 수 있는 장치를 만들면 좋을 것이다. 소요 인력, 특히 CEO는 선거캠프 출신이나 관피아가 아닌 외국인 전문가를 포함하여 민간전문 마케터의 외부 수혈이 바람직할 것이다. 그리고 자체적인 교육 프로그램을 지속적으로 실시하여 직원의 업무능력을 향상시켜야 하며,

제주의 프라이드와 미래가치경영

일부 능력 있는 공무원이 있다면 명예퇴직 후 전환배치도 고려할 수 있을 것이다.

가칭 제주 마케팅상사(JMC: Jeju Marketing Corporation)의 핵심 기능과 역할을 간단히 정리하면 다음과 같다.

✦ 제주 마케팅 전략의 총괄적 수립 및 일관성 있는 실행
✦ 제주 도시 브랜딩 통합작업 및 브랜드 마케팅
   (기존의 도시디자인단, 홍보담당관 및 산업별 각 부서로
   분산되어 있는 마케팅 부서의 통합)
✦ 제주 미래가치 보존 및 창출을 위한 신사업 발굴
✦ 국내외 투자유치 활동
   - 국내외 네트워크의 구체화 및 활성화
   - 해외 주요 거점 지사(영업소) 설치 확대
   - 전시회 등 참가
✦ 1차 농수축산물의 마케팅
   - 농어민 소득 증대를 위한 머천다이징 컨설턴트 역할
   - 생산, 분류, 포장 센터의 현지 설치와 친환경 인증제 활성화
   - 소규모 협동조합 결성 지원
   - 국내 물류 및 유통 네트워크 구축
     (제주산품의 프랜차이즈 사업 포함)
   - 해외 마케팅 네트워크 구축(국내외 전문 상사와의 협업)
   - 선진 농업국의 기술 도입 등 제휴 지원
   - 온라인 마케팅팀 운영 및 제주 소상공인을 위한 인터넷 몰
     운영
✦ 소요 인력의 육성 및 도외인력 유치(talent matching &

sharing) 활동

4. '설문대할망의 바람개비(Giant Grand Mom)' 프로젝트

▌도시 랜드마크로서의 회전식 관람차

'런던 아이(London Eye)'로 유명한 회전식 관람차(Ferris Wheel)의 원조는 1893년 시카고 세계박람회장에 건설된 설계자인 George Washington Gale Ferris, Jr.의 이름을 딴 'Chicago Ferris

〈그림 10-2〉 런던 아이(London Eye)

출처: 위키백과

제주의 프라이드와 미래가치경영

출처: www.singaporeflyer.com

Wheel'이다.

런던을 대표하는 관광 명소 중 하나인 '런던 아이'는 템즈 강변에 세워진 회전식 관람차이다. 자전거 휠 같은 바퀴에 정원 25명의 유리 캡슐형 관람차가 32개 매달려 있으며 한 바퀴 도는 데 약 30분이 소요된다. 높이 135m로 순수 관람용 건축물로는 싱가포르 플라이어(165m)가 2008년 건설되기 전까지는 세계에서 제일 높은 관람차로 명성을 떨쳤다. 매년 약 350만 명이 방문하며 관람료는 한화 약 5만원으로 연간 입장료 수입만 약 1,750억 원이나 된다. '런던 아이'를 중심으로 반경 40km 이내의 도시 모습을 관람할 수 있으며, 연예·오락이나 결혼식과 같은 다양한 행사를 위한 독특한 장소로도 인기가 높다.

싱가포르 플라이어는 약 2.6m가 더 높은 라스베이거스의 High Roller가 등장하기까지는 2008년에서 2014년까지 세계에서 제일 높은 관람차(165m)였다. 바닥의 일부분이 투명 유리로서 관람차를 타고 상공에서 바라보는 싱가포르 전경은 아름답고 스릴도 있다. 낮 시간대는 마리나 베이 샌즈와 에스플러네이드, 머라이언 공원을 중심으

출처: www.unstudio.com

로 싱가포르 전체 전경을 즐기는 여유를, 밤에는 타오르듯 피어오르는 야경을 30여 분간 감상할 수 있다.

일본도 니폰 문(Nippon Moon, 가칭)이라 불리울 세계 최대의 회전식 관람차를 계획하고 있는 것으로 알려지고 있다. 아직 높이도 정식으로 발표되고 있지 않으나, '런던 아이'의 두 배 정도로 세계 최대를 지향하고 있는 것으로 알려지고 있다. 32개의 투명 관람 캡슐과 1회전에 약 40분 정도 걸릴 것으로 계획하고 있으며, 네덜란드의 UNStudio는 concept design 작업에 참여하고 있다.

▌'설문대할망의 바람개비' 프로젝트

우리나라 해안을 따라 진행되고 있는 대형 리조트 개발만 따져도 수십 개 사업에 100조 원 이상이 투입될 것으로 보인다. 영종도를 비롯하여 너도 나도 카지노를 중심으로 한 복합리조트 건설이 유행이다.

말도 많던 영종도 카지노 복합단지도 외국인 투자자에 의해 조성될 가능성이 매우 높다. 마카오식이 아닌 한두 개의 복합리조트만 허용하여 정부의 관리가 용이하도록 한 싱가포르의 차별화 방식을 채택할 것을 전문가들은 조언하고 있다. 그렇지만 강원랜드나 파라다이스 등 국내 카지노 업계도 영종도에 복합리조트 건설을 고려하고 있다고 한다.

제주 제2차 종합계획 또한 제주의 랜드마크적 복합리조트를 제안하였음은 이미 기술하였다. 그러나 전술한 바 있듯이, 제주에는 이미 다수의 복합리조트가 제주 서부에 건설되고 있으므로 콘도와 호텔 위주의 복합리조트는 당분간 더 이상 필요 없다는 생각이다.

회전식 관람차에 필자가 관심을 갖는 것은 제주의 거대 조형물로서의 랜드마크(landmark)적 가치 때문이 아니라, 관광객 집객(attraction)효과와 아울러 하늘에서 내려다보면 제주 자연의 가치가 훨

〈그림 10-5〉 영종도 카지노 복합리조트 건설

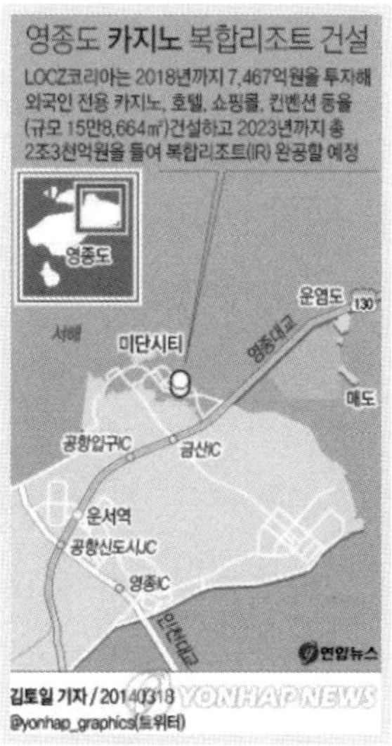
영종도 카지노 복합리조트 건설
LOCZ코리아는 2018년까지 7,467억원을 투자해
외국인 전용 카지노, 호텔, 쇼핑몰, 컨벤션 등을
(규모 15만8,664㎡)건설하고 2023년까지 총
2조3천억원을 들여 복합리조트(IR) 완공할 예정
영종도
운염도
130
미단시티
영종대교
매도
공항입구IC
금산IC
운서역
공항신도시JC
영종IC
인천대교
연합뉴스
김토일 기자 / 20140318
YONHAPNEWS
@yonhap_graphics(트위터)

출처: 『연합뉴스』, 2014/03/18

씬 크다는 것을 백록담이나 일출봉 위에 오르면 느끼게 되기 때문이다. 이런 점에서는 한라산 케이블카의 대안으로서도 일리가 있다고 생각한다. 세계적 명소가 되어 있는 회전식 관람차들 대부분이 도시 중심이나 유원지에 건설된 것과 달리 제주의 경우는 제주 동부 지역 특히 성산일출봉 인근의 척박한 땅을 사업의 입지로 제안한다.

추진 방식을 간략히 설명해 보면 다음과 같다.

① 제주 서부와 남부 지역에는 이미 복합리조트가 포화 상태가 될 정도로 여러 개가 건설 중이므로 동부 지역의 균형발전을 위한 관광객 집객 시설이 필요하다.

② 관람차에 오르면 약 30~40분 동안 여유 있게 제주의 자연 랜드마크인 한라산과 수십 개의 오름, 푸른 빛 바다와 우도의 절경 그리고 성산일출봉의 분화구를 감상할 수 있다.

③ 총 사업 투자비는 타 프로젝트의 경우를 참조하여 보면, 대형 복합단지의 약 절반 수준이면 될 것으로 추정되고, 관람객은 연간 3~4백만 명에 달하여(제주 총 관광객의 20~30%), 총 수입은 2,000억 내지 3,000억 정도로 사업의 재무 타당성도 확보가 가능할 것으로 추정된다. 또한 다양한 이벤트를 개발하는 한편 사계절 및 주간과 야간의 전망이 다르므로 재방문 고객 확보에도 용이하다.

④ 세계적인 프로젝트 컨설팅 기관을 선정하여 예비 타당성 검토(preliminary feasibility study)를 실시한 후, 동 보고서에 의해 국제공모로 설계자와 사업자를 공모하는 방식으로 진행한다.

⑤ 지역 주민에게 개발 이익의 대부분이 돌아갈 수 있도록, 초기

제주의 프라이드와 미래가치경영

투자 지분의 참여(토지 제공 시)부터 F&B 식자재 납품 및 시설 운영 등에 있어서 지역주민의 협동조합 공동체를 적극 활용할 수 있다.

근래에 짓는 회전식 관람차는 단순한 경치 조망에서 그치는 것이 아니라, 체험과 낭만을 테마로 하며, 연인들의 프러포즈, 웨딩 등의 이벤트 장소로도 적합하도록 부대시설을 배치하고, IT 기술을 활용한 다양한 동영상 촬영과 실시간 SNS 서비스 등을 제공한다면 제주의 홍보에도 큰 역할을 할 것으로 생각된다.

프로젝트 이름을 '설문대할망(Giant Grand Mom)'으로 제안한 것은 설문대할망의 거대성도 있지만, 설문대할망이 우도를 빨랫돌로, 분화구를 빨래 바구니로 매일 한 벌 밖에 없는 할망의 옷을 빨았다고 하는 설화를 제주 동부의 랜드마크로 브랜드화하고자 한 것이다. 자연환경과 거대한 철 구조물의 부조화를 염려하는 비판도 있을 수 있으나, 자연과 최신기술의 조화는 또 다른 자연과의 공생을 보여주는 사례가 될 수도 있을 것이다. 'Giant Grand Mom'이 세워지면 제주의 가치를 높이는 스토리가 있는 체험과 감성 마케팅의 한 축을 담당하게 될 것으로 믿는다.

제4부 제주 가치경영의 마침표, Global Leading City

제1부 '문제의 인식'에서 상세히 논의하였듯이 제주를 국제자유도시로 조성한다는 제주의 비전은 이미 상당히 퇴색되었고, 국내외 경제환경 변화와도 동떨어진 발전전략이 되어가고 있다. 국제자유도시는 경제발전의 요소 자원인 인력, 자본, 상품의 자유로운 이동을 허용함으로 경쟁력 있는 도시를 조성하자는 전략이기는 하지만, 국제적 기준인 글로벌 스탠더드에 맞는 세계의 일류도시(global leading city)들은 이미 국제자유도시의 속성을 훨씬 뛰어넘는 도시 발전전략을 집행하고 있다. 아울러 우리가 상당 기간 동안 시행착오를 거치며 진행해온 국제자유도시 개념이 중심이 된 제주 발전전략은 물량과 하드웨어 위주의 발전전략으로 매몰될 위험성을 보여주고 있는 것도 사실이다.

　　우리가 벤치마킹할 필요가 있는 세계일류도시인 싱가포르의 경쟁력과 자부심의 원천을 파악하고, 우리 제주가 가야 할 길을 모색하기 위해서는 싱가포르 정부기관인 'Singapoe CLC'[103] 경영진인 Khoo Teng Chye의 지적을 참고할 필요가 있다. 그는 'Liveable City,' 즉 지속성장이 가능한 살기 좋은 도시의 조건으로 다음과 같은 네 가지를 강조한다. 첫째는 안전한 환경, 좋은 학교 등과 같은 높은 수준의 삶의 질(quality of life)이고, 둘째는 양질의 일자리를 제공하는 경쟁력 있는 경제(competitive economy)이며, 셋째는 파괴 없는 환경의 지속 능력(environ-mental sustainability), 넷째는 청정도시를 위한 정부의 상세하고 단호한 규제(clean & green city)이다.

그는 또한 도시행정이 보전이나 청정보다 성장우선주의(grow first and clean up later)의 유혹에 빠질 수 있는 가능성을 경계하여야 한다는 말을 잊지 않는다. 남의 얘기가 아니다. 우리 제주도 말로만 '선 보전, 후 개발'이라는 구호를 앞세우고 있지 않은지 깊은 성찰이 필요하다. 지금 당장 먹을 것을 우선으로 정책을 펴고, 자연자원 보호는 먹고살 만큼 성장한 후에 해도 늦지 않는다는 성장 우선주의의 덫에 걸려 있지 않은지 우리 자신을 뒤돌아보아야 한다.

싱가포르가 위대한 세계일류의 도시이자 국가가 된 근저에는 리콴유라는 위대한 리더십과 그를 믿고 따랐던 훌륭한 시민의식, 그리고 고객의 가치와 싱가포르의 가치를 창출하는 가치경영전략이 있었음을 알 수 있다. 필자는 여기에서 제주가 세계일류도시로 재탄생하기 위한 조건으로, 이미 제3부에서 설명한 가치경영을 제외하고, 제주의 리더십, 통합비전, 그리고 제주의 글로벌 시티즌십(citizenship)에 대하여 논의한다.

제11장

제주의 리더십

1. 리더십의 이해

리더십(leadership)은 흔히 리더(leader)인 배의 선장이 폭풍우가 수시로 몰아치는 대양(정치·경제·사회적 환경)을 항해하여, 공동체의 구성원이 탄 배(ship)를 소기의 목적지에 안전하게(방향과 시간) 도착시키는 행위로 비유된다. 선장인 리더는 구성원과의 합의하에 목적지(vision)를 정함은 물론, 기상을 예측(미래의 변화에 대한 통찰력)하고 정밀한 항해지도(사업계획)와 나침반(중장기 계획, road map)의 도움을 받아 배의 키를 조타(操舵)한다. 제주의 리더십은 제주 미래의 비전을 향하여 안전한 항해로 행복한 목적지까지 제주도민을 이끄는 행위 그 이상도 그 이하도 아니다.

산업혁명의 산물인 대량생산과 소비가 미덕이라는 시대는 지나가고 있다. 자연자본과 에너지의 과소비로 지구 멸망이 초읽기에 들어간 형국이다. 드디어 인류는 자연이나 생물모방의 기술만이 인류의 지속성장을 담보한다는 지혜에 늦게나마 도달한 느낌이다. 경제발전의 지혜뿐만 아니라 공동체 운영의 원리 중 제일 중요한 리더십 문제도 동물에게서 배울 수 있다.

리더가 잘못하면 짐승보다도 못하다는 소리를 듣게 될지도 모르는 일이다. 공동체 전체가 함께 만드는 늑대무리의 리더십, 패자에게는 아량을 베푸는 수컷 악어의 리더십, 그리고 힘센 존재가 아니라 사려 깊은 리더를 존중하는 사바나 개코원숭이의 팔로워십(followership)에서처럼 동물의 세계에서도 리더십을 배울 수 있다. 한편 기러기 무리의 V자 편대 비행은 우리에게 많은 생각을 하게 해주는 동시에 리더십의 중요한 본질을 마음에 와 닿게 보여준다.

기러기는 가을에 한국에 와서 겨울을 나고 시베리아, 알래스카 등지로 떠나는 겨울 철새이다. 약 시속 60km로 멀게는 약 40,000km의 긴 여정을 V자 모양의 편대 비행으로 날아간다. 앞서서 날아가는 대장 기러기의 힘찬 날갯짓은 양력을 일으켜, 뒤따라오는 동료들의 힘을 약 70% 절약해 준다고 하며, 곁에서 함께 날아가는 동료와 서로 의지하며 끊임없이 울음소리를 낸다. 이 울음소리는 거센 바람을 이기며 분투하는 대장 기러기에게 보내는 구성원 모두의 응원이며, 대장은 구성원들에게 다시 울음소리로 화답하며 힘든 비행을 격려한다. 앞선 기러기가 지치면 뒤따르던 다른 기러기와 자리를 바꾸고 원기를 회복하면 다시 자리를 바꾼다. 혹 누군가가 다치거나 아프기라도 하면 동료 두 마리가 함께 무리에서 이탈하여 동료를 돌보다가 다시 무리에 합류한다. 이러한 기러기의 비행에서 우리는 리더십의 A부터 Z까지 배울 수 있다.

마이클 유심(Michael Useem)은 펜실베이니아 왓튼 스쿨의 경영학 교수이며 리더십과 변화관리센터의 소장이다. 그의 리더십 체크리스트 15개 중 상위 9개와 기러기 리더십을 대비해 보면서 제주의 현 상황이 필요로 하는 리더십이 무엇인지 고찰해볼 것이다.

① 명확한 비전을 제시하라(articulate a vision).
 ☞ 기러기 무리는 겨울을 나기 위해 먹이가 풍부한 남쪽 약속의 땅으로 멀리 날아가야 한다는 목표를 리더와 함께 분명하게 공유한다.
② 전략적인 사고와 실천을 행하라(think and act strategically).
 ☞ 기러기 리더는 구성원 모두가 전방과 좌우를 돌아볼 수 있도록 V자 형의 편대를 구성하고 긴 여행을 시작한다.
③ 모든 직원들을 존중하라(honor the room).
 ☞ 존중이란 좋은 나무가 자라게 하는 햇빛이며 토양이다. 존중이 없이 소통과 배려라는 줄기가 자라지 않고, 신뢰라는 열매가 맺어지지 않는다. 기러기 무리의 우두머리는 솔선과 희생으로 무리의 존중을 받는다.

④ 책임감을 가져라(take charge).
  ☞ 기러기의 리더가 앞장서서 거센 바람을 맞으며 양력을 일
    으켜 무리의 힘을 덜어 주는 것은 리더의 희생과 책임감을
    보여준다.
⑤ 결단력 있게 행동하라(act decisively).
  ☞ 낙오자는 배려하되, 남은 무리를 이끌고 목표를 향하여 전
    진한다.
⑥ 설득하는 말투로 소통하라(communicate persuasively).
  ☞ 비행 내내 소리를 내어 무리를 격려하며, 무리로 하여금
    소리를 내는 응원을 유도함으로써 모든 무리가 함께 소통
    한다.
⑦ 팀에 동기를 부여하라(motivate the troops).
  ☞ 기러기 무리 전체가 비전을 공유하는 한편, 소통과 배려의
    조직 문화는 구성원 개개인으로 하여금 함께 목표를 달성
    하고자 하는 동기부여와 팀에 남고자 하는 안도감을 주기
    에 충분하다.
⑧ 최전선에 있는 직원들을 끌어안아라(embrace the front
  lines).
  ☞ 부상이나 힘이 떨어져 낙오하는 구성원이 있는 경우, 동료
    둘을 함께 무리에서 이탈케 하여 그들을 돌보게 한다. 약
    자와 소외자에 대한 배려를 통해 공동체의 단합을 이끈다.
⑨ 다른 사람들의 리더십도 키워라(build leadership in others).
  ☞ 훌륭한 리더는 동료들에게 그가 가진 지식, 경험 등을 공
    유하고 도움을 주어야 한다. 리더의 역할 중 절반 이상이
    차기 리더를 양성하는 것이라고 할 정도로 동료 및 후배에

제주의 프라이드와 미래가치경영

대한 리더십의 훈련기회를 부여하는 것이 중요하다. 앞장 서서 날던 대장 기러기가 지치면, 동료와 교대하여 리더의 역할을 수행하는 연습을 시킴으로써 후배를 양성한다.

기러기의 리더십과 마이클 유심 교수의 리더십 체크리스트를 공히 관통하고 있는 리더십에 관한 본질적인 메시지는 바로 '비전의 공유', '솔선수범'이라는 지극히 평범한 토양 위에서 '소통'과 '배려'의 줄기에 '신뢰'라는 꽃을 피우는 일이다.

2. 신뢰와 통합의 리더십

> '생각과 마음을 열어 다른 사람과 다른 문화를 받아들이지 않는다면
> 대화는 독백이 된다'
>
> _프란치스코 교황

▌소통

'소통'이란 흔히 의사소통의 의미로, 마음 또는 느낌을 전하는 것 등으로 이해된다. 그렇지만 필자는 소통의 범위를 보다 넓게 정의하여, 정보와 지식의 공유를 포함하는 개념인 나눔(sharing)으로 정의한다. 소통은 입과 귀가 하는 것이 아닌 마음과 마음이 만나는 것이다. 소통은 통상적으로 들어주는 것에서 시작한다. 들어주는 것만

으로도 소통의 절반은 이미 이루어진다. 안철수와 시골의사 박경철의 청춘 콘서트가 젊은이들에게 열광적으로 환영받을 수 있었던 것도 무기력, 소외감, 절망에 빠진 젊은이들에게 해법을 제시하기보다는 젊은이들의 이야기를 들어주고 공감을 표시하는 것으로, 소통하며 아픔을 나누었기 때문이다. 이것이 나눔에 의한 공감이며 소통의 근본이다.

이렇게 소통은 기술의 문제가 아니고 사람의 마음을 아는 원리에서 시작해야 한다. 소통은 나의 진심이 무엇인지 상대에게 전하는 것이 중요한 것이 아니라 상대방이 어떻게 받아들이고 변화하는지를 중시한다. 소통은 따라서 지식이 많고 높을수록 잘하는 것이 아니고 깨달음의 문제이다.

국가나 사회에서 일어나는 대부분의 문제는 소통이라는 비타민이 부족해서 생긴 병이 원인인 경우가 대부분이다. 박근혜 정부에 대한 국민의 지지가 점차 철회되고 있는 것도 리더와 구성원인 국민과의 소통 부족에 기인한다는 평가이다. 리더는 소통의 통로를 넓히고 다양한 방법으로 소통하는 노력을 기울이되 리더가 소통의 단계에 직접 참여하여야 한다.

경제학자인 케네스 보울딩(Kenneth Boulding, 1910~1993)은 기업 경영의 위계제도에 대하여 "질서 정연하게 배열된 쓰레기통들로, 정보가 고위 경영자에게까지 가 닿지 않도록 설계된 것"으로까지 지적한 바 있다. 경영을 의사 결정의 절차(process)로 이해하기도 하는데, 기업의 의사 결정 및 정보 전달의 정거장인 본부장, 임원(전무, 상무, 이사), 팀장, 매니저 등의 단계에서 귀한 정보와 지식이 버려지는 쓰레기통에 불과하다면, 관료사회의 위계질서는 어떠한지 매우 궁금하다. 기업경영뿐만이 아니고 관료사회 내부, 공동체 리더와 구성원 간의 소통결핍이 더욱 심각할 것으로 유추할 수도 있다.

지방경영의 리더는 무조건 나를 따르라 할 것이 아니라, 특히 도정의 구성원들이 자칫 책임회피나 도전을 두려워하는 무소신의 유혹 속에 젖어 있지나 않은지를 항상 유의하여 구성원과 소통하고 공유하는 일에 부지런해야 한다. 아울러 리더는 조직 내의 소통에 큰 관심을 쏟는 것에 그치지 않고, 조직의 외부와도 끊임없이 소통해야 하며, 변화의 흐름을 읽고 외부에서 배우며 유능한 인재를 영입하는 것도 리더의 소통 업무이다.

▎배려

'배려'는 상대방의 처지를 생각해 준다는 의미가 강하지만, 타인을 염려하고 돌보는 마음인 보살핌(caring)을 필자는 배려의 더 넓은 의미로 좋아한다. 소통과 마찬가지로 배려도 자기의 마음을 먼저 여는 것에서 시작해야 하기 때문에 소통과 배려(sharing & caring)는 공동체의 화합을 일궈내는 일란성 쌍둥이와 같다. 배려의 마음이 없는 소통은 가식적인 것으로 금방 구성원들에게 들통이 나며 신뢰의 형성을 저해한다.

작은 기업이라 할지라도, 사실 경영은 단순하지 않다. 몇 개의 회사 경영을 맡았던 필자의 결론은 소통과 배려만이 많은 난제를 풀수 있는 시발점이 된다는 것이었다. 고전하고 있는 부서의 고충을 함께 해결하기 위하여 사장의 책상을 그 부서로 옮겨 해결이 될 때까지 함께 고민한다거나, 사장 방에 앉아 직원을 불러 결재를 하는 것이 아니라 수시로 부서장 책상 곁으로 찾아가 의견을 교환한다든가, 지방에 있는 공장을 방문할 때 정문을 지나자마자 제일 먼저 노동조합 소통과 배려는 자연에게도 통한다. 필자는 흙이 좋아 약 15년 전에 아파트를 탈출한 이후, 크지 않은 정원이지만 꽃 나무와 유실수도 몇 그루 가꾸며 한라(♀)와 백두(♂)라는 진돗개 한 쌍을 키우며 주택에서 살고 있다.

나무도 인간의 말과 마음을 알아듣고 소통한다. 나무가 보기 싫거나 마음에 안 들어 베어 버려야 하겠다고 그 나무 앞에서 자주 이야기하면 그 나무가 이유 없이 비실비실 말라 죽어 간다. 그 반대의 경우를 이야기해보자.

〈다시 살아난 라일락 나무〉

집에 수령이 3~40년은 족히 되었을 라일락 나무가 한 그루 있다. 흰 꽃을 피우는 라일락의 생일화가 우연히 필자의 생일과 같아 더욱 애착이 가는 나무였는데, 농원에서 집으로 옮겨온 첫 해와 둘째 해에는 5월에 라일락 향기가 마당에 가득하여 뿌리를 잘 내렸구나 안심하던 차에 갑자기 시름시름 앓더니 이 가지 저 가지가 하나씩 죽어 가는 것이 아닌가.

나는 라일락 나무와 대화를 시도하기로 하고, 퇴근하면 매일 밤 뜰에 나가 나무에 손을 대고 "애야, 너 흰 라일락은 나의 생일화이니, 네가 늙어서 힘들더라도, 내가 살아 있는 날까지는 함께 살아 가보자."라는 말을 몇 달간 계속적으로 하면서 나의 진심을 전하였고, 흙으로 밑둥지를 더 크게 만들고 겨울에는 볏짚으로 덮어주는 등 정성으로 돌보았다.

놀랍게도 이듬해 봄에 죽은 가지들 옆으로 새순이 자라더니, 여름을 지나고는 제법 튼실한 새로운 가지들이 생기더니, 예년처럼 풍성하지는 못하지만 매년 봄 라일락 향기를 정원에 뿌려 주며 그 후 수년을 아직 나와 함께 잘 살고 있다. 지금도 가끔 저녁에 마당에 나가면 꼭 나무에 손을 대고 '살아줘서 고맙다'는 인사를 잊지 않는다.

자연은 인간에게 바라는 것이 그리 크지 않다. 자연가치에 대한 이해와 작은 배려와 존경이면 족한 것이 아닐까? 자연은 정직하며, 탐욕스럽지도 않으며, 결코 우리를 배신하지 않는다.

사무실을 방문하여 함께 차를 마신 후에 공장회의를 시작하고, 생산직 사원들이 요구하기 전에 더운 여름에는 얼음과자통을 현장에 비치하여 직원들이 땀을 간간이 식히게 한다든가 하는 등의 작은 배려들은 구성원들로 하여금 회사가 자신들을 진심으로 존중한다고 느끼게 하여 공동체 삶의 터전인 회사 전체에 신뢰의 향기를 퍼지게 한다.

기업은 'going concern'으로 영속적인 상업활동을 영위하므로, 당연히 기업 리더의 수명과 기업의 수명은 일치하지 않는다. 국가 경영이나 지방 경영도 마찬가지다. 그러나 왕왕 자신의 역할의 한계를 임기 내로 국한하지 못하는 리더가 많다. 현재는 리더로서 이 조직을 인도하고 있지만, 향후 수십 년 또는 백 년 이상의 영속성을 유지해야 하는 조직이라는 것에 개의치 않는 경우가 많다. 자신의 포지션이 영원히 지속되는 것이 아니고 1/n로 인식하면, 다음 선수인 2/n에게 바통(baton)을 넘겨주기까지 자기가 해야 할 몫이 분명해진다. 특히 현재의 가치와 미래의 가치가 충돌할 경우, 미래의 가치를 배려하는 것이 리더의 역할이고 소명이다.

덕(배려하고 베푸는 것)은 그 자체가 보상으로(Virtue is itself reward.), 당장이 아니더라도 언젠가 기대치 않은 시간과 장소에서 보상을 준다. 정치인의 진정한 배려는 재선을 위한 표심의 지속성이라는 보상을 바라지 않는 것이어야 하며, 공동체의 미래를 걱정하는 리더의 배려는 당장의 부족함을 채워 주는 것이 아니라 구성원의 미래가치를 걱정하고 높여 주는 방식을 함께 고민하는 것이다.

지방 경영의 지도자는 무상복지 같은 시혜성 복지 증진 등으로 구성원에 대한 배려를 충분히 한다고 생각할 것이 아니라, 공동체의 영원한 삶의 터전이며 생산 요소인 자연자본의 가치에 대한 배려까지 자신의 소통과 배려의 스펙트럼이 넓어질 수 있도록 노력해야 한다.

▌신뢰

OECD가 갤럽에 의뢰하여 세계 43개국의 정부신뢰도를 조사한 결과, 한국 국민의 24.8%, 즉 4명 중 1명만이 정부를 신뢰한다고 응답하였다. 스위스는 국민의 82.2%가 정부를 신뢰한다고 대답하였고, 룩셈부르크, 스웨덴, 뉴질랜드 등이 뒤를 이어 상위권을 차지했다. 일반적으로 젊은이들은 미래에 대해 낙관적인 시각을 가지고 있으므로 젊은 층의 정부신뢰도가 높은 것이 일반적이다. 그러나 우리나라는 오히려 15~24세의 젊은 층 응답자가 우리나라 평균보다 낮은 24.2%만이 정부를 신뢰한다고 응답하였다.[104]

정말 큰일이다. 만약 제주의 젊은이들이 제주에 대한 신뢰를 철회하는 순간 제주 경영은 눈먼 장님이 되어 제주 글로벌 시티로 가는 길은 아득해 지고 말 것이다. 싱가포르의 번영과 성공은 유능하고 청렴한 정부와 리콴유라는 리더에 대한 국민의 절대적인 신뢰가 바탕이 되었다. 이러한 신뢰의 위기를 극복하지 못한다면 대한민국과 제주의 미래는 없다.

국민의 행복지수가 세계 최상위권인 덴마크인들이 행복하다고 느끼는 이유는 교육과 의료, 연금 등 사회복지 안전망과 믿음과 신뢰

제주의 프라이드와 미래가치경영

때문이라고 한다. 이 조사 결과는 가족, 친구, 동료, 공동체 및 리더에 대한 신뢰가 행복의 기본 요소라는 것을 실증적으로 우리에게 보여주고 있는 하나의 예로 볼 수 있다.

신뢰의 부족과 단절은 개인 및 가족 간뿐만이 아니라 사회와 국가의 통합을 저해하고 결국 지속성장을 위한 경쟁력을 약화시킨다. 한국이나 제주가 가지고 있는 정치사회적 문제나 매일 마주치고 있는 이슈들은, 잘 들여다보면, 대부분 모두 신뢰의 위기에서 파생되거나 작은 문제가 신뢰의 추락으로 점점 증폭 된 경우가 대부분이다. 과거 이명박 정부가 광우병 촛불집회로 초기 정책 집행의 추동력을 급격히 상실한 것이나, 기대 속에 출범했던 박근혜 정부의 국정 운영이 세월호 정국 등으로 어수선해지는 것은 결국 국민들이 정부와 리더에 대한 신뢰를 철회하기 시작한 때문이다.

제주 해군기지 관련 사안은 당초 소통 결여로 시작되어 신뢰의 위기로 증폭된 것이 문제의 본질이며, 제주 4·3 관련 사안도 희생자와 가족에 대한 배려 문제에서 신뢰의 문제로 비화된 것으로 생각된다. 이렇게 국가와 제주의 경영에 있어서 정치 사회적인 모든 문제와 위기는 소통과 배려의 결핍으로 인하여, 가뜩이나 허약한 신뢰의 기반이 무너짐에 있다. 낮은 신뢰도는 최선이 아닌 차선을 국민에게 선택하도록 강요하며, 결과적으로 국민에게 시간과 비용을 초과 지출케하는 악순환을 초래한다.

소통과 배려로 신뢰의 수준을 높이면 많은 문제들이 어느 정도 해결이 가능하며, 신뢰의 회복 없이는 풀기 어려운 문제들임에도 불구하고, 리더들은 말과 행동의 불일치와 크고 작은 윤리 위반 행위가 점점 신뢰성을 약화시켜 심지어는 조직 전체를 붕괴시키는 결과가 된다는 철칙을 외면하는 경우가 비일비재하다. 결국 그로 인한 손해는 공동체와 구성원들의 몫이 되고 마는 것이다.

스티븐 M. R. 코비(Stephen M. R. Covey)는 그의 저서『신뢰의 속도(*The Speed of Trust*)』에서 눈에 보이지도 만질 수도 없다고 우리가 생각하는 신뢰라는 핵심가치가 사회와 경제에 매우 중요한 유형의 자산이라는 것을 명쾌하게 증명하고 있다.[105]

저자는 전 세계 38개국 언어로 번역되어 2,000만 부 이상이 팔린『성공하는 사람들의 7가지 습관』을 집필한 스티븐 R. 코비의 아들로서 아버지에 이어 코비리더십 센터를 맡은 지 3년 만에 매출은 2배, 수익은 12배 향상되는 실적을 쌓았다. 그는 이것을 신뢰가 주는 시너지 효과로 이해한다. 아버지가 직접 아들의 책머리에 추천사를 쓰기도 한 보기 드문 예의 책이지만, 신뢰의 가치가 얼마나 위대한지를 우리에게 쉽게 설명해 주고 있다.

스티븐 M. R. 코비의 '신뢰의 경제학 공식'은 매우 단순하고 명료하여 이해하기 쉽다.

$$\downarrow 신뢰 = \downarrow 속도 \uparrow 비용$$
(신뢰가 내려가면 속도는 떨어지고 비용은 올라가며
오히려 페널티까지 내게 된다.)

세월호의 참사 이후 선박에 관한 안전도 검사의 횟수와 강도도 일상적으로 늘어날 것이고, 정기 출항 전 안전 검사는 특히 엄격히 집행될 것이다. 신뢰 수준의 저하로 자기 책임을 다하지 않는 행위를 법으로 규제해야 하기 때문에 속도는 느려지고 비용은 올라가서 국민이 부담해야 하는 비용이 상승하는 예이다.

제주의 프라이드와 미래가치경영

↑신뢰 = ↑속도 ↓비용
(신뢰의 수준이 높아지면, 속도는 높아지고 비용이 내려가며
추가로 배당까지 받게 된다.)

저자는 뉴욕 오피스빌딩 앞에서 도넛과 커피를 파는 가게의 예로 이를 설명한다. 아침과 점심시간에 몰려드는 고객으로 인해 혼자 장사하는 짐(Jim)은 거스름돈을 내주는 데 많은 시간이 걸려 손님들이 짜증을 내고 다른 곳으로 가버린다는 것을 알게 되었다. 고민 끝에 그는 판매대 옆에 잔돈과 동전이 가득한 바구니를 설치하고 고객 스스로 거스름돈을 가져가게 하였다. 고객의 실수와 고의로 거스름 돈 이상의 돈을 가져갈 것을 염려한 것과는 반대로, 고객은 믿음에 대한 보상으로 오히려 더 많은 팁을 남기고 갔다. 고객의 시간은 절약되고 (고객가치의 창출), 가게의 서비스 속도는 높아졌으며 고객은 신뢰받는 것에 보답하여 기꺼이 추가 배당까지 준 것이다.

최근 제주의 수많은 이슈 중 자주 언론 지면을 장식하는 도심의 고층 빌딩 허용문제라든가 중산간의 복합관광단지 개발 허가의 경우도 도정에 대한 신뢰의 문제로 귀착된다. 제주의 가치 인식과 개발과 보존에 대한 경계가 모호함으로 야기되는 정책의 예측 가능성 부족은 그 주된 원인이 리더와 구성원 간의 신뢰 부족으로 발생하며, 그로 인해 공동체의 사회는 분열되며, 속도는 늦어지고 쓸데없이 사회적 비용은 올라가고 있다.

신뢰의 구축이나 회복은 자기의 신뢰에서 시작되어 타인의 신뢰를 구하는 성실한 성품과 성과를 내는 역량에 달려 있으며, 박근혜 정부의 트레이드마크인 '신뢰'가 위협받고 있는 것도 소통의 부족으로 발생하는 자기 신뢰의 과잉이 아닌지 돌아봐야 한다.

제주인의 DNA에는 소통과 배려, 신뢰의 정신이 흐른다. 제주의 '수눌음 정신'은 바로 이웃과의 소통과 배려 그리고 신뢰의 산물이다. 탐라 건국신화에서도 우리의 조상인 탐라인은 소통과 배려, 그리고 신뢰가 국가 경영의 기본가치라고 우리에게 가르친다.

　건국 초기 양을나, 고을나, 부을나 3인은 애초에 힘 좋은 사람이 물 좋고 비옥한 땅을 골라 차지한 것이 아니라, 회의를 통하여 결정한 방식으로(소통), 셋이서 화살을 쏘아 화살이 떨어진 곳을 자기가 다스릴 지역(徒)으로 정하였고(배려), 그 후에도 영토를 확장하거나 혼자 차지하려고 싸운 흔적이 오랫동안 없다(신뢰). 제주도(기업)와 제주도지사(경영자)에 대한 제주도민(고객이며 투자자)들의 신뢰는 제주의 대차대조표에는 명시되지 않은 제주의 제일 가치 있는 자산이라는 것을 제주의 경영자는 절대 잊어서는 안 된다.

　제주 미래 리더십의 핵심은 공동체 구성원들과 함께 신뢰를 쌓고 키우고 회복할 수 있어야 하고, 이를 기반으로 제주 밖의 글로벌 시장에서의 제주의 미래가치와 제주 글로벌 시티의 시민이라는 신뢰를 강화하는 것이다. 제주의 경영자,[106] 제주의 가치 창조자, 제주 가치의 마케팅 디렉터로서 제주의 리더는 많은 단어의 나열이 아닌 신뢰라는 핵심 단어를 제주의 고객인 제주 도민, 투자자 그리고 제주를 찾는 여행객의 인식 속에 심을 수 있어야 한다.

　제주의 지도자는 경제의 파이를 키우는 성장의 법칙과 그 파이를 공평하게 나누는 나눔의 법칙이 서로 대립하거나, 선후(先後) 경중(輕重)의 문제로 다툴 때에 파생되는 충돌을 예방하는 해결사뿐만이 아니라 가치경영의 리더로서 가치창조자(value creator)가 되어야 한다. 제주도는 흔히 보물섬이라고 불리기도 한다. 그러나 필자는 제주도가 디자인과 컷팅에 따라 가격이 수백 배 차이가 날 수 있는 다이아

제주의 프라이드와 미래가치경영

몬드 원석이라고 생각한다. 이 경우 제주의 리더는 제주의 건설자가 아니라 제주 가치 창조자로서 제주의 보석 디자이너 겸 보석 세공사 (master jeweler)로서 본인의 업(業)의 지평도 넓힐 줄 알아야 한다.

신뢰의 부족이 먼저인지 소통의 결여가 먼저인지는 불분명하지만, 박근혜 정부처럼 소통과 통합의 부족으로 공격받는 정부도 없었을 것이다. 이에 따라 2014년 6월 지방선거에서 당선된 도지사들도 도민 통합과 협치를 중요 가치로 여길 것임을 천명하였다.

제주도의 신임 원희룡 도지사도 유세기간 중 가장 먼저 "정치적 이념과 세대의 차이, 계층과 지역의 이해, 도민과 정착민을 넘어 통합하는 '하나의 제주'를 만들겠다"고 약속하였으며, 당선 후에는 상대 후보를 인수위원장으로 영입하기도 하였다. 경기도의 남경필 도지사 또한 야당과의 소통을 위해 '경제부지사직'을 폐지하고 '사회통합부지사직'을 신설하기로 하고 적합한 인사의 추천을 야당에게 요청하였다.

소통을 통하여 사회 통합을 추구하는 이러한 시도들은 신뢰의 수준을 높이는 정치 행위로 매우 바람직하다. 그러나 당선 초기의 화합 제스처가 아닌 재임기간 내내 추구해야 할 가치가 되기를 바라는 마음이다. 제주의 유권자들은 여태껏 그래왔듯 묵묵히 신뢰의 속도계가 얼마나 움직일 지 보고만 있을 것이다.

말레이시아를 여행하다 보면 도시 곳곳에서 나집(Najib) 수상의 국정철학인 '1 Malaysia: People First, Performance Now'라는 슬로건을 쉽게 만날 수 있다. 말레이시아는 말레이계(51%), 중국계(24%), 인도계(8%), 유럽계 등의 다인종 국가이며, 종교도 인종에 따라 무슬림, 불교, 힌두 등 다양하므로, 갈등을 예방하고 통합을 추진하기 위한 나집 수상의 '1 Malaysia' 정책은 매우 인상적이었다.

우리 제주도도 이와 같이 소통과 배려, 공감의 열매인 신뢰의 가치

와 제주의 통합 리더십으로 '1 Jeju'를 만들어 나가는 리더들의 노력
이 절실히 요구된다 할 것이다.

  기업의 가치 중 CEO Value가 절반이라고 한다. 국가나 지방 경영
의 경우는 더욱 예외가 아닐 것이다. 제주의 CEO Value가 제주 디스
카운트의 원인 제공자가 되지 않고, 오히려 도민들에게 보너스를 줄
수 있는 그러한 리더의 탄생을 제주는 기다리고 있다.

제12장

제주 통합 비전 모색

1. 비전의 이해와 공유

> 배를 제대로 만들고 싶으면, 일꾼들에게 목재를 이리 옮기고
> 저리 옮기도록 일일이 지시하거나 일감을 배분하지 말라.
> 대신 저 끝없는 바다에 대한 동경심을 품게 하라.
>
> _생텍쥐페리

비전(vision)이란 조직이나 공동체가 달성하기를 바라는 미래상, 희망, 전망 등을 의미하며, 미션(mission)은 공동체의 존재이유, 전략은 현재 상황과 미래 비전 사이의 간격을 극복하기 위한 방안이다. 즉 미션은 선수가 starting point(출발점)에 서 있는 소명(존재이

유)인 'why to be'이며, 비전은 선수가 가고 싶은 결승점이나 종착점 (미래의 꿈)인 'where & what to be in the future'이며, 전략은 출발점에서 종착점까지 어떻게 잘 달려 소기의 성과를 내느냐 하는 'how to go'이다.

🐾 쉬어가기 #10_ 비전의 공유

✛ 미국항공우주국(NASA)의 청소부 아주머니

NASA를 방문한 사람이 아주 즐거운 표정으로 열심히 복도를 청소하는 아주머니에게 "아주머니의 꿈은 무엇인데 그리도 즐겁게 청소를 하십니까?" 하고 물었다. 아주머니는 아무 망설임 없이 "제 꿈은 우주선을 달나라에 보내는 것이며, 저는 그 일을 돕는 사람입니다."라고 답하였다.

✛ 제주 오일장의 아주머니

오일장의 아주머니 또는 작은 식당을 운영하는 동네의 아주머니에게 제주가 국제자유도시를 지향하고 있다고 물어보자, "'그거 무시거라? 나는 그저 무슨 도시가 되든, 나 장사가 잘 되 영 우리 아이들 교육 잘 시키고 취직이나 잘 되면 좋고, 혹시 아프거들랑, 좋은 병원이나 가까운데 이성 쉽게 다닐 수 있으면 좋주게."

✛ 일본인 '이마이' 씨

부인의 고향인 제주에서 11년 살다가 일본으로 귀국하는 미국의 도요타 판매법인의 부사장이었던 이마이 씨는 『제민일보』(2011/06/30)와의 인터뷰에서 제주 국제자유도시와 관련 "제주도민들은 되는 건지, 되면 어떻게 달라지는 건지 등 국제자유도시 비전을 모르는 것 같다"고 이야기하며 "도민 행복이 우선 아니냐, 도민들이 원하는 미래, 도민이 행복을 누릴 수 있는 섬이 되면 후손들도 떠나지 않고 애착 갖고 살면서 좋은 곳이 될 것이며, 그렇게 된다면 자연히 외국인들도 들어오고, 이런 게 진정한 국제자유도시일 것"이라고 이야기하였다.

제주의 프라이드와 미래가치경영

비전의 설정에서 서술(vision statement)은 간단 명료(simple & clear)하되 미래의 야망(ambition)을 내포하여 공동체 전 구성원이 쉽게 기억하고 밝고 큰 미래를 곧바로 연상할 수 있어야 한다. 아울러 비전은 리더와 구성원이 한 곳을 바라보는 것이어야 하므로, 구성원 전원의 공유와 공감이 생명이다. 허황되거나 과장되게 현란한 수식어로 설정된 비전은 비전의 운영 초기부터 구성원에게 피로감을 주거나 외면당하기 십상이며 리더의 신뢰를 파괴하게 된다.

타 지자체의 비전과 목표 등을 들여다 보면 제주와 경쟁하는 도시들의 핵심 전략을 알게 되며 제주의 시장 진입장벽(market barrier)을 구축하는 데 도움이 될 수 있을 것이다. 아래에서는 우리나라의 지자체들 중에서 제주와 유사한 전략적 목표를 가진 환황해경제권

〈표 12-1〉 환황해경제권 지자체의 비전

인천 광역시	비전	대한민국의 심장 경제수도 인천
	3대 핵심 사업	- Job-Care: 청년 일자리 메카 - Edu-Care: 공평한 기회와 경쟁력 있는 교육 - Child-Care: 아이 키우기 좋은 도시
전라 남도	비전	동북아 물류·관광·미래산업 선도지역
	주요 목표*	- 삶의 질이 높은 녹색도시와 행복한 농산어촌 실현 - 해양수산을 활용한 풍요로운 미래 실현 - 글로벌 융복합 생명산업 - 동북아 생태 해양관광의 중심지 등
전라 북도	비전	동북아 경제중심지역(새만금 중심 중국 진출 거점) 세계적 관광휴양지역(동서횡단 연결축) → 300만 전북시대 준비

* 제주와 유사한 목표만 발췌

지자체인 인천광역시, 전라남도 및 전라북도의 비전을 도청의 공식 홈페이지를 통하여 검색한 결과이다.

대부분의 지자체가 경제중심, 생태환경, 관광의 키워드로 비전을 구성하고 있으며, 특히 전남이 우리 제주와 유사한 전략을 취하고 있음을 알 수 있다.

2. 제주 비전의 통합적 모색

제주는 중앙정부 지원과 외지자본이라는 외생적 변수에 의존하는 발전은 한계가 있다는 것을 이미 10여 년 이상 충분히 경험했다. 이제는 제주국제자유도시 건설이라는 비전의 재고찰 필요성에 대해 제주의 많은 식자층과 도민들 사이에서 꾸준히 제기되고 있다.

주한 영국상공회의소의 회장이며 제주특별자치도 국제자문단의 일원인 앨런 팀브릭(Allan Timblick)은 제6회 제주포럼(2011.5.29)에서 제주는 빠른 발전만을 추구하는 단기적 성과주의를 경계해야 하고, 장기적 성과주의에 충분한 관심을 가질 필요가 있으며, 제주의 미래 비전은 100년, 200년 심지어 500년을 앞서 봐야 함을 지적한 바 있다.

세계적인 종합화학 기업인 듀퐁(Dupont)은 전 세계에 흩어진 간부들을 주기적으로 모아 기업의 100년 후 모습에 대해 토론한다. 듀퐁의 비전은 100년 후를 달성 시점으로 한다. 최고의 인터넷 기업인 구글(Google)의 전 CEO 에릭 슈미트(Eric Schmidt) 또한 '전 세계가 네트워크로 연결되어 모든 것을 공유하며 사는 세상'이 구글이 꿈꾸는 세상이며, 그 꿈을 달성하는 데는 300년가량 걸릴 것이라고 예상했다. 구글의 비전은 300년 후를 달성 시점으로 한 것이다.[107]

이렇게 비전이란 10년 정도를 내다보는 것이 아니라 최소한 수십 년 후까지를 완성 시점으로 보는 매우 장기적인 것이다. 그렇지 못하다면 그것은 일개 중장기 전략에 불과한 것으로 구성원 전체의 깊숙한 공감을 끌어 내지 못하고 지속성장을 위한 가치관으로서의 추동력(motivational power)을 얻지 못한다.

세계일류기업의 제1조건이 구성원의 자부심이며, 세계 2차 대전을 승리로 이끈 영국 국민과 처칠 수상의 힘의 원천도 바로 자긍과 자부심이었다. 우리 제주인 또한 탐라인의 후예로서 자긍심이 결코 부족하지 않다. 제주의 제반 경제 사회적 여건과 미래가치를 감안하여 분열된 제주의 사회를 하나로 통합하고 새로운 미래의 꿈을 담을 새로운 비전으로 '자긍의 섬, 제주 (Island of Pride, Jeju)'를 제안하며, 실천적 하위비전인 제주의 경제비전은 '친기업 글로벌 시티(business-friendly global city),' 제주의 환경비전은 '친환경 생태도시(eco-friendly global city)'를 감히 제안한다.

자긍(自矜, pride, self-respect)이란 자기 자신을 있는 그대로 인정하며, 긍정하는 것, 즉 자신의 아름다움과 가치, 능력을 믿음으로써 스스로 가지는 당당함이며, 자부심, 자신감, 자기 존경 등으로 이해할 수도 있다. 또한 자긍심, 자부심은 자기가 하는 일에 의미를 부여하며, 자기에 대한 신뢰를 회복하고 강화하여, 미래에 대한 희망(vision)을 갖게 하는 한편, 그 희망(목표)을 위한 노력을 수반하게 한다. 남에게 의지하는 것에서는 자긍심이 없고 비루함만 있다. 자조자립의 정신 또한 자긍심에서 비롯되는 것이다.

제주는 이제 자신의 존재 이유와 내재가치를 확신하는 자존(自存, self-reliant)을 넘어 자존(自尊, self esteem)으로 승화되어야 하며, 제주다움과 자조자립이라는 자존(自存)의 정신에 충실하되, 때론 자존(自尊)의 가치를 방패삼아 쉽게 가는 편안한 길의 유혹을 뿌리치고, 제주를 '자긍의 섬(Island of Pride)'으로 만들어 우리 후손들에게 넘겨주어야 한다.

제주인이 도달하고 싶은, 제주인이 이루고 싶은 '자긍의 섬, 제주'라는 비전은 제주의 장기 경영에서 매우 중요한 미래의 목표인 '3P(Pride)'의 섬을 아래와 같이 또한 함축적으로 표현한 것이다.

① 제주 주민이 살면서 자긍심(Pride)을 느끼는 섬
  - 제주를 사랑하고 제주의 가치를 존중하며 국적에 상관 없이 제주에서 거주하는 모든 제주도민과 세계시민(global citizen)이 제주의 내재가치를 만끽하며 후손을 키우며 풍족한 삶의 질 속에서 무한한 자긍심을 느끼는 섬

② 제주 방문자가 제주 방문과 여행을 자랑(Pride)하고 싶은 섬
  - 연간 수천만 명의 제주 방문자와 관광객이 제주 방문 시 제주의 가치를 체험과 감성으로 느끼며, 제주로의 여행과 방문을 자랑스럽게 얘기하고 다시 찾을 날을 설레며 기다리는 섬

③ 제주의 투자자가 자부심(Pride)을 느끼는 섬
  - 제주에 투자한 내외국인 투자자 모두가 투자의 성과에 만족하고, 투자 선점의 효과를 보상받으며, 투자사업의 이익

을 제주와 공유하며 자부심을 느끼는 섬

　세계인이 사랑하며, 동아시아인의 자부심이 될 수 있는 '자긍의 섬, 제주'가 제주의 통합 비전으로 사랑받을 수 있기를 희망하며, 제주 도시의 마케팅 슬로건으로는 'Your Pride Jeju'를 제시한다. 또한 이 장의 말미에 제주 경영의 키워드(key word)로 제주 비전의 서술에서 가져온 P·R·I·D·E 또한 제시한다.

〈그림 12-1〉 제주의 통합적 비전 구상

3P'의 Jeju Global City	ISLAND OF PRIDE
• 제주 주민이 살면서 자긍심(Pride)을 느끼는 섬 • 제주 여행을 자랑스럽게(Pride) 생각하는 섬 • 제주의 투자자가 자부심(Pride)을 느끼는 섬	가치관경영 제주의 VALUE BASED MANAGEMENT 제주와 제주인을 위한 / 제주인에 의한 가치창조경영　고객가치경영

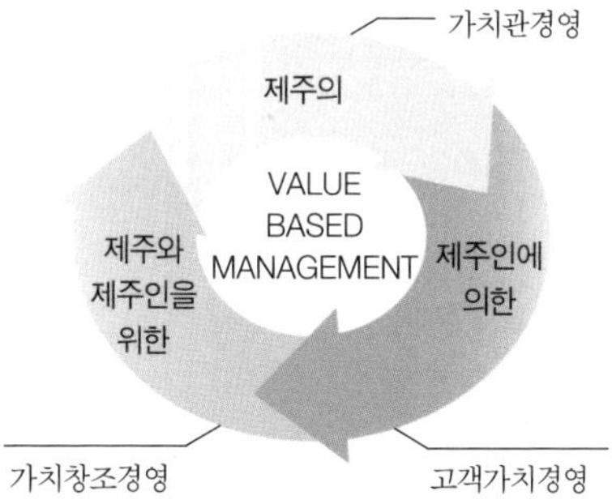

비전과 미션	자긍의 섬(Island of Pride, Jeju) ↑↑ 친환경 생태도시(eco-friendly global city) 친기업 글로벌 시티(business-friendly global city)
핵심가치	자존(自尊)의 정체성 자연자본가치의 존중 신뢰와 통합의 리더십

P	Premium Value Positioning
	- 제주의 내재가치와 자연자본의 명품가치에 근거한 성장 전략 선택과 제주다움의 차별화와 경쟁력 확보
R	Redesign & Restructuring
	- 제주 발전 계획의 재설계, 도시 브랜딩의 새로운 디자인과 개발과 보존의 경계 확정
I	Identity & Integration
	- 자조자립의 정체성 확립, 사회적 통합의 리더십과 자생력 있는 투자사업의 추진으로 투자 과실의 도민 귀속
D	Destination of Pride
	- 제주 주민, 제주 투자자, 제주의 여행객이 자부심을 느끼는 3P의 최상의 목적지로 자리매김
E	Eco-friendly Island
	- 자연자본주의 경제운용 원칙에 따른 환경과 자연자본의 유지 보존 시스템 구축으로 세계적 생태환경도시의 조성

제주의 프라이드와 미래가치경영

제13장

세계일류도시의 조건

제주 경영의 최종 목적지는 제주의 젊은이가 제주를 떠나지 않아도 되는 섬, 세계인이 내 집같이 편안함과 자부심을 느끼며 거주하는 섬, 기업하기 좋으며, 영혼과 육체의 치유도 체험하는 섬으로서의 세계일류도시를 만드는 일이다. 필자는 이 책에서 설명한 세계일류도시의 경쟁력과 경영전략을 참조하되 제주의 특성과 제주가 지향하여야 할 제주의 핵심가치를 감안하여, 제주가 세계일류도시(global leading city)가 되기 위한 조건으로 다음과 같은 몇 가지를 제시하고 싶다.

첫째는 제주의 핵심가치를 빛낼 훌륭한 리더십(훌륭한 국가나 사회에는 항상 위대한 리더가 있었다)을 필요조건으로, 둘째는 자연자본의 가치를 존중하는 가치경영을 충분조건으로, 그리고 셋째는 훌륭한 제주시민의 글로벌 시티즌십을 성숙조건으로 제시한다.

제주가 현재 느끼는 갈등과 고통 및 시행착오 등은 어쩌면 일시적인 병목현상(bottleneck effect)으로 이해할 수도 있다. 병목현상이란 흔히 넓은 길이 갑자기 좁아지며 심한 교통정체를 유발시키는 현상을 이야기하지만, 경제성장론 측면에서의 병목현상은 개발도상국가의 초기 경제성장 단계에서 일부 가용자원의 부족으로 성장이 정체되거나 멈칫거리는 현상을 의미하기도 한다.

제주는 빠른 속도로 대양을 항해하고 있으나, 제주가 지닌 내재가치에 비하여 턱없이 부족한 창의적인 개발 인력이나, 내생적으로 축적되지 못한 향토자본, 그리고 리더십의 빈곤이 병목현상을 유발시키는 주된 요인이라 할 것이다. 이러한 일시적인 제주의 병목현상을 해소하여 살기 좋은 제주, 기업하기 좋은 제주를 넘어 위대한 제주로 만드는 길은 무엇일까? 혹자는 훌륭한 제주를 만드는 것도 벅찬데, '세계의 많은 도시가 부러워하는 동아시아에서 우뚝 선 위대한 제주라니' 하며 반문할 수도 있을 것이다. 물론, 지속적인 성장 모멘텀으로 무장된 작지만 강한 제주를 만드는 일은 지난하고 대단히 오랜 시간이 걸리는 일임에 틀림이 없다.

그러나 당장의 이익이 아닌 장기적 관점에서 올바름을 추구하고, 공동체 구성원의 행복을 최우선으로 생각하며, 고객에게 가치를 만들어주는 일을 하다 보면 공동체의 이익은 자연스럽게 따라온다는 것, 또 이를 위해 변화와 혁신은 피할 것이 아니라 적극 즐길 수만 있다면 멀지 않은 장래에 위대한 제주가 탄생될 수 있을 것이다.

제주의 프라이드와 미래가치경영

1. 필요조건으로서의 '훌륭한 리더십'

　　제주도민의 역량 부족이 제주발전이 지지부진해온 현상의 큰 원인인양 얘기하는 것에 대해 필자는 동의하지 않는다. 그것은 어떻게 보면 도정의 무한 책임을 중앙정부의 지원 부족이나 다수의 침묵하고 있는 도민에게 전가시키는 행위에 지나지 않는다고 생각되기 때문이다. 역사의 변곡점을 지나고 위기를 헤쳐나간 후에 보면 언제나 우리나라의 국민이 위대했듯이 제주도민 또한 훌륭하다.

　문제는 리더십이다. 훌륭한 제주는 남의 힘을 빌려 만들 수 있을지 모르지만, 위대한 제주는 우리 제주인만이 만들 수 있으므로, 제주는 훌륭한 리더십과 세계시민으로서의 글로벌 시티즌십이 필요하다.

　중국은 향후 15년 이내에 경제규모가 세계 1위인 미국을 뛰어넘어 슈퍼중국이 될 것으로 전망되기도 할 만큼 매우 빠른 속도로 발전하고 있으며, 그 중심에 위대한 중국의 리더들이 있다. 필자는 마오쩌둥(毛澤東), 덩샤오핑(鄧小平) 그리고 현재 중국의 리더인 시진핑(習近平)을 중국 발전의 주역으로 주목하며 이들의 국가 경영전략이 결과적인 평가이기는 하지만 가치경영의 산물이라고 억지를 부리고 싶다.

　마오쩌둥은 외세로부터 독립과 주권을 회복하고 중국의 통일을 이룸으로 중국인들의 자조자립 가치관을 확립하였다. 가치경영의 필요조건인 중국 가치관경영의 토대를 쌓은 것이다.

　덩샤오핑은 중국 연안에 경제특구를 건설하여 개방의 거점을 삼는 정책을 통하여 외국의 자본과 기술을 도입하여 국민을 기아로부터 해방하고 지금의 중국의 경제성장을 이룬 공로가 크다. 이는 중국인에 의한 고객가치경영의 결과로서 외국인 투자자(고객)의 만족을 넘는 고객가치 창출에 성공했기 때문이다.

시진핑 국가주석은 이제 시작이기는 하나 중국과 중국인의 가치를 동시에 창출하는 전략으로 국가 경영에 임하는 것으로 보인다. 물론 고객가치경영의 성공적인 결과로 중국의 경제력이 뒷받침되고 있기에 가능한 일이지만, 미국과 일본에 당당히 맞서 국제사회에서의 발언권을 높이는 동시에 국내 경제발전에 매진하고 있다. 그의 국가 경영정책은 중국의 미래가치를 고민하며 국격을 높이고, 중국 국민의 삶의 질을 높이기 위한 가치창조경영전략이다. 중국은 마오쩌둥에서 시작하여 덩샤오핑을 거치며, 현재의 시진핑 시대에 국가가치경영이 진행 중이다.

이렇게 국가든 기업이든 경영에 있어서 성공의 절반은 리더가 어떠한 가치관과 전략을 택하느냐에 따라 결정된다. 짐 콜린스(Jim Collins)와 그의 팀은 약 2천 페이지의 인터뷰, 6천여 건의 논문조사를 통하여 위대한 기업의 사례를 조사하였다. 그의 저서『좋은 기업을 넘어 위대한 기업으로(Good to Great)』는 우리가 훌륭한 제주를 넘어 위대한 제주를 만들기 위하여 자칫 제주의 리더들이 오류를 범할 수 있는 세 가지의 중요한 맥을 짚어준다.

첫째, 좋은 회사에서 위대한 회사로 도약한 기업들은 성장하기 위해 무엇을 해야 할지를 일차적인 목표로 삼지 않았으며, 무엇을 하지 말아야 할지, 무엇을 그만 두어야 할지에 대해서도 똑같이 관심을 기울였다.[108]

둘째, 위대한 회사의 경영자들은 회사의 새로운 방향, 비전과 전략을 세우고 난 후에 사람들을 그 새로운 프레임에 헌신하게 하지 않았다. 즉 버스(회사)를 어디로 몰고갈지 먼저 생각하고 난 다음에 버스에 사람을 태운 것이 아니라 반대로 버스에 적합한 사람들을 먼저

제주의 프라이드와 미래가치경영

태우고(부적합한 사람들은 내리게 하고) 난 다음에 버스를 어디로 몰고갈지 생각했다.

외부에서 저명한 리더들을 영입하는 것은 좋은 회사에서 위대한 회사로 도약하는 데 오히려 부정적인 영향을 끼쳤다. 포춘(Fortune) 500기업 중 도약에 성공한 11개 회사 중에 10개 회사의 CEO들은 회사 내부 출신인 반면, 비교 기업들은 6배나 넘게 자주 외부에서 CEO들을 영입했다.[109] 외부로부터 영입한 인재들은 한정된 시간 내에 빛나는 성과를 내어 자신의 명성을 유지하기를 원하지만, 경영은 몇 년의 게임의 아니라 장기 레이스이다. 내부 인재의 육성에 힘쓰고, 내부에서 후계자를 추리고 그들을 양성해야 한다.

셋째, 좋은 회사를 위대한 회사로 도약시킨 리더들은 전설적인 영웅이 되고 싶어 하지 않았으며, 성공의 공을 자신에게 돌리는 것을 단호하게 거절할 줄 아는, 자신이 운이 좋아서 훌륭한 동료들과 후계자, 전임자들 덕에 성공할 수 있었다는 낮춤과 겸양의 리더십을 가진 경영자들이라는 특성을 가졌다.[110] 제주의 리더가 자기 자신의 야망이 아니라 제주공동체의 야망을 품는 리더로서 도민의 신뢰를 받을 수 있을 경우에만, 제주는 훌륭한(Good) 제주를 넘는 위대한(Great) 제주로 가는 필요조건을 충족시킬 수 있다.

2. 성숙조건으로서의 '제주 글로벌 시티즌십'

무엇이 되기(be) 위해서는 무엇인가를 하지(do) 않으면 안 되며, 그것은 온전히 우리 제주도민의 몫이다. 제주가 세계적으로 경쟁력 있는 글로벌 시티(global city)로서 지속성장을 해 나가기 위해서는 제주인도 세계시민(global citizen)으로 제 역할을 충분히 감당할 수 있어야 한다.

제주도정과 JDC 그리고 뜻있는 시민단체가 나름대로 좋은 프로그램을 가지고 제주도민의 의식과 역량 함양을 위해 애쓰고 있는 것은 매우 바람직하지만, 사실 단기간에 소기의 성과를 기대하기는 어려운 일이다.

강연회나 교육의 내용이 초빙된 강사 '자신의 성공사례'나 '청년이여 큰 꿈을 가져라' 정도여서는 곤란하고, 마스터 로드맵을 가지고 프로그램을 운영했으면 하는 아쉬움이 있다. 각계의 의견을 수렴하여, 일관되고 장기적인 프로그램으로 초등학교부터 제주의 역사 및 문화의 정체성, 세계시민으로서의 예법 등을 필수과목으로 가르치는 것이 필요하다. 아울러 영어교육도 빼놓을 수 없다. 제주 글로벌 시티의 완성 시점은 제주에서 영어의 상용화 내지 공용화가 어느 정도 이루어질 시점일 것이다. 세계 글로벌 도시의 상위권 국가는 모두 영어를 상용화·공용화하고 있는 국가라는 점이 이를 증명한다.

제주도민의 세계시민의식(글로벌 시티즌십, global citizenship)이 제주 글로벌 시티의 성숙조건임을 이 책에서 얘기하고 있지만, 이에 관한 검토는 필자의 지식과 경험을 뛰어넘는 영역으로 이 책에서 상세히 논하는 것 자체가 훌륭한 제주도민에게 예의가 아니다. 세계시민의식은 글로벌 스탠더드에 걸맞은 시민의식으로 이해할 수도 있겠지만 필자는 이에 덧붙여, 제주인이 지향해야 할 시민의식을 총체적으로 자유인·문화인·평화인으로 요약하고 싶다.

'자유인'은 개인의 자유와 자율을 옹호하고 존중하는 것에서 더 나아가, 자유로운 영혼을 가지고 자유롭게 사고하며 자기의 의지대로 가치 있는 삶을 영위하는 것이다. 타인의 자유까지도 배려하고 존중하며, 인간의 가치를 무시하거나 가볍게 여기는 사고와 행동은 진정한 자유가 아니다. 더욱이 방종이나 무관심은 자유인의 덕목이 될 수 없다. 제주공동체의 목적을 함께 공유하고 적절한 자기의 역할을 감당하고 기꺼이 참여하는 것이 능동적인 제주의 자유인이다.

'문화인'의 사전적 의미는 높은 문화생활을 누리며 문화적 교양이 있는 사람 또는 학문·예술 등의 분야에 종사하는 사람을 말한다. 문화인의 반대말은 야만인 또는 미개인이다. 그러나 문명인이 곧 문화인은 아니다. 최고급 자동차를 타고 클래식 음악에 조예가 깊고 모습이 세련됐다고 문화인이 되는 것은 결코 아니다. 다양성을 인정하고 하루에도 수십 번씩 '감사합니다'와 '죄송합니다'를 용기 있게 자연스레 말할 수 있는 사람, 행동에서 향기가 나는 사람이 문화인이다. 또한 제주문화의 가치와 정체성을 이해하고 이를 창달시키고자 하는 의지도 제주문화인의 필수적인 요건이 된다.

제주인은 평화를 사랑하고 제주도는 평화의 섬이다. 우리 제주인들은 아직도 충분히 치유되지 못한 갈등과 상처를 가지고 있지만, 이를 소통과 배려 그리고 신뢰의 힘으로 해결할 수 있는 위대한 시민이 되어야 한다. 우리 제주도민이 성숙하고 모범적인 '평화인'으로서 내적 갈등을 먼저 치유하는 모범을 보인 연후에야 제주가 동아시아 평화의 섬과 통일 한국에서의 제주의 역할을 고민할 수 있을 것이다.

자유인·문화인·평화인은 각각이 독립적인 변수가 아니라 서로에게 기대고 영향을 주는 상관관계에 있다.[111] 백범 김구 선생님의 아래 말씀[112] 중 '나라'를 '제주'로 바꾸어 읽어 보면 우리 제주와 제주시민이 나아가야 할 모습이 보인다.

> 나는 우리나라[제주]가 남의 것을 모방하는 나라[제주]가 되지 말고 이러한 높고 새로운 <u>문화</u>의 근원이 되고 목표가 되고 모범이 되기를 원한다. 그래서 진정한 세계의 <u>평화</u>가 우리나라[제주]에서, 우리나라[제주]로 말미암아서 세계에 실현되기를 희망한다.

훌륭한 리더십과 위대한 시민의식이 화학적으로 잘 결합되어 제주도민이 세계시민인 자유인·문화인·평화인으로 제주를 자유의 섬, 문화의 섬, 평화의 섬으로 가꾸어 가기를 소망한다.

> 제주인이여, 자존(自尊)을 가슴에 품고
> '자긍(自矜)의 섬, 제주'를 만드는 소명에 모두 참여하자.

제주의 프라이드와 미래가치경영

에필로그

우리에게는 더도 덜도 말고 딱 충분한 시간이 있다.
지금 시작한다면.

_The Limits to Growth, Donella Meadows(1941~2001)

"이스라엘과 싱가포르는 실수할 여유가 없는 나라다."

골다 메이어 전 이스라엘 총리가 싱가포르 건국 초기에 리콴유 수상을 만났을 때 했다는 말이다.

우리 제주도 더 이상 과거와 유사한 실수나 시행착오를 반복해서는 안 된다. 제주도민의 행복을 볼모로 삼아 더 이상 실험경영을 해서도 안 된다. 시간도 시장의 흐름도 결코 우리 편이 아니다.

2014년 2월 소치 동계올림픽에서 우리나라 여자 컬링팀은 우리에게 잔잔한 감동을 선사하였다. 전용 경기장 하나 없는 현실을 극복하고 그들은 열심히 싸웠고 승리하였다. "괜찮아요"는 그들이 경기 도중 내내 팀 동료들이 실수했을 때마다 외치며 서로를 격려했던 말이다.

"괜찮아요, 제주" 우리 제주 공동체는 괜찮을 것이다. 조금만 더 나은 리더가 제주 사회에 갇혀 있는 에너지를 한 방향으로 정렬시킬 수 있다면, 조금만 더 창의적으로 관료조직이 행정서비스를 주민들에게 제공할 수 있다면, 공동체 구성원이 자유인(自由人), 문화인(文化人), 평화인(平和人)이라는 지구촌 미래 시민의 가치를 이해하며, 우리의 젊은이들이 조금만 더 제주 미래에 확신을 가지고 제주 성장의 한 축을 흔쾌히 담당할 수 있다면, 그리고 외지에서 지식과 경험을 쌓은 청년들이 연어가 되어 돌아올 수만 있다면, 우리 제주 공동체는 괜찮을 것이다.

지금부터 10년 후인 2024년 6월 26일자 '제주프라이드닷컴(www.jeju.pride.com)'의 기사 몇 편을 소개하면서, 이 책을 '유쾌한 상상'으로 마무리한다.

▌제주의 탄소배출권 판매수익 급증

기후변화와 지구온난화 현상의 주범인 탄소는 이제 통화와 다름 없는 시대가 되었다. 탄소배출권 거래가 기업체에서 지자체와 자연자본까지 확대 시행됨에 따라 제주도의 탄소배출권 판매수익이 전국 제1위를 기록하게 되었으며, 제주도 1년 예산의 20%를 충당하게 되었다. 이로써 제주도 지방재정 자립도도 70%로 수직 상승하여 전국 지자체 평균 60%를 상회하고 있다.

제주의 프라이드와 미래가치경영

▌제주도 전국 최초로 관광객 총량제 실시

제주도가 전국에서 최초로 관광객 총량제를 내년부터 실시하기로 도조례를 제정하였다. 이는 제주 환경 용량을 감안한 조치로 제주 자연 및 환경에게 적절한 휴식을 주기 위한 것으로, 내년 제주의 관광객은 총 2,000만 명으로(외국인 50%) 제한된다. 내년도 제주 방문 예약은 인터넷에서 실시될 예정이다.

▌제주도 '탐라펀드,' 미국 나스닥 시장에 상장

제주도의 개발펀드인 '탐라펀드'가 심사를 통과하여 나스닥 시장에 상장되기만을 기다리고 있다. 탐라펀드는 제주도민 및 제주우호자본이 60%, 제주도가 40%를 출자한 펀드로 제주도의 Giant Grand Mom Project 및 제주 마케팅 Corp. 등에 출자하고 있으며, 중간 실적 평가가 초기 출자금액의 5배를 뛰어넘을 만큼 매우 양호하여 상장 시 제주도민과 투자자에게 대박을 안겨줄 것이다. 세계자본시장의 펀드 메니저들은 이를 부러운 눈으로 바라보며 탐라펀드 2호의 출시를 기다리고 있다.

▌제주국제교육도시(前 영어교육도시)의 국제학교 입학 쿼터 분쟁

서울 강남권 학부모들이 제주도민에게 국제학교 쿼터 50%를 우선 배정하는 제주도 교육청의 정책에 항의하는 데모를 벌인 후, 육지권 학생들의 평등교육의 기회보장을 위해 변호사를 선임하여 헌법재판소에 제소하기로 결정하였다.

▌제주도 시민권 프리미엄, 검찰 수사

제주도에 이주하는 외지인이 증대함에 따라 제주도는 재정능력, 연금 수령액과 사업계획 등을 엄격히 심사하는 등 제주 이주를 실질적으로 제한하는 정책을 실시한 지 벌써 3년이 지났으나, 이주 수요는 줄어들지 않고 외지로 이주하는 제주인에게서 시민권을 암시장에서 매입하는 사례가 발생하여 검찰이 수사에 나섰다.

▌제주도 거주 노벨상 수상자 10명 넘어….

제주도가 First Home & Talent Matching 프로그램을 실시한 후, 천혜 자연의 품속인 제주에서 안식년을 보내거나 휴양하며, 교육 나눔 봉사를 위해 제주에 거주하는 세계적 석학들의 수가 100인을 넘었으며, 이들 중에는 노벨 환경생태학상 수상자 등을 포함하여 노벨상 수상자만 10인이라고 한다. 이들은 대부분 제주과학기술원과 대학원에서 제주의 젊은 학자들을 교육하고 있으며, 체류기간 연장을 희망하고 있다.

제주의 프라이드와 미래가치경영

주 · 석

1 제주지역 일간지 『제민일보』 홈페이지의 2014년 3월 18일자(www.jemin.com)에서 발췌.

2 전경수, "韓 · 耽別祖論과 耽羅의 文化主權," 제주발전연구원(편), 『탐라사의 재해석』(제주: 제주발전연구원, 2013), p.12.

3 박근혜 대통령은 2014년 3월 10일 청와대 수석비서관회의에서 "쓸 데 없는 규제는 아주 우리의 원수, 우리 몸을 자꾸 죽여가는 암덩어리라고 생각해야 한다"면서 "이번에 규제에 대해서는 비상한 각오를 해야 된다"고 언급한 바 있다. 『경향신문』, 2014/03/10.

4 전성철, 『변화의 코드를 읽어라: 시장을 지배하는 법칙 글로벌 스탠더드』(청년정신, 2003), p.2.

5 "Even if you are right on the track, you will get run over if you just sit there," Will Rogers(1879~1935).

6 Smarter Cities Challenge 프로그램은 IBM의 사회 공헌 사업으로 세계의 도시들을 선정하여 40만 달러 상당(한화 약 4억 원)의 컨설팅 서비스를 무상으로 제공하는 사업이다. 미국의 버팔로시를 비롯한 31개 도시(아시아 8개국

10개 도시) 중 제주도는 '제주 글로벌 브랜드 마케팅' 분야에 공모하여 한국에 서는 유일하게 선정되었다.

7 이 보고서 작성은 약 4억 원을 무상으로 지원받은 프로젝트로, 굳이 계산을 하면 한 쪽당 가치가 무려 1,000만 원이나 된다.

8 덩샤오핑은 해안지역 중심으로 한 개방을 통해 중국을 어느 정도 발전시킬 수 있었으나 내륙, 특히 양쯔강 상류 지점인 쓰촨성(四川省) 내륙은 발전이 매우 더디어 지역적 불균형이 매우 심하였다. 덩샤오핑은 중국을 남북으로 양분하고 있는 5,800km 길이의 양쯔강을 한 마리의 용으로 가정하고 상하이 푸동을 '용의 눈'으로, 서쪽 내륙은 용의 꼬리로 생각하였다. 그래서 용의 눈을 찌름으로써, 즉 푸동을 개발함으로써 꼬리가 튀어 서쪽 내륙까지 발전할 것으로 내다본 것이다. 이 또한 푸동을 개방화·세계화의 경쟁 거점으로 발전시켜 내륙까지 그 발전 에너지를 이동시키고자 하였던 것이다. 지금 푸동은 세계적인 금융과 유통의 중심지로 발달되었고 쓰촨성 또한 급속히 발전되고 있는 실정이다.

9 'Free International City'라는 영문 작명은 'Free City'와 'International City'의 조합처럼 보여 어색하다. 'Free City'는 로마와 그리스 시대의 황제로부터 자치권을 가진 일종의 자유도시국가를 의미하며, 'International City'는 청조 말기 상하이를 열강들이 나누어 지배했던 것과 제2차 세계대전 이후 인종과 종교적으로 영토분쟁이 잦은 도시를 여러 개의 나라가 점령하여 각국이 주권을 행사했던 국제도시의 개념으로 1948년 UN결의에 의해 예루살렘을 International City로 만들고자 했던 구상이 대표적인 예로 볼 수 있다.

10 김여선, "국제자유도시의 민자유치제도와 중국자본 유치전략,"『법과 정책』제9호(제주대학교 사회과학연구소, 2003).

11 문화산업은 굴뚝 없는 공장이라고 불릴 만큼 기술집약적이고 지식집약적인 복합산업이다. 미국은 세계 문화산업의 40% 이상을 점유하고 있는 최고의 문화 콘텐츠 강국이다. 영국은 문화산업을 창조산업으로 정하고 고부가가치 산업 육성책을 지속적으로 시행한 결과, 문화산업의 성장률이 GDP 성장률의 2배가 넘는다. 우리는 문화가 떡을 키우는 시대에 살고 있다.

12 EIU(Economist Intelligent Unit)는 영국의 시사경제주간지인 *The Economist*를 발간하는 그룹 회사 중 하나로 세계 국가별 중장기 경제 분석에 정평이

난 조사기관이다.

13 EIU, "Benchmarking Global City Competitiveness"(2012).

14 고충석,『제주 어떤 미래를 선택할 것인가』(제주대학교출판부, 2013), p.197.

15 제주특별법 제222조는 제주종합계획이 담아야 할 내용을 매우 자세하게 명시하고 있다.

16 제주국제자유도시개발센터, 「제2차 제주국제자유도시개발센터(JDC) 시행계획(2012~2021)」(2012.9), p.60.

17 "비전이 뭐였더라?"『제주의소리』, 2011/09/29.

18 제주특별자치도, 「제2차 제주국제자유도시 종합계획」(2011.12), p.110.

19 「제2차 제주국제자유도시 종합계획」, pp.50-62.

20 『제주의소리』, 2011/07/26.

21 한국지방행정연구원, 「제주특별자치도 5년 종합평가」, 총리실·제주특별자치도(2011.12).

22 "정부도 서자 취급, 제주국제자유도시 실종,"『제주의소리』, 2011/05/29.

23 『한라일보』, 1997/07/01.

24 제주특별법의 국가책무 조항은 정책적 의무조항이 아니고 훈시규정이라는 견해가 있다.

25 세계 경제 자유화의 정도를 볼 때, 세계무역기구(WTO)의 가입국이 2012년 현재 154개국이며, 우리나라의 자유무역협정(FTA) 체결 현황을 보면 각국의 의회 비준 후 발효된 것이 8건(45개국), 협상 완료가 2개국, 협상 중인 국가가 6건(16개국)으로 이미 총 63개국에 달하는 실정이다.

26 Paul G. Hawken, Amory B. Lovins, Hunter Lovins(저), 김명남(옮김), 『자연자본주의』(공존, 2011).

27 Robert Costanza et al., "The Value of the World's Ecosystem Services and Natural Capital," *Nature*, Vol.387(15 May 1997).

28 점적관개(drip irrigation, 點滴灌漑)라고 하며, 작은 구멍들을 뚫은 플라스틱관을 땅에 묻고, 그 관을 통하여 필요한 시점에 필요한 곳에만 물을 주는

기술로, 파이프 라인을 통해 필요한 영양분과 잡초제거용 약물도 투입 가능하므로 거의 인력이 필요치 않을 수 있는 무인 농장도 가능한 장점이 있다.

29 『자연자본주의』, p.441.

30 Erik Orsena(저), 양영란(역), 『물의 미래』(김영사, 2009).

31 『물의 미래』, p.274.

32 『자연자본주의』, p.385.

33 『자연자본주의』, p.406, 407.

34 『자연자본주의』, p.193.

35 Gunter Pauli(저), 이은주·최무길(옮김), 『블루이코노미』(가교출판, 2010).

36 로마클럽(The Club of Rome)은 1968년 4월 이탈리아의 로마에서 첫 회의를 가진 비영리 민간기관으로 전 세계의 과학자·경제학자·기업가·공무원 등이 회원으로 지구의 유한성과 관련한 환경문제를 시작으로 인류가 지속성장을 위해 직면하는 정치·사회·경제 등 세계문제의 해결에 기여하고 있다. 1972년에는 로마클럽을 세계적인 단체로 각인시킨 『성장의 한계(*The Limits to Growth*)』를 발간했는데 이 보고서는 『성경』, 『자본론』, 『종의 기원』과 함께 인류가 남긴 가장 중요한 책이라는 평가를 받기도 했다.

37 『블루이코노미』, pp.30-31.

38 "꿈 위에 떠 있는 섬," 『블루이코노미』, pp.63-67.

39 제주도 또한 제주의 명품수인 천연 암반수를 이용해 맥주를 생산할 예정인 바, 한때는 서울의 백화점에서도 심심찮게 보이던 제주의 보리빵 생산과 연계시킬 수 있는지도 궁금하다.

40 "제리(ZERI)에서 100까지," 『블루이코노미』, pp.390-392.

41 제리재단(ZERI: Zero Emissions Research & Initiatives)은 1996년 설립되었으며, 쓰레기를 자원으로 인식하는 동시에 자연의 설계 원칙을 영감으로 활용하여 녹색경제 모델을 뛰어넘는 지속성장의 비전을 찾는 것을 목적으로 하고 있다.

42 『국제신문』, 2014/04/29.

제주의 프라이드와 미래가치경영

43 John Howkins, *The Creative Economy: How People Make Money From Ideas* (Penguin, 2001).

44 Richard Florida, *The Rise of the Creative Class. And How It's Transforming Work, Leisure and Everyday Life* (Basic Books, 2002).

45 UN(저), 이정규·김왕동 외(역), 『창조경제 UN 보고서: 창조경제란 무엇인가』 (21세기북스, 2013).

46 "새누리당 후보 선출 합동 연설회," 『제주의소리』, 2014/04/09.

47 거버넌스란 지역사회에서부터 국제사회에 걸친 공공 조직에 의한 행정서비스 공급체계의 복합적 기능에 중점을 두는 개념으로, 통치 지배라는 의미보다는 경영의 뉘앙스가 강한 개념이다(행정학 용어 사전 참조).

48 김종현, 『새로운 업(業)의 발견』(삼성경제연구소, 2006).

49 조동회 외, 『기업가형 지방 경영』(한국경제연구원, 1995.7).

50 고용률이란 15세 이상 생산가능인구 중 취업자가 차지하는 비율로 취업인구 비율이라고도 한다. 생산가능인구에는 일할 수 있는 능력은 있으나, 의사가 없거나 능력이 없어 노동공급에 기여하지 못하는 가정주부나 연로자, 학생 등 비경제활동인구를 포함한다. 반면에 실업률이란 실업자 수를 경제활동인구(일 할 능력과 의사가 있는 인구) 수로 나눈 비율을 말한다. 참고로 고용률 70% 달성은 박근혜 정부의 핵심 국정목표 중 하나이기도 하다.

51 '제주 GRDP 20조 원, 1인당 3만 달러 가능성 평가' 2014.1.23, 한국은행 제주본부 발표.

52 삼정 KPMG, 『온 가족이 행복한 일터 Great Work Place』(글로연, 2010).

53 전성철(외), 『가치관 경영』(쌤앤파커스, 2011), p.89.

54 전성철(외), 『가치관 경영』, p.39.

55 주식의 경우 내재가치는 주식의 미래의 수익을 기대수익률(할인율)로 현가화한 금액을 말한다. 주식을 사고자 하는 사람은 해당주식의 시장가격(market price)이 내재가치(fundamental value)보다 싸다고 판단되기 때문에 사는 것이며, 가치투자의 귀재라고 불리는 워렌 버핏의 가치투자 전략은 내재가치에 비해 저평가된 증권을 골라 시장가격이 내재가치에 도달할 때까

지 팔지 않고 보유하는 것을 말한다. 이 책에서 내재가치는 제주가 태생적으로 가지고 있는 본질적인 가치와 유사한 의미로 사용한다.

56 인터넷 한국일보, 2013/11/16.

57 김종록, 『장영실은 하늘을 보았다 2』(알에이치코리아, 2005).

58 김철환, "행복지수," 네이버 지식백과(2011.9.21).

59 전남도청 홈페이지.

60 『매경이코노미』, 2011/07/27.

61 일주일에 출퇴근 20시간을 아낄 수 있다면 평생으로는 6년이나 되고, 하루 두 시간의 임금은 총 급여의 최소 20%의 가치 이상이 된다. 즉 20%를 덜 받아도 억울해 할 것이 없다는 논리다.

62 조선 후기 정조시대의 실학자였던 박지원이 양양부사를 마치고 한양으로 복귀한 후 전직 부사(현재의 도지사, 시장 격)들과의 모임에서 서로 녹봉(월급)을 비교 자랑하다가 양양(설악과 동해바다)의 아름다운 경관을 1만 냥으로 계산하여 자신은 당시의 평균 녹봉 2~3천 냥보다 많은 1만 2천 냥을 받았다고 자랑하였다고 하여 이를 '경관녹봉론'으로 부른다.

63 이유재·허태학, 『고객가치를 경영하라』(21세기북스, 2009).

64 『고객가치를 경영하라』, p.128.

65 『고객가치를 경영하라』, p.185, 208.

66 시장이 크면 수익도 클 것이라고 생각하는 잘못된 믿음, 광범위한 시장 내지 다량 소비가 이루어지는 시장을 주 타깃 시장으로 선정하는 오류로서, 제2차 종합계획상 중국에 올인하는 비전과 전략 같은 예가 '다수의 오류'의 전형적인 예이다.

67 『고객가치를 경영하라』, p.258.

68 『파이낸셜 타임스(Financial Times)』, 2014년 5월 21자 "세계 100대 브랜드의 가치" 보도에 의하면, 1위는 Google로서 1,589억 달러, 2위는 애플 1,478억 달러, 6위는 코카콜라 806억 달러, 우리나라의 삼성은 29위로 259억 달러(한화 약 26조 원)이다.

69 Bernd Schmidt(저), 윤경구 외(역), 『체험 마케팅』(김앤김북스, 2013).

70 IBM, 「글로벌 제주브랜드 마케팅 전략수립」, p.80.

71 「글로벌 제주브랜드 마케팅 전략수립」, p.116.

72 Al Ries and Jack Trout(저), 안진환(옮김), 『포지셔닝』(을유문화사, 2002); Al Ries and Jack Trout(저), 이수정(옮김), 『마케팅 불변의 법칙』(비즈니스맵, 2008).

73 윤영석 · 김우형, 『도시브랜딩: 도시 재탄생의 비밀』(UNITAS BRAND, 2010).

74 『제민닷컴』, 2014/04/15.

75 민선 6기 원희룡 도정은 제주도정의 슬로건, 목표, 방침 등을 전국에 공모하여 선정한다고 발표했다. 원희룡 당선인은 △ 대한민국 1%라는 제주의 한계를 뛰어넘을 수 있는 강한 제주, △ 도민이 참여하는 다른 정치(수평적 협치), △ 도민의 실질적 소득으로 이어지는 새로운 성장, △ 새로운 가치와 공동체를 만들어나가는 더 큰 제주를 비전으로 제시했으며, 슬로건은 새 도정의 가치와 비전을 함축적이고 친근하게 표현해야 한다고 한다. 또 원 당선인의 비전과 철학을 반영하는 내용이면 더욱 좋다고 하였다. 그런데 1등 당선작에 50만 원 상당의 문화상품권을 내걸고 공모하는 것과 서둘러 만들었던 선거공약을 '브랜드화'하는 작업을 전 국민을 대상으로 공모하는 것이 국민과 도민을 위한 참여 기회의 확대 취지인지는 모르겠으나 어쩐지 어색하다는 느낌이 든다.

76 모종린(편저), 『시장경제와 외국인 투자유치』(나남, 2010).

77 서울특별시는 2008년에 민간과 공동으로 서울관광마케팅(주)를 설립하여, 도시 마케팅 전문 기업으로 운영하고 있다.

78 『중앙일보』, 2007/09/03, "한국, 미래성장동력 이렇게 찾아라."

79 김기현 · 김헌식, 『창조경제란 무엇인가』(북코리아, 2013), p.208, 209.

80 『조선닷컴』, 2012/12/13.

81 『파이낸셜 뉴스』, 2014/02/13.

82 요즈마는 히브리어로 혁신, 창의, 창업을 의미한다. 이스라엘은 벤처기업을 지원하기 위하여 90년대 초 1억 5천 만 달러 규모로 요즈마 벤처캐피탈펀드

를 시작하였으며 현재는 규모가 약 40억 달러로 추산되고 있다. 경기도는 '경기도형 요즈마 펀드' 결성을 위해 이스라엘의 요즈마그룹과 원칙적인 합의를 이룬 것으로 보도되기도 하였다.

83 사생활 공간의 확보와 공동체 생활을 할 수 있는 공용 공간을 가진 마을이나 연립주택 형태의 협동주거형태를 말한다. 공동 공간을 함께 사용한다는 의미에서 '셰어하우스'와 같은 개념도 있다. 1970년대 덴마크에서 시작되어, 독일, 영국 등으로 전파되었다고 한다. 1인 가구 증가와 고령화에 따른 문제를 일부 해소하기 위한 대안으로도 관심을 끌고 있다.

84 『자연자본주의』, p.148.

85 박홍수 외, 『경영학회가 제안하는 '공유가치 창출전략': CSR에서 CSV로』(박영사, 2014).

86 전병준, 『공유가치 창출전략』, pp.13-14.

87 유창조, 『공유가치 창출전략』, pp.63-69.

88 김기현·김헌식, 『창조경제란 무엇인가』, p.77.

89 전병준, 『공유가치 창출전략』, pp.33-36.

90 『제주의소리』, 2014/04/14.

91 로컬푸드란 그 지역에서(대략 50km 이내의 거리) 생산된 지역 농산물을 말하는데, 생산자와 소비자와의 이동거리가 짧으므로 장시간 냉장·냉동이 필요 없고, 신선도가 유지되어 건강에도 좋은 식자재가 된다. 또한 이동과 보관에 드는 에너지를 절감함으로써 환경보존에도 기여한다.

92 김용 세계은행(WB) 총재는 영국의 가디언紙와의 인터뷰에서 기후변화로 10년 안에 물과 식량을 둘러싼 전쟁이 벌어질 수 있다며, 과학계와 환경단체들에게 대응방안을 촉구하였다(『매경』, 2014/04/07).

93 『한라일보』, 2014/04/16.

94 제주테크노파크 김병호 박사와의 인터뷰.

95 『매일경제』, 2014/06/20.

96 유네스코 한국위원회(www.unesco.or.kr).

97 문순덕, 『제주문화 융성정책에 대한 인식과 발전과제』, 제주발전연구원 (2014.4).

98 제주발전연구원(JDI: Jeju Development Institute)은 제주도가 1997년 출연하여 설립한 이후 이미 17년이 지났으며, 이사장은 도지사가 겸직하고 원장은 도지사가 임명한다. '행복제주를 선도하는 정책 연구의 허브'라는 비전하에 수 십 명의 유능하고 젊은 연구원들이 열정적으로 매일 연구 리포트와 훌륭한 정책제안을 쏟아내고 있다. 필자는 동 연구원의 웹사이트에 회원으로 등록하여 JDI 연구보고서와 정책브리프 리포트 등을 받아 보고 있는데 제주의 정책방향과 도전해야 할 타깃, 외국의 사례 등을 이해하는 데 큰 도움을 받는다.

99 김태윤, "국립제주녹색과학기술원 설립의 필요성 및 과제," *JDI FOCUS*, No.153(2012.12.13).

100 이인식(기획), 『자연에서 배우는 청색기술』(김영사, 2013), p.307.

101 『연합뉴스』, 2014/05/17.

102 전환우선주는 사업 초기에는 일정률 배당을 약속하고 향후 사업 전망이 좋을 경우 보통주로 전환할 수 있는 권한을 부여하므로, 은행 금리 이상의 배당을 약속하여 소액주주를 보호할 수 있으며 이로 인해 초기 소요자금 조달이 용이하게 된다.

103 싱가포르 CLC(Center for Liveable Cities)는 2008년에 국가개발부와 환경수자원부가 공동으로 설립한 기관으로, 도시 경제의 경쟁력과 시민의 삶의 질을 지속적으로 성장시키기 위한 연구 및 조사, 교육과 훈련 및 홍보 등을 주 기능으로 하는 싱크탱크이다.

104 『매일경제』, 2014/04/29.

105 Stephen M. R. Covey(저), 김경섭·정병창(역), 『신뢰의 속도』(김영사, 2009).

106 제주도지사가 수행해야 할 역할은 다양하다. "지방자치단체장은 지역주민과 지역사회의 운명을 결정할 수도 있는 중요한 직책인 만큼 상황에 따라 행정가, 경영자, 정치가 등 여러 얼굴을 갖고 있어야 하며, 정치가의 역할을 제대로 하지 못할 경우 경영자의 역할도 하지 못한다." 고충석, 『제주

어떤 미래를 선택할 것인가』, p.42, 49.

107 전성철(외), 『가치관 경영』(쌤앤파커스, 2011), p.126.

108 Jim Collins(저), 이무열(옮김), 『좋은 기업을 넘어 위대한 기업으로』(김영사, 2002), p.31.

109 『좋은 기업을 넘어 위대한 기업으로』, p.64.

110 『좋은 기업을 넘어 위대한 기업으로』, p.69.

111 블로그 『양승국 변호사의 세상 이야기』 2012/12/20.

112 『백범일지』(아이템북스, 2013), p.260.

참 · 고 · 문 · 헌

고충석. 『제주 어떤 미래를 선택할 것인가』. 제주대학교 출판부, 2013.

구본철. 『인천혁명의 길, 창조경제』. 지식과감성, 2013.

김기현·김헌식. 『창조경제란 무엇인가』. 북코리아, 2013.

김대영. 『명품마케팅』. 미래의창, 2004.

김성진. 『리콴유: 작지만 강한 싱가포르 건설을 위해』. 살림, 2007.

김여선. "국제자유도시의 민자유치제도와 중국자본 유치전략." 『법과 정책』 제
  9호(제주대학교 사회과학연구소, 2003).

김종록. 『장영실은 하늘을 보았다 2』. 알에이치코리아, 2005.

김종현. 『새로운 업(業)의 발견』. 삼성경제연구소, 2006.

김철환. "행복지수." 네이버 지식백과(2011.9.21).

김태윤. "국립제주녹색과학기술원 설립의 필요성 및 과제." *JDI FOCUS*, No.
  153(2012.12.13).

모종린 편저. 『시장경제와 외국인 투자유치』. 나남, 2010.

문순덕. 『제주문화 융성정책에 대한 인식과 발전과제』. 제주발전연구원(2014.
  4).

박홍수·이장우·오명열·유창조·전병준.『경영학회가 제안하는 공유가치 창출 전략: CSR에서 CSV로』. 박영사, 2014.

백승주.『제주의 미래를 말하다: 제주개발의 이슈와 쟁점』. 한스앤리, 2014.

보스턴 컨설팅 그룹.『가치창조 경영』. 더난출판사, 2000.

삼정 KPMG.『온 가족이 행복한 일터 Great Work Place』. 글로연, 2010.

신용인.『생명평화의 섬과 제주특별법의 미래』. 도서출판 각, 2014.

양승윤 외.『싱가포르』. 한국외국어대학교 출판부, 2004.

윤영석·김우형.『도시브랜딩: 도시 재탄생의 비밀』. UNITAS BRAND, 2010.

이유재·허태학.『고객을 넘어 고객가치를 경영하라』. 21세기북스, 2009.

이인식 기획.『자연에서 배우는 청색기술』. 김영사, 2013.

전경수. "韓·耽別祖論과 耽羅의 文化主權." 제주발전연구원 편.『탐라사의 재해석』. 제주: 제주발전연구원, 2013.

전성철.『변화의 코드를 읽어라: 시장을 지배하는 법칙 글로벌 스탠더드』. 청년정신, 2003.

전성철 외.『가치관 경영』. 쌤앤파커스, 2011.

제주국제자유도시개발센터.「제2차 제주국제자유도시개발센터(JDC) 시행계획 (2012~2021)」. 2012.9.

제주발전연구원.「제주국제자유도시의 성공전략」. 제주포럼 세션 No.55, 2012.

제주특별자치도.「제2차 제주국제자유도시 종합계획」. 2011.12.

제주특별자치도·제주상공회의소.「제주 경제의 도약을 위한 도민 대 토론회」자료집, 2014.1.23.

제주특별자치도의회·(사)한국정치학회.「제주특별자치도의 성공을 위한 과제와 전략 세미나」자료집. 2011.4.22.

조동회 외.『기업가형 지방 경영』. 한국경제연구원, 1995.7.

한국지방행정연구원.「제주특별자치도 5년 종합평가」. 총리실·제주특별자치도(2011.12).

홍성태.『모든 비즈니스는 브랜딩이다』. 쌤앤파커스, 2012.

제주의 프라이드와 미래가치경영

Collins, Jim 저. 이무열 옮김. 『좋은 기업을 넘어 위대한 기업으로』. 김영사, 2002.

Costanza, Robert et al. "The Value of the World's Ecosystem Services and Natural Capital." *Nature*, Vol.387(15 May 1997).

Covey, Stephen M. R. 저. 김경섭·정병창 옮김. 『신뢰의 속도』. 김영사, 2011.

EIU. "Benchmarking Global City Competitiveness." 2012.

Florida, Richard. *The Rise of the Creative Class. And How It's Transforming Work, Leisure and Everyday Life*. Basic Books, 2002.

Hawken, Paul G., Amory B. Lovins, Hunter Lovins 저. 김명남 옮김. 『자연 자본주의』. 공존, 2011.

Howkins, John. *The Creative Economy: How People Make Money From Ideas*. Penguin, 2001.

IBM. 「2013 IBM 스마터 시티 챌린지 제주」(최종보고서). 2013.

_____. 「글로벌 제주브랜드 마케팅 전략 수립」. 제주특별자치도, 2014.

Joel, Mitch 저. 서동춘 옮김. 『미래를 지배하는 식스픽셀』. 세계사, 2009.

Kurima Yasuo. 제주발전연구원 옮김. 『오키나와에서 배운다』(II). 오름, 2003.

Orsena, Erik 저. 양영란 역. 『물의 미래』. 김영사, 2009.

Pauli, Gunter 저. 이은주·최무길 옮김. 『블루이코노미』. 가교출판, 2010.

Ries, Al, Jack Trout 저. 안진환 옮김. 『포지셔닝』. 을유문화사, 2002.

Ries, Al, Jack Trout 저. 이수정 옮김. 『마케팅 불변의 법칙』. 비즈니스맵, 2008.

Schmitt, Bernd H. 저. 윤경구·금은영·신원학 옮김. 『체험마케팅』. 김앤김북스, 2013.

Sorman, Guy et al. 저. 사공일 펴냄. 『한국의 창조경제와 문화』. 세계경제연구원, 2013.

UN 저. 이정규·김왕동 외 역. 『창조경제 UN 보고서: 창조경제란 무엇인가』. 21세기북스, 2013.

후기(後記)

섬아이의 여정(旅程)

• *1960~*

❖ 섬아이

나는 육지에서 '섬아이'였다. 중학교에 입학하자마자 아버지는 다시 고향 제주로 전근발령을 받았고, 가족들은 나 혼자만을 서울 하숙 집에 남겨놓고 제주로 내려가 버렸다. 그 후 고교시절을 보내고 대학교 3학년 재학 중에 군에 입대하여 제대 후 복학할 때까지 장장 13년간을 '사람은 나면 서울로, 말은 제주로 보낸다'는 시절에 가족과 떨어져 홀로 육지에서 제주의 유학생으로 살았다. 고등학교 시절부터 나는 스스로 닉네임을 섬아이(isle lad)로 정하였고 일기장은 Isle Lad Story가 되었 다. 제주도 촌놈이라고 놀리는 친구들은 아무도 없었고, 오히려 방학 때 마다 고향 제주에 다녀오는 나를 부러워하였다. 제주에서 육지로 이민 온 '섬아이'로서 주눅들거나 자긍심을 한시도 잃어본 적이 없다.

❖ 농구 이야기

　　농구를 좋아하던 고등학교 1학년 때, 경복고와 휘문고의 농구결
승전을 장충체육관에서 관람한 적이 있었다. 명문팀의 농구경기와 단체
응원의 화려함에 자극받아, 다음 날 농구반에 지원하였다. 우리학교는
고교 2부리그에 속해 있었는데 고2 때부터 춘계, 추계리그에 참가하였
고 라이벌 학교인 서울고와의 시합은 꼭 이겨야만 시합 다음날 등교를
할 수 있을 정도였다. 그 덕에 대학교에 진학하여서도 농구를 계속하였
다. 사범대학 체육과 학생들을 주축 멤버로 서울대 농구부가 40년 만에
재창단되었을 때 나는 상과대학에서 뽑힌 두 선수 중 한 사람으로 참여
하게 되었다.

　　대학교 3학년 춘계리그 때의 일이다. 우리는 9전 9패가 예상되었기에
농구협회는 감투상을 미리 만들어 놨을 정도이었다. 연대나 고대와의
시합은 2진과 시합을 해도 하프게임이었으므로 우리는 내심 최약체인
단국대학을 1승의 제물로 삼았다. 나는 베스트 멤버도 아니었고 그날

감기에 걸려 벤치에서 구경만 하고 있
었는데 후반 10분경에 감독이 나보고
교체멤버로 들어가라는 것이 아닌가?
가드였던 나는 경기 중에 얼떨결에 공
을 받아 점프슛을 때렸는데 골인, 결국
우리가 68 : 66으로 승리하였다. (나
는 한 골 밖에 못 넣었지만 우리가 한
골 차이로 신승하였으므로 그 후 그
게임 얘기가 나올 때마다 내가 쏜 그
한 골을 자랑하곤 하였다.)

　　서울대는 그 1승으로 전패를 면하

제주의 프라이드와 미래가치경영

였고, 농구협회는 부랴부랴 서울대에 주려고 했던 상의 명칭을 감투상에서 장려상으로 바꾸는 해프닝을 벌였다. 다음 날 한국일보에 '아마츄어의 보루 서울대 농구팀, 40년 만에 첫 승'이라는 보도가 났다. 문제는 그때부터였다. 아버님께서 제주에서 우연히 그 기사와 선수명단을 보시고는 하숙집으로 전화를 걸어 "공부를 하라고 했더니 운동만 하고 있느냐? 앞으로는 하숙비를 보내주지 않겠다."라고 화를 내시던 기억이 있다. 새삼 아버님이 그립다.

❖ 해병대 입대를 위한 재수

대학교 3학년 때 제주에서 할아버지의 상(喪)을 치르고 갑자기 해병대에 지원하였다. 지금과 달리 당시에는 육군의 입대시기를 입대 예정자가 편의에 따라 조정할 수 없었지만 해병대는 매달 지원병을 뽑았다. 기왕 군대생활을 할 바에는 훈련과 복무생활이 엄하다는 해병대에서 화끈하게 해보자는 생각이 들어서였다. 그런데 신체검사에서 적록색약으로 불합격이 된 것이 아닌가?

하긴 고등학교 2학년이 되어서야 적록색약은 공과대학을 갈 수 없다는 것을 알고 건축학과를 포기했던 나로서는 큰 낭패였다. 신체검사를 담당하는 의무병을 소개받아 선처를 부탁한 후, 3개월 만에 해병대 입대시험 재수에 성공하였다. 훈련소 퇴소 1주를 남기고 훈련병으로 국군의 날 행사부대에 차출되어 당시 땅콩 밭이었던 여의도에서 3군이 함께 모여 텐트에서 한 달간

생활하며 제식훈련을 받았다. 10월 1일 '국군의 날' 시가행진을 여의도에서 동대문까지 하기 위해서였다. 시험 운이 좋아서 평생 재수는 해보지 않았던 나는 지금도 해병대 입대를 위한 재수는 자랑스럽게 생각하고 있다.

❖ 10월 유신, 그리고 현상금 사냥꾼이 된 복학생

고해병은 월남전에 참전하고파 지원을 하였으나 성사되지 못하고, 김신조사건으로 2개월을 더 근무하고 1972년 2월에 만기전역을 하게 되었다. 학교에 복학한 후 10월 17일에 유신조치가 단행되었다. 대부분의 신문은 정부의 권유에 따라 유신의 정당성을 홍보하기 위하여 유신조치와 관련한 현상논문을 공모하였다. 마침 학교는 휴교령이 내린 상태였고, 아이들을 가르치는 아르바이트로서는 무교동 막걸리 값을 충당하고 나면 용돈은 항상 부족하였다. 외할머니가 선물로 주신 스위스제 시계는 내 손목보다 전당포에서 잠을 자는 시간이 더 많았을 만큼 재정상태가 항상 궁핍하였던 시기였다. 나는 유신조치에 찬성하지는 않

았지만 당시로서는 거액인 현상금이 탐이 나서 남산도서관에 일주일을 다니며 한국의 근대화에 관한 책을 몇 권 읽고 '국력의 조직화'라는 논제의 경향신문 현상논단에 응모하였다. 기대치 않게 우수작으로 당선되어 친구들에게 무교동에서 한 턱을 크게 쏘고, 전당포에 맡겼던 시계도 되찾았다.

제주의 프라이드와 미래가치경영

유신에 적극적으로 반대를 하면 우수작 당선은 물 건너갈 것을 알았던 나는 결어(結語)부분 끝말에 광기의 파시즘이 될 수도 있다는 말을 은유적으로 쓴 바 있었는데 결국 박정희 대통령의 비극적인 죽음을 예언한 듯한 글이 되고 말았다.

"……혁명기는 희망기이다. 미래의 바람이 인간의 배가 항해해 가는데 크게 불어준다. 이 바람은 때로 파괴적인 돌풍으로 바뀔 수도 있으며, 인간의 배는 광신과 증오의 소용돌이 가운데 침몰할 지 모른다. ……세계사의 진운(進運)에서 낙오되는 '인식되어지는 자'의 노예적 운명에서 벗어나 스스로 '인식하는 자'가 됨으로써 인류 이념의 실천에 기여할 위대한 민족이 되자."

• *1973~*

❖ 김우중 대우그룹 전 회장과의 인연

복학 후 4학년 2학기가 시작되자 친구 모두들 유학이다 고시준비다 직장이다 분주하였다. 나는 당시 수출기업의 대장 격인 대우실업에 원서를 내었다. 영어와 논술시험을 거쳐 최종적으로 김우중 회장의 개인면접을 받았던 기억이 있다. 김우중 회장은 대구에서 태어났지만 1949년에 제4대 제주도 도지사를 잠시 지내기도 하신 고 김용하 씨가 부친으로 가족의 뿌리는 제주시 애월읍이다. 나의 어머니는 대구 경북여고에 유학을 하였는데 외할머니가 대구에서 교편을 잡고 계시던 고 김용하 씨 댁에 딸을 맡겼고, 당시에 초등학생이었던 김 회장이 큰 누나 뻘인 어머니를 좀 귀찮게 해드렸던 모양이다. 그 후 어머니 결혼선물로 김용하 씨께서 8폭 병풍에 글을 써주셨고 나는 지금도 그것을 소중히 보관하고 있다. 내가 대우의 임원이 된 연후에 기회가 있으면 김우중 회장께 어머니와의 인연을 말씀드려야지 생각하고 있었다. 그러나 나는 약 3년 만에 대우를 떠나 다른 직장으로 옮기게 되어 그러한 기회가 찾아오지 않았으나, 증권회사를 인수한 후 매주 한번씩 회사를 방문하여 회의를 주재하시던 열성적인 회장님의 모습이 아직도 눈에 선하다.

• 1997~2012

❖ 경영을 배운 OCI그룹

태양전지의 핵심소재인 폴리실리콘의 세계 메이저 중의 하나인 OCI(주)는 역사가 50년이 넘는 세계적인 종합화학회사이다. 나와는 뒤늦게 인연이 되어 그룹의 대외 무역창구인 OCI상사 부사장으로 시작해서 OCI-SNF(주), OCI Specialty(주) 등 두 개의 회사에서 CEO겸 대표이사직을 10년간 수행하였다. OCI-SNF는 다국적 회사인 프랑스의 SNF와 50:50의 합작회사로서 울산에 공장을 두고 폐수처리 환경약품 등을 생산하였다. 공동대표이사를 맡은 프랑스 임원과 프랑스 본사의 경영진으로부터 세계일류기업의 세계화 전략, 글로벌 스탠더드 및 리더의 검소함을 배울 수 있었다. OCI-Specialty(구 엘피온)는 폴리실리콘 제조공정에 필요한 소재를 제조하는 회사이다. 부실기업을 인수하여 정상화시키고 국내 공장을 증설하고, 해외투자를 집행하면서 가치경영을 배울 수 있었음을 행복하게 생각한다. 직원들과 같은 마음 높이로 소통하고 배려하면서, '할 수 있다 정신(can do spirit)' 함양을 통하여 직원들 자부심을 높이고, 리더와 구성원이 어떻게 신뢰를 쌓아가고 지속시킬 수 있는지를 실습할 수 있었던 매우 귀한 경험이었다.

• 2007~2009

❖ 행복했던 JDC 근무

　　OCI-SNF(주)의 CEO에서 물러나 쉬고 있을 때 매일경제신문의 JDC의 임원공모 광고를 보고 응모한 것이 50년 만에 고향 제주에 돌아가 모처럼 마음에 드는 일을 하게 된 시작이었다. 약 2년 3개월 신사업개발(영어교육도시, 헬스케어타운)과 해외투자유치(예레휴양형주거단지)를 위해 동료 및 직원들과 함께 열정적으로 배수진을 치고 일했던 것은 매우 보람 있었다. 내 고향이 아니고 프로로서 또는 팔려온 용병으로서 일했다면 결코 그렇게 열심히 하지는 못했을 것이다. 여기서는 영어교육도시에 얽힌 에피소드 한두 개만 얘기하고 싶다.

　　영어교육도시는 조기유학수요를 제주로 돌려 해외유학비 과다 유출로 인한 무역외수지 적자를 줄이고, 기러기 아빠 등 사회적 문제도 예방하려는 다목적 프로젝트로 시작되었다. 그러나 JDC 투자사업본부의 우리 팀들은 영어교육도시가 어학연수 정도의 교육환경조성이 아니라 외국인의 정주환경 중 으뜸요소인 일류수준의 의료시설을 위한 헬스케어타운사업과 아울러 제주 및 한국에 거주하는 외국인의 자녀교육도 위한 영어교육도시 조성사업을 필히 성공적으로 추진하여야 한다는 신념을 가지고 있었다. 마스터 플랜도 완성이 되고 세계일류학교의 유치가 관건이 될 즈음에 런던의 명문교인 NLCS(North London Collegiate School)를 방문했을 때의 일이다.

　　지금 체코에 주재하고 계시는 문하영 대사와 도청의 문원일 본부장과

함께 사전에 약속을 하고 갔지만, 최종결정자인 재단 이사장이나 교장 선생님은 우리를 만나주지 않았고, 젊은 교감선생이 우리를 맞아 주었다. 옥스퍼드와 케임브리지 대학교 입학률이 영국 4위인 명문학교를 저 멀리 동아시아의 작은 섬 제주에 유치하기 위한 첫 미팅이었고, 칠판에 'Why in Jeju'를 써놓고 나름대로 열변을 토하던 생각이 난다. 물론 그 후 우리가 몇 차례 런던을 더 방문한 후에야, 이사장이던 '헬렌' 여사와 교장선생님 등 NLCS 답사단이 제주를 방문했음은 물론이다.

미국을 비롯한 세계 유수의 학교들을 유치하기 위해서는 경험 많은 외국인 교육행정가를 PM(프로젝트 매니저)으로 초빙하여야 한다는 결론에 이르고 전 세계에 공모하였다. 약 20여 명이 응모하였고 이 중에서 6명을 추린 후 개별 인터뷰를 통하여 최종 1인을 선발하여야 했다. 미국, 캐나다 심지어는 두바이까지 해외출장을 가야 할 판이었고 총 경비도 약 1억 원이 추산되었다. 당시 사외이사 대표를 맡고 있으면서 많은 조언을 해주시던 문정인 교수의 창의적인 화상 인터뷰 아이디어로 문정인 교수와 몇 분을 모시고 함께 하루 종일 화상 인터뷰를 한 끝에 하버드대 출신이며 교육행정 전문가인 크리스 씨를 선발했던 기억이 있다. 서울 롯데호텔의 화상 인터뷰 시설을 빌려 진행한 총 경비는 약 천만 원 정도가 들어 시간과 경비를 크게 절약하였으나, 이를 공기업의 혁신사례 중 하나로 홍보하지는 못하였음을 문정인 교수와 함께 아쉽게 생각한다.

 섬아이의 꿈은 총리만 20여 명을 배출했다는 영국의 이튼스쿨(Eaton School) 같은 명문고를 한라산 기슭에 세우는 것이었다. 그래서 제주의 청소년들이 육지로 유학을 가서 가족을 그리워하는 설음 속에서 공부를 하는 것이 아니라 고향에서 좋은 교육을 받게 하고, 오히려 육지에서 제주로 유학을 오게 하자는 것이었다. 그 꿈은 이루지 못했으나, 이튼스쿨에 버금가는 학교들을 제주에 유치하기 위한 초석을 쌓는데 일조를 하였으니, 나의 꿈 절반의 절반은 이루어지지 않았는가 자위해본다. 끝으로 영어교육도시라는 네이밍은 크게 잘못되었고 국제교육도시로 바꾸어야 한다(다행히 영문표기는 global education city로 표기되고 있다.) 영어를 가르치는 '영어마을'의 확대판이 아니라 영어로 국제교육을 시키는 곳이기 때문이다. 더 나아가서 이 국제교육도시는 중국어나 일어로 교육을 시키는 학교도 유치하여 한중일 3국의 젊은이들이 제주의 자연 속에서 함께 공부하며 인성교육과 아울러 호연지기(浩然之氣)를 키울 수 있어야 한다.

• *2009~2012*

❖ 고향사랑의 역할 교환

  정운찬 전 총리와 필자는 중학교부터 대학교까지 동문수학하였다. 그는 미국 유학 후 학자의 길로 필자는 외화벌이 역군인 종합상사로 흩어지는 바람에 서로 자주 교류하지는 못하였다. 그는 평소에도 제주에 대한 사랑이 각별하여 제주를 자주 찾는 것으로 알고 있었다. 그런데 그가 총리직 퇴임 후 세계7대경관 추진위원장직을 맡아 제주를 수십 번이

나 오갔으며, 제
주도가 결국 세
계7대경관에 선
정되어 마음 속
으로 고맙게 생
각하던 터였다.

당시, 나는
JDC에서의 투자
본부장 직을 사
임하고, 옛 친정 기업(OCI그룹)의 요청을 받아 기업 경영에 다시 전념할
때였다. 내가 경영하던 엘피온이라는 회사가 공장 신설을 위해 공주시
탄천이란 곳을 입지로 정하고 한참 공사가 진행 중이던 때에 공주시 관
계자가 탄천이 정운찬 전 총리의 고향 이라는 얘기를 들려주면서, 마침
정 전 총리가 추석 성묘차 탄천을 방문한다고 하였다. 나는 그를 우리
공장 공사현장에 들러줄 것을 청하여, 사업 개요를 설명하는 기회를 가
졌다.

그는 나의 고향 제주의 가치 증대를 위하여 큰 노력을 하여 성과를
냈고, 나는 그의 고향 발전에 도움이 되는 투자(총 사업비 1,500억 원)
를 시작하였으니 두 사람 간에 예기치 않은 고향사랑의 역할 교환이 되
었다.

크고 작은 착오를 거치면서도 역사는 항상 새로운 방향으로 나아간
다. 영원한 제주인으로서 자긍심을 잃지 않았던 섬아이가 여정의 끝자
락에서 이 책을 내놓는다.

제주의 프라이드와 미래가치경영

제주의 **프라이드**와
미래가치경영
Your Pride JEJU

인 쇄: 2014년 10월 2일
발 행: 2014년 10월 10일

지은이: 고성규
발행인: 부성옥

발행처: 도서출판 오름
등록번호: 제2-1548호 (1993. 5. 11)
주 소: 서울특별시 서초구 남부순환로 337가길 70 301호
        (서초동 1420-6)
전 화: (02) 585-9122, 9123 / 팩 스: (02) 584-7952

E-mail: oruem9123@naver.com
URL: http://www.oruem.co.kr

ISBN   978-89-7778-429-1   03300

* 잘못된 책은 교환해 드립니다.
* 값은 뒤표지에 있습니다.

이 도서의 국립중앙도서관 출판예정도서목록(CIP)은 서지정보유통지원시스템
홈페이지(http://seoji.nl.go.kr)와 국가자료공동목록시스템(http://www.nl.go.
kr/kolisnet)에서 이용하실 수 있습니다. (CIP제어번호: CIP2014027931)